PPP 丛书

PPP 示范项目案例选编
——幸福产业

（第五辑）

财政部政府和社会资本合作中心
北京大学政府和社会资本合作研究中心   编著

中国财经出版传媒集团
经济科学出版社
Economic Science Press

图书在版编目（CIP）数据

PPP 示范项目案例选编. 第五辑，幸福产业／财政部政府和社会资本合作中心，北京大学政府和社会资本合作研究中心编著. —北京：经济科学出版社，2019.4
（PPP丛书）
ISBN 978-7-5218-0446-1

Ⅰ. ①P… Ⅱ. ①财… ②北… Ⅲ. ①政府投资-合作-社会资本-案例-选编 Ⅳ. ①F830.59 ②F014.39

中国版本图书馆 CIP 数据核字（2019）第 066746 号

责任编辑：凌　敏
责任校对：刘　昕
责任印制：李　鹏

PPP 示范项目案例选编（第五辑）
——幸福产业

财政部政府和社会资本合作中心
北京大学政府和社会资本研究中心　编著

经济科学出版社出版、发行　新华书店经销
社址：北京市海淀区阜成路甲28号　邮编：100142
教材分社电话：010-88191343　发行部电话：010-88191522
网址：www.esp.com.cn
电子邮件：lingmin@esp.com.cn
天猫网店：经济科学出版社旗舰店
网址：http://jjkxcbs.tmall.com
北京密兴印刷有限公司印装
787×1092　16开　18.25印张　270000字
2019年6月第1版　2019年6月第1次印刷
ISBN 978-7-5218-0446-1　定价：75.00元
(图书出现印装问题，本社负责调换。电话：010-88191510)
(版权所有　侵权必究　打击盗版　举报热线：010-88191661
QQ：2242791300　营销中心电话：010-88191537
电子邮箱：dbts@esp.com.cn)

序

政府和社会资本合作（PPP）
——化解当前社会主要矛盾的重要机制

一、社会主要矛盾的转变与政府责任的凸显

继党的十九大报告首次提出"人民日益增长的美好生活需要和不平衡不充分的发展之间的矛盾成为当前社会的主要矛盾"以后，在2018年"两会"的《政府工作报告》中，李克强总理在提到2018年经济社会发展总体要求和政策取向时明确指出：要"紧扣我国社会主要矛盾变化，坚持以供给侧结构性改革为主线……加强和改善民生，促进经济社会持续健康发展"。

"紧扣我国社会主要矛盾变化"，成为政府各项工作的基点，符合唯物辩证法的原理。唯物辩证法认为，社会主要矛盾是不断发展变化的，它既是社会发展进步的结果，也是社会发展进步的动力。如果社会的主要矛盾不解决，不仅将会影响全面建成小康社会的进程，而且到21世纪中叶实现社会主义现代化强国的目标也会大打折扣。因此，我们一定要花大力气来研究解决发展中不平衡、不充分的问题，以更好地适应人民日益增长的美好生活需要。

经过40年的发展，人民群众的生活水平得到了极大的提高。但在从贫困、温饱、小康再到全面小康的过程中，百姓期盼有更好的基础设施、

更舒适的居住环境、更丰富多彩的文体生活、更可靠的养老保障、更高水准的医疗卫生服务、更优美的生态环境，以及更有保障的安全、民主、法治、公平和正义，而这些目标还没有得到完全实现，百姓对更高品质生活的"需要"与"供给"之间还存在较大的落差。

一个不容回避的事实是，要解决这个"供需矛盾"，社会必须加大对基础设施领域，特别是公共产品领域的投资。而由于这些领域通常来说投资规模大、投资期限长、利润率较低，私人资本一般不愿介入。但如果政府作为唯一的提供者，基础设施和公共品的提供就不可能充分，人民群众对更高品质生活的需要就无法得到充分满足。

二、"有为政府"携手"有效市场"攻克难题

国际经验和我国实践表明，政府和社会资本合作模式（public-private partnerships，PPP）是化解当前这一社会主要矛盾的重要机制。

自20世纪90年代初，PPP首先在英国以PFI（private finance initiative）即私人投资计划方式出现以后，陆续在许多发达国家得到广泛应用。之后经联合国、世界银行等国际组织的大力推广，中国、印度等发展中国家也纷纷开始实践。

PPP的出现和迅猛发展有其客观必然性。

首先，从必要性来看，一个社会的有效运转，离不开包括交通、环境保护、文教卫生事业、国防、司法等在内的基础设施和公共物品。按照著名经济学家萨缪尔逊教授的定义，公共物品具有与私人物品不同的三个特征，即效用的不可分割性、消费的非竞争性和受益的非排他性，这使得人们在公共物品的消费中普遍存在着"搭便车"的动机，即每个人都想不付或少付成本而享受公共物品。而与此同时，这些基础设施和公共物品通常都具有投资规模大、建设周期长、价值转移慢的特点，使得以利润为目标、效率为经营原则的私营部门和企业不愿或无力涉足这些领域。在这种情况下，以公平为导向、有义务向全体国民提供基础民生服务的政府作为

公共物品的提供者就成为必然。

但诸多实践表明，政府因其不同于企业经营组织的内在规定性以及财力上的约束，在效率和项目的可持续性上存在先天不足。而随着社会的进步和人民生活水平的提高，人们对基础设施和公共物品与服务的质量要求和多样性要求将会越来越高。社会对政府职能的新要求和政府财力的捉襟见肘，凸显出公共物品提供上的困境。

其次，从可能性来看，如前所述，私营部门是以利润为导向的，而基础设施投资领域投资规模大、资本回报期限长，这是私营部门通常不愿进入或者无力进入的主要原因。但随着现代金融技术的发展，金融部门可以针对不同项目设计不同的融资方式并实行不同的管理模式。各种新的技术手段和管理模式的出现，以及融资规模的可分割性和投资周期的可调整性，在相当程度上舒缓了投资规模大、投资期限长带给社会资本的压力，由此为其进入公共部门和领域提供了吸引力和可能性。

由此可见，正是经济社会发展对基础设施和公共物品提出的越来越高的要求与现代金融技术和管理的发展所提供的有力支撑，日益彰显出政府与社会资本相结合的经济合理性。PPP的生命力就在于，它将政府部门所追求的公平目标和社会（私营）部门所追求的效率目标，通过风险分担和利益共享机制有效地结合了起来。只要机制设计得当，政府与社会资本就可以形成良好的互补关系，使政府在宏观调控、资源的运用能力、公共服务的监督管理经验等方面所具有的优势和社会资本在技术、管理、运营等方面所具有的优势实现叠加，由此有效激活市场潜力，提升政府管理效能，提高公共品和服务的供给质量，实现公平与效率的统一。

三、PPP在"幸福产业"的实践

党的十八大以来，党中央在整个公共服务领域全面推进了以PPP为中心的改革。实践证明，PPP是一项公共服务供给市场化、社会化的综合性改革，是"发挥市场在资源配置中的决定性作用和更好地发挥政府作用"的"枢纽",具有推进国家治理体系和治理能力现代化,满足小康社会中人民群众日益增长的多样化的美好生活需要的重要作用。

尽管PPP在中国过去的发展过程中还存在许多问题,值得反思,值得警醒,但不可否认的是,也积累了许多有益的经验,在许多领域产生了积极的影响,其中最具典型意义的就是在"幸福产业"中的作用。

2016年,李克强总理在当年举行的夏季达沃斯论坛上提出了"旅游、文化、体育、健康、养老"五大幸福产业的概念。之后,国务院出台《关于进一步扩大旅游文化体育健康养老教育培训等领域消费的意见》,对促进五大幸福产业的发展制定了具体措施。大力发展旅游、文化、体育、健康、养老等被称为幸福产业的战略,符合社会发展规律和发展趋势,是加快供给侧改革、满足人民对美好生活的向往、化解社会主要矛盾的重要举措。

应当明确的是,与铁路、公路、港口等基础设施和国防、军队、司法等这些公共物品属性很强的领域相比,旅游、文化、体育、健康和养老产业虽然也具有投资规模较大、投资期限较长的特点,但进入门槛相对较低,个性化需求更为显著,更多地体现出准公共物品的属性,即"有限的非竞争性和局部的排他性"。而这些产业具有一个共同的突出特点,那就是都与百姓的生活品质和幸福感、获得感直接相关。打一个比喻来说,旅游体现着人们追求视野拓展的宽度,文化体现着人们追求精神享受的高度,体育体现着人们追求强身健体的力度,健康体现着人们追求生活质量的厚度,养老体现着人们追求完善生命过程的广度。在新时代主要矛盾发生了转变的前提下,要解决不平衡不充分的问题,就必须更广泛地调动各方资源、更好地发挥市场优势。而PPP模式的精义就是改变公共物品单一由政府提供的状况,通过政府和市场共同作用,产生协同效应,提升基础设施领域和公共服务领域的效率,由此更好地满足人们对美好生活的需要。

根据全国PPP综合信息平台数据显示,截至2018年9月底,全国PPP管理库项目共8 289个,文化、旅游、体育、健康、养老、教育的"幸福产业"PPP项目总计1 409个(占比17%),其中教育PPP项目410

个，旅游 PPP 项目 334 个，健康 PPP 项目 258 个，文化 PPP 项目 193 个，体育 PPP 项目 109 个，养老 PPP 项目 105 个。相关数据同时表明，我国每年对"幸福产业"的投资总额在 5 万亿元左右。但相关的 PPP 项目只有 1 万亿元，不及"幸福产业"每年投资需求的 1/5，这说明 PPP 项目在"幸福产业"中还大有作为。

中国正面临着从高速增长转向高质量发展的重要历史机遇期，PPP 在经历了前些年的快速推广后，正步入调整、规范发展期，拥有广阔的前景。我们应充分认识 PPP 的意义，正确理解三个 P 各自的定位和相互关系，设计良好的激励机制，充分发挥政府和市场在基础设施和公共服务领域的协同作用，化解当前社会的主要矛盾，助力全面小康的实现。

北京大学政府和社会资本合作研究中心主任

孙祁祥

2018 年 12 月

前　言

在党的十九大报告中，习近平总书记强调，要使人民获得感、幸福感、安全感更加充实、更有保障、更可持续。能否提高人民群众的获得感、幸福感和安全感必将成为衡量改革发展成败得失的基本指标。重视和关注人民群众的获得感、幸福感、安全感是我们党对改革实践进行理性反思的成果，和"以人民为中心"根本立场的具体体现。

李克强总理在2016年夏季达沃斯论坛上提出了"幸福产业"的概念，之后国务院发布了相关文件推动幸福产业各领域的发展，这符合我们当今经济社会发展的趋势，且对缓解当前的社会主要矛盾是非常具有针对性的。而PPP作为一种创新的市场化、社会化公共服务供给管理方式，也被提出是化解社会主要矛盾的重要机制。

2013年以来，财政部按照党中央国务院部署，以制度建设、机构建设和示范项目实施等为抓手，宣传改革理念、增进改革共识、总结改革经验，推动PPP改革政策落地。在取得显著成果的同时，PPP的发展也面临着重要转型，从高速发展转向高质量发展，在此阶段推出本书，对于PPP模式的发展和幸福产业的发展均具有更深远的意义。为了开展幸福产业PPP示范项目的案例研究，对幸福产业优秀的PPP项目进行提炼和总结，特邀请各行业领域专家从财政部前四批PPP示范项目中精选幸福产业行业项目汇编成册，包括教育、旅游、养老、体育、文化共5个行业，6个项目。

幸福产业领域具有准公共服务属性的特点，但是和公共品特性非常强的行业相比，有着金融需求相对较低、个性化需求相对更为显著的特点，具有有限的非竞争性和局部的排他性。而幸福产业领域的行业有一个共同的特点，即与人民群众的幸福感、获得感是紧密相关的。本次项目评价重点关注项目能否带动社会观念的调整，能否提高人民群众幸福指数，能否带动地区经济发展。

本书通过全面阐述幸福产业各行业领域项目的特点和内容，归纳总结项目亮点与创新点，并针对不足之处提出优化建议，为实施此类项目提供思路及经验参考。

路漫漫其修远兮。助力解决人民群众最关心、最直接、最现实的利益问题，增进人民福祉，使改革成果更多、更公平地惠及全体人民将是我们矢志不渝的奋斗方向。

编写组
2018 年 12 月

目 录

案 例 篇

案例1 贵州省贵阳市乌当区教育设施、设备及后勤服务外包PPP项目 ………………………………………………………………… 3

案例2 山东省德州市禹城市城乡教育综合发展PPP项目 …………… 46

案例3 云南省腾冲市全域旅游国际户外运动文化中心PPP项目 …… 87

案例4 江西省赣州市章贡区社区（村）居家养老服务中心项目 …… 132

案例5 河北省唐山大剧院PPP项目 ………………………………… 175

案例6 上海市闵行文化公园美术馆建设项目 ……………………… 195

思 考 篇

幸福产业PPP项目操作建议 ………………………………………… 229

PPP 模式在教育行业中的应用 ·· 241

PPP 模式在旅游行业中的应用 ·· 247

PPP 模式在养老行业中的应用——养老综合体打造攻略 ················ 253

PPP 模式在养老行业中的应用——以 PPP 模式推动养老行业

    转型升级 ··· 266

PPP 模式在文化产业中的应用 ·· 269

后记 ·· 277

案例篇

案例1

贵州省贵阳市乌当区教育设施、设备及后勤服务外包PPP项目

一、项目摘要

本项目基本信息见表1-1。

表1-1　　　　　　　　　　项目基本信息

基本信息	项目名称	贵州省贵阳市乌当区教育设施、设备及后勤服务外包PPP项目		
	项目类型	新建	项目总投资（万元）	32 546.56
	发起方式	政府发起	项目期限（年）	13（建设期1年，运营期12年）
	实施机构	贵阳市乌当区教育局	政府方出资代表	贵阳泉城五韵旅游文化投资开发有限公司
	运作方式	BOOT	所属行业	教育
	公共产品产出说明	包括教育设施工程建设及维护、教学设备供应、乌当区属30所教育机构后勤服务，共3个子项目。其中：乌当区下坝镇九年制学校建设项目，总占地面积11 443.28m²，总建筑面积42 065.61m²；乌当区水田中学建设项目总占地面积66 667.19m²，总建筑面积61 798.58m²；乌当区振新幼儿园建设项目总占地面积6 630.72m²，规划新建总建筑面积3 364.68m²。		

续表

<table>
<tr><td rowspan="27">项目论证</td><td colspan="6">物有所值评价</td></tr>
<tr><td rowspan="6">定性评价参评专家</td><td>序号</td><td>姓名</td><td colspan="2">行业</td><td>职务</td></tr>
<tr><td>1</td><td>曾 萍</td><td colspan="2">专家库</td><td>高级经济师</td></tr>
<tr><td>2</td><td>牛桂芹</td><td colspan="2">专家库</td><td>高级会计师</td></tr>
<tr><td>3</td><td>孟庆云</td><td colspan="2">法律</td><td>律师</td></tr>
<tr><td>4</td><td>余志兰</td><td colspan="2">专家库</td><td>高级经济师</td></tr>
<tr><td>5</td><td>张 晨</td><td colspan="2">建筑</td><td>高级建筑师</td></tr>
<tr><td>定量评价</td><td>PSC值（万元）</td><td>42 035.07</td><td>PPP值（万元）</td><td>37 242.98</td><td>VfM值（万元）</td><td>4 792.09</td></tr>
<tr><td colspan="6">财政承受能力论证</td></tr>
<tr><td>财承计算方法</td><td colspan="5">当年财政支付资金 = 还本 + 资金占用费 + 投资收益 - 后勤服务自主经营收入</td></tr>
<tr><td>政府股权支出责任（万元）</td><td colspan="5">1 230.00</td></tr>
<tr><td rowspan="3">政府补助支出责任（万元）</td><td>第1年</td><td>975.12</td><td>第2年</td><td>953.04</td><td>第3年 928.31　　第4年 900.61</td></tr>
<tr><td>第5年</td><td>869.59</td><td>第6年</td><td>834.85</td><td>第7年 795.93　　第8年 752.35</td></tr>
<tr><td>第9年</td><td>703.54</td><td>第10年</td><td>648.78</td><td>第11年 587.64　　第12年 519.06</td></tr>
<tr><td>政府风险支出（万元）</td><td colspan="5">49.07</td></tr>
<tr><td>政府配套支出（万元）</td><td colspan="5">0</td></tr>
<tr><td rowspan="3">过去3年该地区一般公共预算支出（万元）</td><td>2015年</td><td colspan="4">294 923</td></tr>
<tr><td>2014年</td><td colspan="4">239 058</td></tr>
<tr><td>2013年</td><td colspan="4">213 592</td></tr>
<tr><td rowspan="4">本项目占该地区一般公共预算支出比例（%）</td><td>第1年</td><td>0.43</td><td>第2年 0.32</td><td>第3年 0.28</td><td>第4年 0.25</td></tr>
<tr><td>第5年</td><td>0.22</td><td>第6年 0.19</td><td>第7年 0.17</td><td>第8年 0.15</td></tr>
<tr><td>第9年</td><td>0.13</td><td>第10年 0.11</td><td>第11年 0.09</td><td>第12年 0.08</td></tr>
<tr><td>第13年</td><td>0.06</td><td></td><td></td><td></td></tr>
<tr><td rowspan="4">截至本项目该地区PPP项目占一般公共预算比例（%）</td><td>第1年</td><td>0.43</td><td>第2年 0.32</td><td>第3年 0.28</td><td>第4年 0.25</td></tr>
<tr><td>第5年</td><td>0.22</td><td>第6年 0.19</td><td>第7年 0.17</td><td>第8年 0.15</td></tr>
<tr><td>第9年</td><td>0.13</td><td>第10年 0.11</td><td>第11年 0.09</td><td>第12年 0.08</td></tr>
<tr><td>第13年</td><td>0.06</td><td></td><td></td><td></td></tr>
<tr><td colspan="6">实施方案</td></tr>
</table>

案例1　贵州省贵阳市乌当区教育设施、设备及后勤服务外包PPP项目

续表

项目论证	回报机制	由政府向项目公司购买项目的可用性服务（符合验收标准的公共资产）以及为维持项目可用性所需的运营维护服务（符合绩效要求的公共服务）。相应地，政府需向社会资本支付可用性服务费和运维绩效服务费。可用性服务费以竣工之次日起按年计算，分12年付费，每年的可用性服务费支付比例为8%、8%、8%、8%、8%、8%、8%、8%、8%、8%、10%、10%。运维绩效服务费以本项目3所教育机构总建筑面积作为基础计算，按18元/（m^2·月）的标准支付费用。本项目授予项目公司区属30所教育机构的三项后勤服务的特许经营权，通过经营三项后勤服务获得的市场化收入冲抵可用性服务费和运维绩效服务费。项目公司市场化收费未覆盖部分，即为政府方给予的可行性缺口补贴。
	风险分配机制	项目审批风险、设计风险、政策/法律变更风险、政治风险由政府负担，组织结构风险、不可抗力风险由政府和项目公司合理共担，建设风险由项目公司承担，投融资及财务风险由社会资本和项目公司承担。
	定价机制	1. 建设期结束一次调价机制：项目总投资以本项目工程决算总价为准，测算时暂引用可研估算数据。届时若工程决算总价与可研估算总投资不一致，则根据中标社会资本的报价结果一次性调整可用性服务费。 2. 运营期可行性缺口补贴调整机制：运营期可行性缺口补贴根据项目公司承担的区属30所教育机构的三项后勤服务所获市场化收入情况，结合运维绩效服务费总额，相应调整运营期可行性缺口补贴。 本项目的可用性付费和运维绩效服务费由项目实施机构按照财务测算数据付费，并实行相应的调价机制，具体在PPP项目合同中进行约定。
	利益调节机制	针对学校后勤服务收入，在实施机构与中标社会资本方签订的《PPP项目合同》中设立超额收益分配机制。
	绩效考核机制	项目运维绩效考核，运维绩效服务费根据当期绩效考核评分结果（×）按比例进行支付。 　　$90 \leq X \leq 100$，支付比例为100%； 　　$80 \leq X \leq 89$，支付比例为90%； 　　$70 \leq X \leq 79$，支付比例为80%； 　　$60 \leq X \leq 69$，支付比例为70%； 　　$X \leq 59$，支付比例为0。
	PPP合同体系	乌当区政府与项目公司签订项目合同；股东之间签订股东协议；项目公司与贷款方签订融资合同；项目公司与保险公司签订保险合同；履约合同包括项目公司与承包商签订的工程承包合同、与运营商签订的运营服务合同、与政府签订的特许经营协议、与供应商签订的设备设施采购合同、与政府方签订的后勤服务合同。

续表

项目论证	履约保障措施	保险：根据规定必须购买的保险包含建筑安装工程一切险、第三者责任险和财产一切险。除以上三种强制险种外，实践中，我们建议购买但不限于货物运输保险、施工机具综合险、雇主责任险，以及根据项目运营惯例购买相应的其他险种。 履约保函：建设期履约保函、运营维护保函、移交维修保函。 建设资金专项账户：建议建立项目公司和政府方共管的资金专户，对项目建设资金进行全程监控管理。		
	退出机制	本项目自PPP项目合同生效之日起至项目进入运营期18年期届满日，除非项目公司全体股东及政府方一致书面同意，任意一方股东不得转让其持有的项目公司的全部或部分股权。 运营期第5年至特许经营期结束，经政府方书面同意，社会资本在不丧失对项目公司控股权的前提下（指社会资本持有的项目公司的股权持续动态满足大于50%的要求），可以转让其在项目公司中的部分股权，但受让方应满足本项目社会资本资格条件、采购文件及PPP项目合同中约定的对转让方的资格条件及要求（但施工总承包资质不作要求），并已经以书面形式明示，在其成为项目公司股东后，按照PPP项目合同履行相应的权利和义务。		
	政府批复实施方案时间	2015年6月13日		
项目采购	采购方式	公开招标	采购代理机构	贵州阳光产权交易所有限公司
	采购完成时间	2015年12月	中标社会资本	联合体
	联合体构成（如是）	贵阳市金阳建设投资集团投资管理有限公司、北京城建亚泰建设集团有限公司		
	中标社会资本企业性质	贵阳市金阳建设投资集团投资管理有限公司：国有 北京城建亚泰建设集团有限公司：国有参股		
项目执行	项目公司名称	贵州金泰乌投资建设开发有限公司		
	项目公司成立时间	2016年5月12日		
	公司股权结构	贵阳泉城五韵旅游文化投资开发有限公司，出资额150万元，股权比例15%； 贵阳市金阳建设投资集团投资管理有限公司和北京城建亚泰建设集团有限公司联合体，出资额850万元，股权比例85%。		

续表

项目执行	项目公司管理结构	项目公司组织形式为有限责任公司。 1. 股东会。公司股东会由全体股东组成。股东会是公司的权力机构，股东会会议由股东按出资比例行使表决权。股东会作出决议，必须经代表1/2以上表决权的股东通过，但增加或者减少注册资本的决议，公司合并、分立、解散或变更公司形式等重要事项需必须经代表2/3以上表决权的股东通过。 2. 董事会。项目公司设董事会，董事会为公司经营决策机构。董事会由5名董事组成，设董事长1名。3名董事由社会资本方委派或推荐，2名由政府方出资代表委派或推荐，董事长由社会资本方提名，董事会选举产生。 3. 经营管理层。项目公司设总经理1名，副总经理2名（政府方出资代表和社会资本方各委派1名）。总经理由社会资本方提名，董事会聘任，其他高级管理人员按照相关的权限和程序报批后，由董事会聘任或解聘。 4. 监事会。公司设监事会主席1名，由政府方授权出资代表委派监事2名。

二、项目识别及准备

（一）项目背景

2013年12月4日，李克强主持召开国务院常务会议，部署全面改善贫困地区义务教育薄弱学校基本办学条件，2013年12月31日，教育部、国家发改委、财政部正式印发了《关于全面改善贫困地区薄弱学校基本办学条件的意见》。为贯彻落实政策，推动乌当区公益性教育民生事业发展，解决区内教学资源投入不足问题，改善区内适龄儿童、青少年学习条件，经乌当区人民政府研究，决定在区内新建一所九年制学校、一所中学和一所幼儿园，分别为下坝镇九年制学校、水田中学和振新幼儿园。

为解决以上3所教育机构教学设施建设和教学设备采购资金，同时平滑缓解财政支付压力，贵阳市乌当区人民政府拟通过PPP模式实施本项目。本项目将以《基础设施和公用事业特许经营管理办法》（六部委令第25号）、建设部《市政公用事业特许经营管理办法》（建设部令第126号）等有关法律法规，以及国家发展改革委《关于开展政府和社会资本合作的指导意见》（发改投资〔2014〕2724号）、财政部《关于推广运用政府和社会资本合作模式有关问题的通知》（财金〔2014〕76号）和财政部《政府和社会资本合作模式操作指南（试行）》（财金〔2014〕113号）等文件作为项目实施的法律政策依据。

当前，我国正处在全面深化改革的关键阶段，要落实"创新、协调、绿色、开放、共享"五大发展理念，关键靠人才，基础在教育。党的十八大指出"教育是民族振兴和社会进步的基石，要坚持优先发展教育，实现教育公平"。发展教育，对实现全面建设小康社会奋斗目标具有决定性意义。对此，国家年年加大教育投入，大力支持我国教育事业发展。尽管如此，当前仍然普遍存在人民群众对教育，特别是优质教育需求和供给的矛盾。

《国家中长期教育改革和发展规划纲要（2010－2020年）》提出："完善城乡义务教育经费保障机制，科学规划、统筹安排、均衡配置、合理布局。实施中小学校舍安全工程，集中开展危房改造、抗震加固，实现城乡中小学校舍安全达标；改造小学和初中薄弱学校，尽快使义务教育学校师资、教学仪器设备、图书、体育场地基本达标；改扩建劳务输出大省和特殊困难地区农村学校寄宿设施，改善农村学生特别是留守儿童寄宿条件，基本满足需要。"《国家教育事业发展第十二个五年规划》提出："着力解决县镇学校大班额，农村学校多人一铺和校外住宿以及留守儿童较多地区寄宿设施不足等问题，加强学校体育卫生设施、食堂、厕所等配套设施建设，提高学校教学仪器、图书、实验条件达标率。"

《贵州省"十二五"教育发展专项规划》提出："加强城镇中小学建设，适应城镇化发展需要。实施城镇化中小学建设工程，按照构建黔中经济区需要，在大中城市和县城新建100余所主要服务于进城务工人员随迁子女入学的公办中小学，确保进城务工人员随迁子女平等接受义务教育。"《乌当区国民经济和社会发展第十二个五年规划纲要》中明确提出：

"确保五年内每个乡镇有一所以上公办幼儿园,不断提高学前教育办园质量,学前三年毛入园率达到70%以上,到2015年,义务教育阶段学校全部达到新的办学标准,着力改善学生寄宿环境条件,大力加强未成年人思想道德建设,全面提高义务教育质量,促进教育公平。"

本项目所在的贵阳乌当区,现有学校124所,其中,幼儿园62所(公办18所),小学45所(公办37所),初级中学7所(均为公办),九年一贯制学校4所(公办3所),十二年一贯制学校1所,高级中学1所,完全中学2所(民办),职业高中1所,特教学校1所,另有教学点8个。现有在校学生40 675人,其中,幼儿园8 137人,小学17 252人,初中8 613人,普通高中3 518人,职业高中3 095人,特殊教育学校60人。公办学校现有教职工2 393人,其中,普通高中227人,职业中学181人,初级中学663人,小学1 055人,幼儿园257人,特殊学校10人。

乌当区城区目前常住人口约30万人,乌当区教育情况所面临教育资源分布不合理、教学设备设施老化、教育场地严重不足等问题,制约了乌当区教育的发展。因此,加快乌当区中小学及幼儿园建设及教育基础设施投资迫在眉睫。乌当区人民政府为加强教育基础设施投入,推动乌当区公益性教育民生事业发展,解决区内教学资源投入不足问题,改善区内适龄儿童、青少年学习条件,决定在区属下坝镇新建一所九年制学校、水田镇建一所中学、新添寨镇建一所幼儿园,以适应项目所在区域迫在眉睫的教育需求。

(二) 实施方案

1. 合作范围及内容

(1) 项目实施内容

本项目实施内容为:教育设施工程建设及维护、教学设备供应及乌当区属30所教育机构的后勤服务共计3个子项目。

①教育设施建设项目

本项目所涉及3个工程子项目的建设地点为:贵州省贵阳市乌当区下坝镇、水田镇和振新社区。乌当区下坝镇九年制学校建设项目,总占地面积11 443.28 m², 总建筑面积42 065.61 m², 土地属国有土地划拨;乌当区水田中学建设项目总占地面积66 667.19 m², 总建筑面积61 798.58 m², 土地拟以划拨方式取得;乌当区振新幼儿园建设项目总占地面积6 630.72 m², 规划新建总建筑面积3 364.68 m², 土地拟以划拨方式取得。

ⅰ 乌当区下坝镇九年制学校建设项目。乌当区下坝镇九年制学校主要技术经济指标见表1-2。项目建成后将容纳在校生约1 200人,其中寄宿生600人。

表1-2　　乌当区下坝镇九年制学校主要技术经济指标

序号	项目名称	数量
1	规划用地(m²)	69 002.20
2	使用权土地(m²)	69 002.20
3	净建设用地(m²)	69 002.20
4	地上建筑面积(m²)	37 198.20
4.1	办公用房(m²)	4 317.58
4.2	多功能会议室(m²)	275.38
4.3	中学教学楼(m²)	11 085.37
4.4	学生宿舍(m²)	7 709.36
4.5	学生食堂(m²)	1 585.80
4.6	体育看台(m²)	1 574.57
4.7	风雨操场(m²)	1 124.80
4.8	教学辅助用房(m²)	1 681.60
4.9	值班室1、2(m²)	120.81
…	…	…
5	地下建筑面积(m²)	4 867.41
6	建筑占地面积(m²)	11 443.28
7	建筑高度(m)	23.25
8	建筑容积率	0.54

续表

序号	项目名称	数量
9	建筑密度（%）	16.58
10	绿地率（%）	35.11
11	体育活动场地（m²）	10 550.90
12	篮球场（个）	5
	排球场（个）	2
	网球场（个）	2
13	停车位（个）	249

ⅱ乌当区水田中学建设项目。乌当区水田中学主要技术经济指标见表1-3。水田中学建成后将能够容纳九年制初级中学24班，预计其建成后在校人数达到1 200人，普通高中18班，预计其建成后在校人数达到900人，合计在校学生人数2 100人。

表1-3　　　　乌当区水田中学主要技术经济指标

序号	项目名称	数量
1	用地面积（m²）	66 667.19
2	建筑占地面积（m²）	14 190.92
3	总建筑面积（m²）	61 798.58
3.1	综合主楼（m²）	5 537.86
3.2	24班初中教学楼（m²）	5 340.39
3.3	初中实验楼（m²）	3 670.51
3.4	18班高中教学楼（m²）	3 563.09
3.5	高中实验楼（m²）	3 480.19
3.6	图书馆面积（m²）	3 739.40
3.7	大礼堂面积（m²）	1 862.42
3.8	食堂、浴室、员工宿舍面积（m²）	5 240.66
3.9	高中男生宿舍（m²）	2 916.28
3.10	高中女生宿舍（m²）	2 916.28
3.11	初中男生宿舍（m²）	4 047.70
3.12	初中女生宿舍（m²）	3 833.60

续表

序号	项目名称	数量
3.13	体育馆面积（m²）	2 173.00
3.14	教室公寓（m²）	5 523.30
3.15	大门、运动场看台等其他附属设施面积（m²）	704.60
3.16	地下总建筑面积（m²）	7 248.82
4	运动和活动用地面积（m²）	22 162.53
5	绿地用地（m²）	23 400.18
6	容积率	0.82
7	绿地率（%）	35.10
8	建筑密度（%）	21.30
9	停车位（个）	191

ⅲ乌当区振新幼儿园建设项目。乌当区振新幼儿园主要技术经济指标见表1-4。项目建成后可容纳12个班级、360人。

表1-4　　　　乌当区振新幼儿园主要技术经济指标

序号	项目名称	数量
1	总用地面积（m²）	6 630.72
1.1	市政道路用地面积（m²）	967.53
1.2	可建设用地面积（m²）	5 663.19
2	总建筑面积（m²）	3 364.68
2.1	教学综合楼（m²）	2 818.16
2.2	辅助用房及办公（m²）	511.58
2.3	连廊（m²）	34.94
3	容积率	0.51
4	建筑密度（%）	19.77
5	绿地率（%）	35.00

本项目技术标准采用人性化的布局设计，根据学校的类型、规模、教学活动及特殊要求和条件分别设置幼儿教学区、办公区和幼儿活动区。校区的组合应紧凑集中、布局合理、分区明确、使用方便；校内交通利于安

全疏散。

②教学仪器、设备等器材

项目公司按教育行政主管部门及其他有关行政主管部门的要求和标准完成以上3所教育机构涉及的教学设备的投资，该部分投资包括在工程建设总投资估算里。

③后勤服务

贵阳市乌当区人民政府授权PPP项目公司在项目合作期内向区属27所学校及本次实施的3所教育机构提供后勤服务，后勤服务的内容包括：校舍维修改造、校服采购、办公用品采购。

（2）运营维护服务内容

①项目运营

在PPP项目中，项目的运营不仅关系到公共产品或服务的供给效率和质量，而且关系到项目公司的收入，因此对于政府方和项目公司而言都非常关键。有关项目运营的条款通常包括开始运营的时间和条件、运营期间的权利与义务以及政府方和公众对项目运营的监督等内容。

本项目中，项目开始运营的时间界定为：项目的建设已经基本完工（除一些不影响运营的部分）并且已经达到满足项目实施的水平，经项目实施机构或其他职能部门批准后，本项目即开始运营。项目运营内容为：项目竣工验收后，进入运营期，由社会资本方根据本合同以及其与政府方签订的PPP项目协议提供服务，主要服务内容包括维修维护、保洁、保安等内容。

如果项目公司因自身原因没有按照PPP项目合同约定的时间和要求开始运营，将可能承担如下后果：无法按时获得付费、运营期缩短，支付逾期违约金，增加提交履约担保、项目终止等；因政府方原因导致无法按期开始运营的后果：延长工期和赔偿费用，以及视为开始运营；因中性原因（指不可抗力和合同双方约定共同承担风险的原因）导致政府方或项目公司不能按期开始运营的，受到该中性原因影响的一方或双方均可以免除违约责任（如违约金、赔偿等），也可以根据该中性原因的影响期间申请延迟开始运营日。

同时，本项目政府方和实施机构对于项目运营享有一定的监督和介入权，具体在 PPP 项目合同中进行约定。

②项目的维护

在 PPP 项目合同中，有关项目维护的权利、义务规定在很多情况下是与项目运营的有关规定重叠和相关的，通常会与项目运营放在一起统一规定，但也可以单列条款。有关项目维护的条款通常会规定项目维护义务和责任以及政府方对项目维护的监督等内容。

本项目中设施、设备由使用者自行、自费承担维护义务和责任。

政府方和实施机构享有对本项目维护的监督和介入权，主要包括：在不影响项目正常运营和维护的情形下入场检查；定期获得有关项目维护情况的报告及其他相关资料；审阅项目公司拟定的维护方案并提供意见；在 PPP 项目合同约定的特定情形下介入项目的维护工作等。

2. 各方的权利和义务

（1）政府方的权利与义务

政府方有权对本项目的设计、建设、运营维护进行监督管理；政府方有权根据本合同对项目进展进行绩效考评、中期评估；社会资本方履约过程中违约的，政府方有权提取履约保函；项目竣工验收时，政府方有权对社会资本方投资进行审计；政府方应当根据合同的约定向社会资本方支付本项目可用性服务费、绩效服务费；政府方应为本项目融资提供必要的协助；社会资本方履约期间涉及相关报批工作的，政府方应当配合提供便利。

（2）社会资本方的权利与义务

社会资本方有权依据本合同收取本项目服务费；社会资本方有权享受政府方提供的便利政策、税收优惠；社会资本方在特许经营期内享有充分的自主经营权；社会资本方应当按照谨慎运营原则提供持续、高效、优质的教育基础设施供给服务；社会资本方应当履行必要的环保义务；社会资本方应当接受政府方的监督管理；社会资本方应当负责本项目的融资事宜。

3. 交易结构

根据项目涉及各方资金来源、性质、用途，项目资产的形成转移，制定本项目的交易结构如图1-1所示。

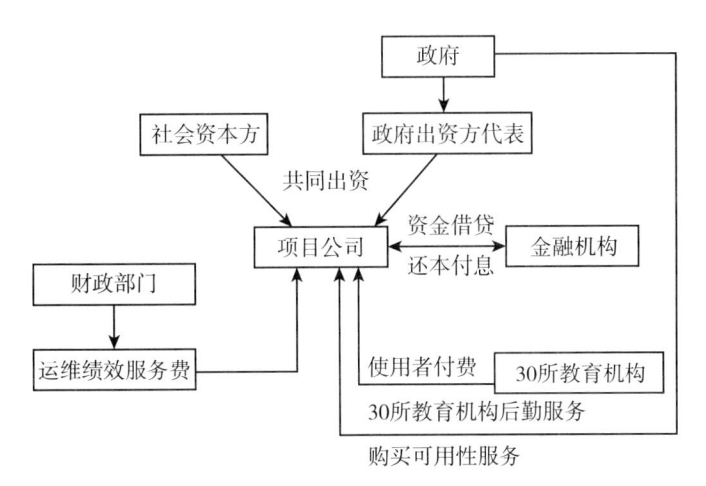

图1-1 项目交易结构

4. 投融资结构及交易安排

(1) 项目公司成立

乌当区政府授权贵阳泉城五韵旅游文化投资开发有限公司作为本项目政府出资代表，与引入的社会资本方成立项目公司，项目公司资本金为项目总投资的25%约8 200万元，其中：社会资本方出资6 970万元，占项目公司85%股权比例，贵阳泉城五韵旅游文化投资开发有限公司出资1 230万元，占项目公司15%股权比例，符合相关文件规定，政府方在项目公司中持股比例应当低于50%，且不具有实际控制力及管理权的要求。项目公司注册资本金为项目资本金，各方全部认缴项目资本金应根据项目建设实际需要足额实缴到位，以满足项目建设进度和融资机构要求。项目公司可采用社会资本方股东借款、金融机构贷款等方式筹措项目建设所需剩余资金。

(2) 项目资本金金额及比例

根据《关于调整和完善固定资产投资项目资本金制度的通知》（国发

〔2015〕51号）规定，本项目资本金按总投资25%设定，且设定项目资本金即项目公司注册资本金。本项目总投资32 546.56万元，项目资本金为8 200万元，资本金由政府方和社会资本方按股权比例出资。

（3）融资金额及比例

除项目资本金外，其余建设资金通过项目公司融资解决，项目公司融资有困难的，由社会资本方通过股东借款、担保、质押方式融资解决。本项目融资金额24 346.56万元，占总投资额约75%。

（4）股权结构

结合乌当区实际情况，乌当区人民政府委托贵阳泉城五韵旅游文化投资开发有限公司代表政府方出资1 230万元，占项目公司15%的股权比例；社会资本方出资6 970万元，占项目公司85%的股权比例。

（5）融资安排

在本项目中，需要在项目前期与金融机构保持良好沟通，确认融资的条件及方式。本项目建议尝试无追索权的方式开展项目融资，但如果项目公司不能顺利完成项目融资的，则由社会资本方通过股东借款、担保、质押等方式融资解决，以确保项目公司的融资足额、及时到位。

5. 土地取得方式

本项目由政府方采用划拨方式将土地使用权行政划拨至项目公司，项目公司承担取得土地使用权或其他相关权利所涉及的费用。在PPP项目合同中通常还需约定项目公司使用土地的限制和政府方的场地出入权。

由乌当区政府负责项目土地征收工作，完成安置补偿等工作（费用计入建设成本），将项目用地划拨方式提供给项目公司使用，土地使用权在项目公司经营期内归政府所有，经营期结束无偿转让给乌当区政府。

6. 资产权属

本项目的项目土地使用权按照教育、科研用地性质行政划拨给项目公司使用，但项目公司不享有项目资产所有权，经营期届满项目公司应将该等项目资产使用权、占有权及收益权无偿移交给政府。

7. 回报机制和定价调整机制

(1) 回报机制

①项目回报机制

由于本项目属于政府提供公共服务，不存在向最终用户收费，社会资本在项目中投入的资本性支出、运营维护成本及合理利润采用"可行性缺口补助"的回报机制。

本项目建议按照"基于可用性的绩效合同"模式，由政府向项目公司购买项目的可用性服务（符合验收标准的公共资产）以及为维持项目可用性所需的运营维护服务（符合绩效要求的公共服务）。相应地，政府需向社会资本支付可用性服务费和运维绩效服务费。

可用性服务费指项目公司为保证项目资产可输出合乎标准和政府方需求的公共服务而进行的资本投入应获得的服务收入，主要包括项目建设总投资融资成本、税费及合理回报。可用性服务费以竣工之次日起按年计算，分12年付费，每年的可用性服务费支付比例为8%、8%、8%、8%、8%、8%、8%、8%、8%、8%、10%、10%。付费时间为每一年度的9月30日（如竣工日为9月30日后，则当年的付费日期为12月31日）。

运维绩效服务费指项目公司为维持本项目可用性之目的提供的符合合同规定的绩效标准的运营维护服务而需要获得的服务收入，运维绩效服务费以本项目3所教育机构总建筑面积作为基础计算，按18（元/m^2·月）的标准支付费用，付款日为每一年度的9月30日（如竣工日为9月30日后，则当年的付费日期为12月31日）。

本项目授予项目公司承担区属30所教育机构的三项后勤服务的特许经营权，通过经营三项后勤服务获得的市场化收入冲抵可用性服务费及运维绩效服务费。

②政府方股东回报机制

项目公司的政府方出资代表对项目公司的资本性投入主要通过项目公司的可分配利润按照实缴比例收回。通常情况下，政府方出资代表可按其在项目公司所占股权比例获得分红。具体以 PPP 项目合同的约定为准。

政府方出资所占的股权将在项目公司减资、解散、清算时获得相应对价。

③社会资本方股东回报机制

本项目中，社会资本方对项目公司的资本性投入主要通过项目公司的可分配利润按照实缴比例收回。社会资本方可按章程的约定获得作为股东的分红。同时，政府方通过公开招标方式选择本项目社会资本，社会资本方应具备相应的施工总承包资质、能力及经验，社会资本方还可以通过与项目公司签署工程总承包合同的方式获得相应的施工利润等。

④激励相容机制

项目公司需同时承担本项目的建设及运营维护等，政府方通过设置的可用性绩效考核指标和运维绩效考核指标，以运维服务质量决定运维绩效服务费。因建设期内项目建设质量直接影响社会资本在运营维护前的成本高低，将有效激励社会资本从项目全生命周期成本统筹考虑本项目的建设及运营维护质量。

通过公开竞争程序将可用性付费和运维绩效付费确定在一个合理区间，并鼓励社会资本通过改善管理、提升效率等增加收益，有利于对项目全生命周期成本的控制。

（2）定价调整机制

①建设期结束一次调价机制

项目总投资以本项目工程决算总价为准，测算时暂引用可行性研究报告中估算数据。届时若工程决算总价与可研估算总投资不一致，则根据中标社会资本的报价结果一次性调整可用性服务费。

ⅰ工程建安费预、决算执行现行的贵州省计价定额及配套文件，包括但不限于《贵州省市政工程计价定额（2004版）》《贵州省装饰装修工程计价定额（2004版）》《贵州省安装工程计价定额（2004版）》《贵州省园林绿化及仿古建筑工程计价定额（2004版）》。预、决算中的人工、材料、机械价格采用政策性调整，其中材料价格按照工程建设同期的贵州省住房和城乡建设厅出版的《造价信息》执行，《造价信息》中没有的材料价格，结合市场情况，由业主、监理人和承包人共同予以确定。

ⅱ定额中的缺项价格，由施工单位提出报监理单位、项目公司按程序进行审核，所审定的价格作为支付进度款的依据，最终价格以结算审计部门审核的结果为准。

ⅲ施工图评审通过后30个工作日内，形成完整的工程量清单价格，报乌当区教育局审核后，乌当区教育局、项目公司就审核后工程量清单价格签订补充协议，作为施工期内中期计量及最终结算的依据。

ⅳ清单单价变更原则。施工过程中新增加的工程量清单项目，其对应的单价按下列方法确定：第一，已标价工程量清单中有适用于变更工作的子目的，采用该子目的单价。第二，已标价工程量清单中无适用于变更工作的子目，但有类似子目的，可在合理范围内参照类似子目的单价，由项目公司、监理人共同商定或确定变更工作的单价，报城市开发管理委员会审核。第三，已标价工程量清单中无适用或类似子目的单价，由项目公司、监理人共同商定或确定变更工作的单价，报城市开发管理委员会审核。第四，需编制价格的新增清单项目，单价的组价按预算工程量清单单价的编制原则组价，项目公司负责编制，由监理人、城市开发管理委员会审核。

②运营期可行性缺口补贴调整机制

运营期可行性缺口补贴根据项目公司承担的区属30所教育机构的三项后勤服务所获市场化收入情况，结合运维绩效服务费总额，相应调整运营期可行性缺口补贴。

8. 绩效考核指标及体系

(1) 项目绩效指标

根据学校情况初步拟定项目营运考核指标如表1-5所示。

表1-5　　　　　　　　项目绩效指标

序号	项目		权重(%)	考核评分	备注
1	地基基础		5	完好率，性能	
2	承重结构	梁	5	完好率，性能	
3		板	5	完好率，性能	
4		柱	5	完好率，性能	
5		承重墙	5	完好率，性能	
6	非承重墙		5	完好率，性能	
7	屋面防水		5	完好率，性能	完好率评判标准根据实际设施设备清单另行制定。每季度抽检一次，记录设备设施堵塞、故障、破损情况，并限期整改。运行情况包括设备、设施的运行状况和实际运行时间
8	楼地面		5	完好率，性能	
9	外墙装饰涂层		5	完好率，性能	
10	吊顶		5	完好率，性能	
11	门窗		5	完好率，性能	
12	路面路基		5	完好率，性能	
13	路灯景观灯线路		6	完好率，性能	
14	停车场		6	完好率，性能	
15	标牌		3	完好率，性能	
16	沟渠、化粪池		2	完好率，性能	
17	垃圾池、垃圾箱		2	完好率，性能	
18	地下管网		3	完好率，性能	
19	保洁		10	完好率，性能	评分标准另行制定，每月抽检1次，每次抽检3处，取季度平均值
20	园林绿化		8	完好率，性能	按照《城市绿化养护规范及验收要求》进行检查

（2）绩效考核评分

项目运维绩效服务费根据当期绩效考核评分结果按比例进行支付，具体支付比例如表1-6所示。

表1-6　　　　　　　　　　项目绩效考核评分

绩效考核评分 X	支付比例（%）
90≤X≤100	100
80≤X≤89	90
70≤X≤79	80
60≤X≤69	70
X≤59	0

（3）支付方式

①项目可用性服务费的支付

支付期限为12年，逐年支付金额按双方签订的合同确定。

②项目运维绩效服务费

在运营期内，政府方向项目公司每12个月支付一次。

③违约金

若政府方未足额支付可行性及运维绩效服务费，项目公司可以给予政府方30日的宽限期，宽限期届满仍未支付的，则每逾期一日，政府方应向项目公司支付未付款金额0.5‰的违约金，直至政府方足额支付为止。

9. 保障机制

（1）保险

项目能否获得相关保险、保险覆盖的范围等问题是项目风险的核心。保险是一个复杂且专业的领域，项目具体需要购买的保险方案需要根据项目具体情况来制定，并参考专业保险顾问的意见。根据规定必须购买保险包含：建筑安装工程一切险，第三者责任险，财产一切险。

（2）履约保函体系

本项目履约保函主要包括建设期履约保函、运营维护保函及移交维修保函，履约保函体系如表1-7所示。

表 1-7　　　　　　　　　　　履约保函体系

条款	建设期履约保函	运营维护保函	移交维修保函
提交主体	项目公司	项目公司	项目公司
提交时间	正式签署 PPP 项目合同 5 个工作日内	项目获得商业运营许可 5 个工作日内	最后一个经营年开始前 5 个工作日内
退还时间	项目完成竣工验收和教育局验收且项目公司递交运营维护保函后 5 个工作日内	项目公司递交移交维修保函后 5 个工作日内	移交完毕且质量保证期满后 5 个工作日内
受益人	政府	政府	政府
保函金额	5 000 万元	1 000 万元	8 000 万元
担保事项	项目建设资金到位、开工节点、试运行节点、竣工节点、验收节点、重大工程质量事故或安全责任事故、运营维护保函提交等	项目运营绩效、持续稳定普遍服务义务、服务质量反馈情况、安全保障、移交维修保函提交等	相关设施恢复性大修、主要设备移交标准、全套项目文档及知识产权移交、人员培训、相关设施存在隐蔽性缺陷、经证明由于项目公司经营期内对设施的运营不善所造成的瑕疵等

（3）设立建设资金专项账户

为保证本项目工程建设按照计划进度执行，建议建立项目公司和政府方共管的资金专户，对项目建设资金进行全程监控管理。

10. 项目移交安排

项目移交通常是指在项目合作期限结束或者项目合同提前终止后，项目公司将全部项目设施及相关权益以合同约定的条件和程序移交给政府或者政府指定的其他机构。

项目移交的基本原则是：项目公司必须确保项目符合政府回收项目的基本要求。项目合作期限届满或项目合同提前终止后，政府需要对项目进行重新采购或自行运营的，项目公司必须尽可能减少移交对公共产品或服务供给的影响,确保项目持续运营。

由于项目公司不享有项目资产所有权,因此运营期结束后,项目公司应将该等项目资产使用权、占有权及收益权无偿移交给政府。

11. 风险识别和分配

按照财政部推广应用 PPP 模式的政策导向,结合本项目风险情况,本项目的风险分配如表 1-8 所示。

表 1-8　　　　　　　　　风险分配

风险类型	具体风险	表现形式	风险分配	风险防范
项目审批风险	规划、立项、可研、环评、土地、林地等手续是否顺利批复,征收工作是否按工期要求顺利完成	因项目前期手续影响工程开工建设、更改建设方案、更改项目选址等,影响项目推进	由政府方承担	该项目规划、立项、可研、土地等相关手续的审批由乌当区相关职能部门依法依规审批,乌当区加强统筹协调推进,促进项目尽快落地
组织结构风险	组织机构方案不完善,人员履职不到位	项目开展不顺,工期受阻	政府设置机构主要由政府承担,项目公司设置机构由项目公司承担	乌当区成立了以主要领导为组长、分管领导为副组长、有关职能部门负责人参加的领导小组,组织得力
设计风险	设计缺项、概算不全、技术不成熟、不合理	造成质量问题、工期延误、更改方案等风险	由政府方承担	委托具有学校设计经验的综合设计最高等级的资质单位进行设计

续表

风险类型	具体风险	表现形式	风险分配	风险防范
建设风险	安全、施工质量、材料质量、人工成本、管理成本、缺陷、发现文物、劳务争端、变更、分包商违约等	施工出现质量问题、安全事故，未按时完工，材料人工上涨，文物发现处理，劳动争端影响项目推进分包商违约造成损失，教育基础设施是否能够达到相关标准预期	由项目公司承担	（1）可要求购买有关商业保险、提交建设期履约保函等；（2）政府方通过项目管理单位、审查设计/施工单位（如需）的遴选文件等方式加强过程监督；（3）项目公司应根据一般审慎性原则运营项目，保证教育基础设施的工程质量
投融资及财务风险	建设资金不能及时到位	项目资本金不能及时到位、融资失败、融资成本较高、财务管理不善	由社会资本和项目公司承担	明确项目资本金的最低额度、投入时间和使用计划；要求社会资本在项目公司不能融资时提供借款补充担保解决融资；在采购环节资格条件设置中选择具备较强财务能力和筹资能力的社会资本为合作伙伴；项目公司加强财务制度的建设完善财务的管理机制
政策/法律变更风险	国家和地方政策法律变化	如政策/法律、技术标准发生变更，导致项目投资或成本增加等	由政府方承担	加强法制意识，合理设计应对机制，减小该风险对本项目造成的影响

续表

风险类型	具体风险	表现形式	风险分配	风险防范
不可抗力风险	不能预见、不能避免且不能克服的客观情况所带来的风险，如地震、洪水等自然灾害	因不可抗力的因素影响项目的进度、建设、使用造成的损失	政府方和项目公司共同分担	加强预防和建立应急机制
政治风险	政治环境的变化、主政官员的更迭	不能履约	政府方承担	加强合同管理，提高政府方的履约意识
运营风险	后勤服务部分收入低、维护成本超支、付费延迟、设备质量问题等	后勤服务质量不高，造成收入不足，校舍维修维护不到位影响正常使用，相关设施养护不到位，维修不及时	后勤服务营运风险由项目公司承担	政府付费纳入财政预算，在采购环节要求社会资本方具有较强的办学经验和运营能力

12. 项目提前终止处理机制

（1）提前终止

提前终止的情形包括法律变更、政府行为、不可抗力、政府方违约、项目公司违约。

（2）终止意向通知及终止通知

双方对不同提前终止的情形，应当根据 PPP 项目合同约定发出终止意向通知或终止通知。

（3）提前终止补偿金的计算

①建设期终止

如因政府方违约导致的，除应考虑项目公司的成本及相关费用、投资收益等因素外，还应考虑项目公司提前终止采购、施工和劳动合同等增加的费用；如因项目公司违约导致的，政府方不予补偿。

②运营期终止

根据实际情况计算补偿金。

13. 相关配套安排

（1）本项目土地通过划拨方式提供给项目公司使用，政府负责项目施工用地的征地、拆迁、安置补偿、三通一平等前期事宜，费用由项目公司支付并计入建设成本。

（2）在 PPP 项目合同的实际执行过程中，政府和项目公司将建立定期的协商和评价制度，在公平合理、友好协商的基础上，解决协议实际执行中遇到的问题。

（3）如遇税收等政策性因素影响，其处理办法在项目合同中具体约定。

三、物有所值评价和财政承受能力论证要点

（一）物有所值定性评价

根据财政部《PPP 物有所值评价指引（试行）》（财金〔2015〕167号）等相关政策指引规定，本项目物有所值定性分析采用专家评分法，根据项目实际情况，给出了专家评分表的基本评价指标，权重为 80%，主要包括全生命周期整合程度、风险识别与分配、绩效导向与鼓励创新、潜在竞争程度、政府机构能力、可融资性，附加评价指标，权重为 20%，主要包括项目规模、项目资产寿命、资产利用与收益、全生命周期成本估计准确性、法律和政策环境等指标，对项目进行物有所值评判。项目物有所值定性分析如表 1-9 所示。

表 1-9　　　　　　　　　　物有所值定性分析评分

	指标	权重（%）
基本指标	全生命周期整合程度	15
	风险识别与分配	15
	绩效导向与鼓励创新	10
	潜在竞争程度	15
	政府机构能力	10
	可融资性	15
	基本指标小计	80
补充指标	项目规模	5
	项目资产寿命	5
	资产利用与收益	4
	全生命周期成本估计准确性	4
	法律和政策环境	2
	补充指标小计	20
	加权总分	100

根据PPP项目物有所值定性评价指标体系综合打分，本项目定性评价得分79.5分，高于60分，通过物有所值定性论证分析。

（二）物有所值定量评价

定量分析是在假定采用PPP模式与政府传统（投资）和采购模式的产出绩效相同的前提下，通过对PPP项目全生命周期内政府支出成本的净现值（PPP值）与公共部门比较值（PSC值）进行比较，判断PPP模式能否降低项目全生命周期成本。

1. 根据参照项目计算PSC值

PSC值是PPP项目物有所值定量分析的比较基准，假设前提是采用政府传统采购模式与PPP模式的产出绩效相同。计算PSC值主要考虑以下因素：一是项目全生命周期内的建设、运营等成本；二是现金流的时间价值；三是竞争性中立调整、风险承担成本等。

PSC 值 = 初始 PSC 值 + 竞争性中立调整值 + 可转移风险承担成本
+ 自留风险成本

（1）初始 PSC 值

初始 PSC 值 = 建设成本 + 运营维护成本 + 其他成本等成本
= 16 856.13 + 13 615.13 + 2 075.3 = 32 546.56（万元）

（2）可转移风险承担成本

根据本项目特点，风险承担成本以比例法计算较为合理。通常风险承担成本不超过项目建设运营成本的 20%，根据行业惯例及本项目实际情况，风险承担成本比例暂定为 15%，即：

风险承担成本 = 项目建设运营成本 × 风险承担成本比例
=（32 546.56 - 490.95 - 647.34 - 98.82）×15%
= 4 696.42（万元）

可转移风险承担成本占项目全部风险承担成本的比例一般为 70% ~ 85%。根据本项目实际情况，可转移风险暂定为 70%。

可转移风险承担成本 = 风险承担成本 × 可转移风险承担成本所占比例
= 4 696.42 × 70% = 3 287.49（万元）

（3）竞争性中立调整值

竞争性中立调整值主要是为了消除政府传统采购模式下公共部门相对社会资本所具有的竞争优势，以保障在物有所值定量分析中政府和社会资本能够在公平基础上进行比较。

本项目根据实际情况暂只考虑土地费调整，土地费用（参照可研）= 1 504.6（万元）。

（4）PSC 值计算

PSC 值 = 初始 PSC 值 + 竞争性中立调整值 + 可转移风险承担成本
+ 自留风险成本
= 32 546.56 + 3 287.49 + 4 696.42 + 1 504.6 = 42 035.07（万元）

2. PPP 值计算

PPP 值是指政府实施 PPP 项目所承担的全生命周期成本的净现值。

本项目处于项目采购阶段,政府根据社会资本提交的采购响应文件等测算的 PPP 值称为实际报价 PPP 值(简称 PPPa 值)。

PPPa 值 = 影子报价政府建设运营成本 + 政府自留风险承担成本

影子报价政府建设运营成本是根据采购响应文件测算出的政府应承担的建设运营成本,包括政府建设成本、政府运营维护成本和政府其他成本。

PPPa 值 = 32 546.56 + 4 696.42 = 37 242.98(万元)

3. 物有所值量值和指数计算

物有所值定量分析的结果通常以物有所值量值或物有所值指数的形式表示。

物有所值量值 = PSC 值 – PPP 值
　　　　　　 = 42 035.07 – 37 242.98 = 4 792.09(万元)

物有所值指数 =((PSC 值 – PPP 值)÷ PSC 值)× 100% = 11.4%

4. 定量评价结论

本项目物有所值量值为 4 792.09 万元,物有所值指数为 11.4%,两者均为正值,说明本项目适宜采用 PPP 模式。物有所值量值和指数越大,说明 PPP 模式替代传统采购模式实现的价值越大。

(三)财政承受能力评价

在 PPP 项目全生命周期的不同阶段,对应政府承担不同的义务,财政支出责任主要包括股权投资、运营补贴、风险承担、配套投入。

1. 支出测算

(1) 股权投资支出

股权投资支出责任是指在政府与社会资本共同组建项目公司的情况下，政府承担的股权投资责任。

股权支出 = 项目资本金 × 政府占项目公司股权比例
         = 8 200 × 15% = 1 230（万元）

(2) 风险承担支出

风险承担成本 =（项目总投资 + 运营成本年平均值）
             × 风险承担成本比例 × 政府自留风险承担成本比例
           =（32 546.56 + 169.06）× 5% × 3% = 49.07（万元）

(3) 配套投入支出

配套投入支出责任包括土地征收和整理、建设部分项目配套设施、完成项目与现有相关基础设施和公用事业的对接、投资补助等。本项目配套投入支出为0。

(4) 运营补贴支出

可用性服务费每年支付 34 320 347.52 元；运维绩效服务费每年支付 22 729 160.85 元；三项后期服务经营收入合计 44 405 086.46 元；政府12年平均每年付费 7 890 762.79 元。

可用性服务费每年支付情况、运维绩效服务费每年支付情况、三项后期服务经营收入情况及可行性缺口补助支出情况如表1-10至表1-13所示。

表1-10　　　　可用性服务费每年支付情况　　　　单位：元

年份	可用性服务费	增值税	小计
2016	30 919 232.00	3 401 115.52	34 320 347.52
2017	30 919 232.00	3 401 115.52	34 320 347.52
2018	30 919 232.00	3 401 115.52	34 320 347.52

续表

年份	可用性服务费	增值税	小计
2019	30 919 232.00	3 401 115.52	34 320 347.52
2020	30 919 232.00	3 401 115.52	34 320 347.52
2021	30 919 232.00	3 401 115.52	34 320 347.52
2022	30 919 232.00	3 401 115.52	34 320 347.52
2023	30 919 232.00	3 401 115.52	34 320 347.52
2024	30 919 232.00	3 401 115.52	34 320 347.52
2025	30 919 232.00	3 401 115.52	34 320 347.52
2026	30 919 232.00	3 401 115.52	34 320 347.52
2027	30 919 232.00	3 401 115.52	34 320 347.52
合计	371 030 784.00	40 813 386.24	411 844 170.24

表1–11　　运维绩效服务费每年支付情况　　单位：元

年份	金额	增值税	城建税	教育费附加	合计
2016	21 394 164.96	1 283 649.90	12 836.50	38 509.50	22 729 160.85
2017	21 394 164.96	1 283 649.90	12 836.50	38 509.50	22 729 160.85
2018	21 394 164.96	1 283 649.90	12 836.50	38 509.50	22 729 160.85
2019	21 394 164.96	1 283 649.90	12 836.50	38 509.50	22 729 160.85
2020	21 394 164.96	1 283 649.90	12 836.50	38 509.50	22 729 160.85
2021	21 394 164.96	1 283 649.90	12 836.50	38 509.50	22 729 160.85
2022	21 394 164.96	1 283 649.90	12 836.50	38 509.50	22 729 160.85
2023	21 394 164.96	1 283 649.90	12 836.50	38 509.50	22 729 160.85
2024	21 394 164.96	1 283 649.90	12 836.50	38 509.50	22 729 160.85
2025	21 394 164.96	1 283 649.90	12 836.50	38 509.50	22 729 160.85
2026	21 394 164.96	1 283 649.90	12 836.50	38 509.50	22 729 160.85
2027	21 394 164.96	1 283 649.90	12 836.50	38 509.50	22 729 160.85
合计	256 729 979.52	15 403 798.80	154 038.00	462 114.00	272 749 930.20

表1-12　　　　　　三项后期服务经营收入情况　　　　　　单位：元

年份	三项后勤服务收入	增值税	城建税	教育费附加	所得税	净付费
2016	2 680 660.00	160 839.60	1 608.40	8 041.98	670 165.00	1 840 005.02
2017	3 002 339.20	180 140.35	1 801.40	9 007.02	750 584.80	2 060 805.63
2018	3 362 619.90	201 757.19	2 017.57	10 087.86	840 654.98	2 308 102.30
2019	3 766 134.29	225 968.06	2 259.68	11 298.40	941 533.57	2 585 074.58
2020	4 218 070.41	253 084.22	2 530.84	12 654.21	1 054 517.60	2 895 283.53
2021	4 724 238.86	283 454.33	2 834.54	14 172.72	1 181 059.71	3 242 717.55
2022	5 291 147.52	317 468.85	3 174.69	15 873.44	1 322 786.88	3 631 843.66
2023	5 926 085.22	355 565.11	3 555.65	17 778.26	1 481 521.31	4 067 664.90
2024	6 637 215.45	398 232.93	3 982.33	19 911.65	1 659 303.86	4 555 784.68
2025	7 433 681.30	446 020.88	4 460.21	22 301.04	1 858 420.33	5 102 478.85
2026	8 325 723.06	499 543.38	4 995.43	24 977.17	2 081 430.76	5 714 776.31
2027	9 324 809.83	559 488.59	5 594.89	27 974.43	2 331 202.46	6 400 549.46
合计	64 692 725.03	3 881 563.50	38 815.64	194 078.18	16 173 181.26	44 405 086.46

表1-13　　　　　　政府可行性缺口补助支出情况　　　　　　单位：元

年份	可用性服务费	小计	运维服务费	小计	三项后勤采购收入	净付费	政府可行性缺口补助支出合计
2016	30 919 232.00	34 320 347.52	21 394 164.96	22 729 160.85	2 680 660.00	1 840 005.02	9 751 181.64
2017	30 919 232.00	34 320 347.52	21 394 164.96	22 729 160.85	3 002 339.20	2 060 805.63	9 530 381.04
2018	30 919 232.00	34 320 347.52	21 394 164.96	22 729 160.85	3 362 619.90	2 308 102.30	9 283 084.36
2019	30 919 232.00	34 320 347.52	21 394 164.96	22 729 160.85	3 766 134.29	2 585 074.58	9 006 112.09
2020	30 919 232.00	34 320 347.52	21 394 164.96	22 729 160.85	4 218 070.41	2 895 283.53	8 695 903.14
2021	30 919 232.00	34 320 347.52	21 394 164.96	22 729 160.85	4 724 238.86	3 242 717.55	8 348 469.12
2022	30 919 232.00	34 320 347.52	21 394 164.96	22 729 160.85	5 291 147.52	3 631 843.66	7 959 343.01
2023	30 919 232.00	34 320 347.52	21 394 164.96	22 729 160.85	5 926 085.22	4 067 664.90	7 523 521.77
2024	30 919 232.00	34 320 347.52	21 394 164.96	22 729 160.85	6 637 215.45	4 555 784.68	7 035 401.98

续表

年份	可用性服务费	小计	运维服务费	小计	三项后勤采购收入	净付费	政府可行性缺口补助支出合计
2025	30 919 232.00	34 320 347.52	21 394 164.96	22 729 160.85	7 433 681.30	5 102 478.85	6 488 707.82
2026	30 919 232.00	34 320 347.52	21 394 164.96	22 729 160.85	8 325 723.06	5 714 776.31	5 876 410.36
2027	30 919 232.00	34 320 347.52	21 394 164.96	22 729 160.85	9 324 809.83	6 400 549.46	5 190 637.20
合计	371 030 784.00	411 844 170.24	256 729 979.52	272 749 930.24	64 692 725.03	44 405 086.46	94 689 153.53

2. 本项目政府承担的支出责任

本项目政府承担的支出责任如表 1-14 所示。

表 1-14　　　　本项目政府承担的各项支出测算　　　　单位：万元

年份	股权支出	政府承担补贴支出	风险支出	配套投入支出	政府支出合计
2015	0	1 230	49.07	0	1 279.07
2016	0	975.12	49.07	0	1 024.19
2017	0	953.04	49.07	0	1 002.11
2018	0	928.31	49.07	0	977.38
2019	0	900.61	49.07	0	949.68
2020	0	869.59	49.07	0	918.66
2021	0	834.85	49.07	0	883.92
2022	0	795.93	49.07	0	845.00
2023	0	752.35	49.07	0	801.42
2024	0	703.54	49.07	0	752.61
2025	0	648.87	49.07	0	697.94
2026	0	587.64	49.07	0	636.71
2027	0	519.06	49.07	0	568.13
合计	0	10 698.91	637.91	0	11 336.82

3. 财政支出责任预测

(1) 乌当区 2011~2015 年一般公共预算支出

根据乌当区财政局提供的年度财政支出完成情况数据，2011~2015 年地方财政一般公共预算支出由 145 006 万元增至 294 923 万元，具体如表 1-15 所示。

表 1-15　　　　　2011~2015 年收支情况　　　　　单位：万元

年份	公共预算收入	公共预算支出	公共预算支出增速（%）
2011	87 671	145 006	—
2012	114 560	177 796	22.6
2013	126 156	213 592	20.1
2014	152 990	239 058	11.9
2015	184 447	294 923	23.3

(2) 乌当区 2015~2027 年公共预算支出测算

从 2011 年到 2015 年乌当区公共预算支出情况看，平均增长 19.4%，根据目前宏观政治调控和经济的走向，未来 12 年预期增长按 10% 计算，各年公共预算支出、支出责任及支出责任占财政总支出比例如表 1-16 所示。

表 1-16　　　　　2015~2027 年财政支出责任情况　　　　　单位：万元

年份	公共预算支出	本项目支出责任	总支出责任占公共支出预算的百分比（%）
2015	294 923	1 279.07	0.43
2016	324 415	1 024.19	0.32
2017	356 856	1 002.11	0.28
2018	392 542	977.38	0.25
2019	431 796	949.68	0.22
2020	474 976	918.66	0.19
2021	522 474	883.92	0.17
2022	574 721	845.00	0.15

续表

年份	公共预算支出	本项目支出责任	总支出责任占公共支出预算的百分比（%）
2023	632 193	801.42	0.13
2024	695 413	752.61	0.11
2025	764 954	697.94	0.09
2026	841 449	636.71	0.08
2027	925 594	568.13	0.06
合计		11 336.82	

4. 财政承受能力评估结论

本项目的政府支出责任主要包括政府股权支出、项目运营期付费支出和风险承担支出，该项目又是乌当区的第一个PPP项目，从上述表列数据可以看出，本项目乌当区支出责任最高占财政支出0.43%，在财政承受能力范围内。财政承受能力评价结论为通过。

四、项目采购

（一）采购方式选择

经认真分析，本项目拟采用公开招标的方式采购社会资本，实现采购社会资本和施工单位"两招并一招"，这就要求社会资本必须同时具有施工的资质、能力和经验，并在招标文件中予以明确。

公开招标是应用最为普遍、程序最为透明、竞争性最强的采购方式。公开招标所适用的综合评审，不仅考虑社会资本的商务报价，还要考察其财务实力、专业能力、履约能力等综合实力，有利于政府方"好中选优"，选出最合适的社会资本合作方。本项目为涉及公共利益的基础设施、设备项目的建设，可行性研究报告已获批，项目边界较为清晰，项目技术比较成熟，建议本项目采用公开招标方式选择确定社会资本合作方。

本项目通过公开招标方式还可以实现以下目的：一是缩短前期工作时间，通过"两招并一招"，大大缩短工程施工招标时间，大大缩短前期工作准备时间，加快项目实施进度，提高政府效能。二是提高社会资本吸引力，增强项目落地性。社会资本具有施工能力，可以通过项目公司下包项目建设施工，获取合理施工利润，提高社会资本投资收益，增强项目对社会资本的吸引力，从而增强项目落地性。同时，有利于降低项目全生命周期成本。

（二）资格审查

1. 资格条件

针对本项目，建议按照政府采购的相关规定采购社会资本，参与本项目投资竞争的社会资本应同时具备下述条件：

第一，应为依法存续、能独立承担民事责任且具有独立法人资格的企业法人。

第二，应具有良好的财务状况和融资能力，实收资本1亿元以上（含1亿元），以2014年12月31日数据为准，有依法缴纳税收的良好记录。

第三，应具有良好的商业信誉。

第四，在过往两个会计年度内经营活动中没有重大违法记录。

第五，具有实施此项目要求的资金能力，银行资信、财务状况良好；为确保项目正常启动实施，要求申请人提供其基本账户开具的5 000万元以上的银行存款证明，该银行存款证明开具时间为资格预审公告发布日至资格预审申请文件提交截止日前。

第六，允许社会资本组成联合体参与本项目投标。

第七，母、子公司不得同时参加本项目投标。

第八，本项目不限定参与竞争的合格社会投资人的数量。

第九，法律法规规定的其他条件。

2. 资格预审方法

本项目资格预审采用合格制。

3. 入围情况

截至2015年11月9日13：00时，共有3家单位递交了《资格预审申请文件》，并于2015年11月9日13：00进行开标，评标委员会根据资格预审文件的相关规定进行评审，3家单位均通过资格审查。

（三）项目招标

招标公告日期：2015年10月13日。
投标截止时间：2015年11月30日10：30。
开标时间：2015年11月30日10：30。
谈判时间：2015年12月2日9：30。
谈判备忘录签署时间：2015年12月2日。
预中标结果及项目合同公示日期：2015年12月3日至2015年12月9日。

五、项目执行

（一）项目公司设立

1. 公司概况

公司名称：贵州金泰乌投资建设开发有限公司。
注册地址：贵州省贵阳市乌当区顺海村小河口新天温泉公园5栋2层。
注册资本：1 000万元。

成立日期：2016 年 5 月 12 日。

2. 公司治理结构

（1）股权结构

贵阳泉城五韵旅游文化投资开发有限公司，出资额 150 万元，股权比例 15%；贵阳市金阳建设投资集团投资管理有限公司和北京城建亚泰建设集团有限公司联合体，出资额 850 万元，股权比例 85%。

（2）股东会

公司股东会由全体股东组成。股东会是公司的权力机构，股东会会议由股东按出资比例行使表决权。股东会作出决议，必须经代表 1/2 以上表决权的股东通过，但增加或者减少注册资本的决议，公司合并、分立、解散或变更公司形式等重要事项必须经代表 2/3 以上表决权的股东通过。

（3）董事会

项目公司设董事会，董事会为公司经营决策机构。董事会由 5 名董事组成，设董事长 1 名。3 名董事由社会资本方委派或推荐，两名由政府方出资代表委派或推荐，董事长由社会资本方提名，董事会选举产生。

董事会对股东会负责。董事会决议的表决，实行一人一票。董事会会议应当有 3 名或以上的董事（必须包含政府方的董事）出席方能有效举行，否则无效。董事会作出决议，必须经全体董事的 4/5 及以上通过，但制订增加或者减少注册资本方案，拟定公司合并、分立、变更公司组织形式、解散方案，需经全体董事一致通过。同时，政府方出资代表委派的董事对影响公共利益或公共安全的事项享有一票否决权。

项目公司的法定代表人由董事长担任。

（4）经营管理层

项目公司设总经理 1 名，副总经理 2 名（政府方出资代表和社会资本方各委派 1 名）。总经理由社会资本方提名，董事会聘任，其他高级管理人员按照相关的权限和程序报批后，由董事会聘任或解聘。

（5）监事会

公司设监事会主席 1 名，由政府方授权出资代表委派。监事 2 名。

（二）项目进度

该项目已通过公开招投标选取社会投资人，并签订合同，现项目公司已成立，乌当区下坝镇九年制学校建设项目现已完工并投入使用。水田中学建设项目初中部已完成主体施工，高中部已进入基础施工阶段，拟于2018年12月完工。振新幼儿园建设项目现已完工并投入使用。

六、项目监管

（一）监管主体

1. 乌当区人民政府对实施主体授权

本项目中，乌当区人民政府授权乌当区教育局作为项目实施主体，履行实施机构职责，包括但不限于对项目全生命周期内项目公司的投资、融资、建设、运营全过程进行监督管理；在本项目全生命周期内对项目涉及范围内的维修、维护、卫生、秩序等工作进行管理等。

2. 实施机构授权社会资本

实施机构通过政府采购程序确定社会资本，并授权社会资本根据项目建设需求展开融资、建设、运营管理。

（二）监管方式

1. 建立考核机制

建立项目融资、建设、运营维护各阶段考核机制，制定考核办法，明确考核指标，并将各项指标最大限度进行量化，定期进行评定，确保考核落到实处。考核不仅只关注短期的工程建设质量,更加注重运营期服务质量标准的制定和落实,以检验服务效果,达到物有所值。

2. 强化中期评估

全面落实中期评估制度,制定中期评估办法,每 2~3 年组织一次中期评估,全面评估项目的技术、管理和财务表现,督促社会资本持续改进项目管理水平,提升公共服务效率。

3. 强化公众监督

加强公众参与和监督。实施机构要建立公众参与监督机制,进一步加强宣传和教育,提高公众的参与意识,引导公众参与本项目的监管;加强信息化平台建设,推行信息公开制度,定期向公众公布服务质量考核结果、成本监审报告等,同时进一步完善公众咨询、投诉、处理机制,形成全社会共同监督的良好氛围。

(三) 政府方监督权

政府方监督权在不同项目、不同阶段有所不同,常见政府方监督权包括:

1. 实施期间监督权

项目公司在实施期间有义务定期向政府提供有关项目实施的报告和信息,以便政府及时了解项目情况。

2. 进场检查和测试

在特定情形下,政府方有权进入项目现场进行检查和测试。

3. 对分包商和分包商选择的监控

政府为确保项目顺利实施,希望在建设承包商或运营维护分包商的选择上进行一定程度的把控,确保达到要求。

4. 参股项目公司

通过委托贵阳泉城五韵旅游文化投资开发有限公司作为政府方出资人参股到项目公司,更好实现知情权。

需要说明的是,政府方的监督权必须在不影响项目正常实施的前提下行使,并且要有明确的限制,否则会违反 PPP 初衷,将本已交由项目公司承担的风险和角色又揽回政府身上。

(四) 政府方监管主体和职责

本项目监管主体为相关政府机构和社会公众。从乌当区机构的设置和项目所涉及的审批监管部门来看,本项目中涉及监管的部门主要有财政、检查、规划、环保等部门,各部门职责分工具体如表 1-17 所示。

表 1-17　　　　　　　　监管机构职责分工

序号	部门名称	职责	备注
1	区人民政府	1. 授权成立本项目 PPP 领导小组; 2. 授权区政府国有独资的贵阳泉城五韵旅游文化投资开发有限公司为本项目政府出资代表; 3. 授权乌当区教育局作为本项目实施机构,履行实施机构职责并签订 PPP 项目合同; 4. 批复 PPP 实施方案。	领导小组负责项目重要事项的决策,协调相关部门为项目建设提供必要的协助。
2	区教育局	1. 作为本项目实施机构,根据区政府授权,对项目全生命周期内项目公司的投资、融资、建设、运营全过程进行监督管理; 2. 在本项目全生命周期内对项目涉及范围内的维修、维护、卫生、秩序等工作进行管理; 3. 支付购买服务费用; 4. 组织验收。	

续表

序号	部门名称	职责	备注
3	区财政局	1. 会同发改部门、行业主管部门开展本项目财政承受能力论证并出具审核意见，统筹评估和控制项目的财政支出责任； 2. 会同各级发改部门组织行业主管部门建立 PPP 项目联评联审机制，对实施方案进行联合评审； 3. 会同项目实施机构监督社会资本按照采购文件和合同约定及时足额出资设立项目公司； 4. 履行工程预算、决算、跟踪评审等相关财政评审职能。	依据贵州省政府办公厅《关于推广政府和社会资本合作模式的实施意见》。
4	区发展和改革局	1. 会同财政局、行业主管部门开展本项目物有所值评价并出具审核意见； 2. 负责审批本项目可研、初设文件，负责工程重大设计变更引起的概算审查，负责工程概算调整审批，负责工程稽查及上级发展改革部门的稽查配合。	依据贵州省政府办公厅《关于推广政府和社会资本合作模式的实施意见》。
5	区审计局	1. 在项目全生命周期内对本项目的合规性审计； 2. 组织本项目工程结算审计。	
6	区住建局	1. 对本项目工程建设质量进行监督检查； 2 对本项目工程施工图设计进行审查。	
7	区监察局	对工程建设及运营维护全过程周期进行监督，对违法违纪情况进行处理。	
8	区安监局	依法监督检查与本项目工程配套的安全设施与主体工程同时设计、同时施工、同时投产使用情况及场所职业卫生情况，负责重大危险源监控、重大事故隐患的整改工作等。	
9	区国土分局	1. 负责对本项目用地情况进行监督管理； 2. 为本项目用地颁发土地使用权证。	
10	区征收局	负责对本项目红线范围内的资产进行征收。	

七、项目点评

（一）项目成效及亮点

为加快乌当区教育基础设施建设，构建幼儿园、小学、中学完善的教育体系，推动教育发展，在当前投融资模式转变的背景下，按照区委、区政府的研究部署，本项目采用PPP方式实施，同时本项目也是贵州省教育系统第一例采取PPP模式实施学校建设的项目。本项目引入优质社会资本，拓宽社会资金投资渠道，创新基础设施建设投融资机制，缓解地方政府财政压力；充分发挥社会资本和专业机构作用，建立政府和社会资本之间的长期合作关系，分摊项目建设运营的风险，增强经济增长内生动力；理顺政府与市场关系，促进政府和主管部门的职能转变，充分发挥社会资本的经营管理优势，最终实现政府方和社会资本方风险分担、利益共享的美好建设局面。因此，采用PPP模式运作的成效具体表现在以下四个方面：

1. 平滑政府财政支出，减轻政府短期内财政支出压力，增加公共教育基础设施供给

本项目通过采用PPP模式运作，可以将乌当区政府短期内负担较重的大额初始投资转化为社会资本方投资，即通过市场化方式提供本项目设施基础服务，解决政府短期内预算资金不足的问题，减少政府的财政支出和债务负担，平滑政府财政支出，形成多元化、可持续的资金投入机制，从而加快推进项目建设，有利于乌当区教育设施设备尽快投入使用。

2. 促进政府职能转变，改善监管机制，提高项目运作效率

本项目采用PPP模式运作，将使乌当区政府比较有效地解决政府管理模式下缺乏激励约束机制等方面的弊端，引入公众监督机制，而使有关职能部门能够全力投入乌当区教育 PPP 项目建设规划、履约管理和监督工作，实现政府管理职能的有效转变，有利于简政放权，减少政府对微观事务的过度参与。同时充分发挥社会资本方在市场化模式运作下的优势，运用娴熟的技术经验，通过管理技术不断创新，提高项目运作效率，提高公共服务质量。

3. 优化风险分配，降低项目全生命周期的运营成本

本项目拟通过公开招标方式选择资金实力雄厚、建设经验丰富、管理体制完备的社会资本投资和运营管理，负责项目投资、融资、建设和运营，通过项目经验整合、项目协议约束等方式将使其有更大动力通过降低成本提高自身收益水平，克服政府提供方式下预算体制缺陷导致的成本管理问题，使得项目整体成本控制在相对合理的水平，从而降低项目全生命周期的运营成本。

4. 项目部分内容运营良好，取得明显成效

项目建成后规模达到 24 班幼儿园、18 班小学、36 班初中、18 班高中，可容纳幼儿 720 人、小学 810 人、初中 1 800 人、高中 900 人，能够有效提高农村学校办学水平、缓解城区入学压力和促进教育均衡发展，也使得学校周边适龄儿童、青少年能够享受最优质的教育资源，同时得到了老百姓的高度认可。

（二）存在问题及优化建议

1. 采用 BOOT 模式增加了移交时的税收成本

本项目采用 BOOT 模式，涉及项目的土地使用权及项目所属固定资产所有权流转，在项目执行和移交阶段则会有较大可能产生移交税费。根据实操中的观察，税费成本往往占交易成本的相当比例，应引起合作双方的重视并提前考虑。

因此，建议类似项目采用 BOT 模式，项目建设土地使用权由政府划拨给项目实施机构或其指定的国资公司，由实施机构或其指定的国资公司无偿提供给项目公司使用。项目建成后，资产权属仍在实施机构名下。这种情况下，PPP 项目公司仅获得项目土地的使用权以及项目资产的经营权，在移交的时候并不涉及所有权属的变更，因此不产生移交税费，不作税务处理，节省了所有权流转产生不必要的税费。

2. 乌当区 PPP 项目的需求与乌当区财力支付之间的矛盾

乌当区作为西部经济不发达地区，基础设施建设和公共服务改善需求较大，对 PPP 项目需求较大，而实际的地方财力很有可能不能达到预期。因财政支付能力有限，项目后续的资金支付有可能对乌当区财政造成一定的支付压力。

3. 后勤服务获得的市场化收入较少，项目公司缺少相关经验

乌当区人民政府授权 PPP 项目公司在项目合作期内向区属 27 所学校及本次实施的 3 所教育机构提供后勤服务，希望通过经营三项后勤服务获得的市场化收入冲抵可用性服务费，并且将原来零散的后勤服务合并为统一管理，能够提升效率。但是实践中每年经营后勤服务所获收入较少，减轻政府支出的作用甚微。同时项目公司也缺少相关的经验，因此对提升学校后勤服务的质量和效率的作用不大。建议项目公司重视后勤服务管理，学习相关经验，对这 30 所学校的后勤服务工作进行系统的管理。

案例 2

山东省德州市禹城市城乡教育综合发展 PPP 项目

一、项目摘要

本项目基本信息见表 2-1。

表 2-1　　　　　　　　项目基本信息

基本信息	项目名称	山东省德州市禹城市城乡教育综合发展 PPP 项目		
	项目类型	改建	项目总投资（万元）	34 065.29
	发起方式	政府发起	项目期限（年）	16（建设期 1 年，运营期 15 年）
	实施机构	禹城市教育局	政府方出资代表	禹城众益城乡建设投资有限责任公司
	运作方式	ROT	所属行业	教育——义务教育
	公共产品产出说明	建设内容包括李屯中学、辛寨中学、安仁中学、莒镇中学、伦镇中学、辛店中学、梁家中学、十里望中学、张庄中学、邢店小学的楼房工程和配套工程；禹城一中教学楼和综合楼、综合高中综合楼、齐鲁中学实验楼和城区新建山师附小合作学校（36 个班）教学楼及配套工程。运营内容：（1）对教学楼、实验楼、食堂、学生宿舍及相关配套工程提供包括管理、维护在内的相关服务，确保各项设施的正常使用。（2）对幼儿园的经营管理。（3）项目公司提供的后勤服务包括保洁服务、绿化养护服务、设施维护（后勤）服务等。		

续表

<table>
<tr><td rowspan="27">项目论证</td><td colspan="2">咨询机构</td><td colspan="7">北京大岳咨询有限责任公司</td></tr>
<tr><td colspan="9">物有所值评价</td></tr>
<tr><td rowspan="6">定性评价参评专家</td><td>序号</td><td colspan="4">姓名</td><td colspan="3">行业</td></tr>
<tr><td>1</td><td colspan="4">蔡建升</td><td colspan="3">技术</td></tr>
<tr><td>2</td><td colspan="4">毕志清</td><td colspan="3">技术</td></tr>
<tr><td>3</td><td colspan="4">徐志刚</td><td colspan="3">技术</td></tr>
<tr><td>4</td><td colspan="4">郑　洁</td><td colspan="3">财务</td></tr>
<tr><td>5</td><td colspan="4">梁红雨</td><td colspan="3">技术</td></tr>
<tr><td>定量评价</td><td>PSC值（万元）</td><td>48 287.45</td><td>PPP值（万元）</td><td>43 372.68</td><td>VfM值（万元）</td><td colspan="3">4 914.78</td></tr>
<tr><td colspan="9">财政承受能力论证</td></tr>
<tr><td colspan="2">财承计算方法</td><td colspan="7">情景分析法</td></tr>
<tr><td colspan="2">政府股权支出责任（万元）</td><td colspan="7">3 576.86</td></tr>
<tr><td colspan="2">政府补助支出责任（万元）</td><td colspan="7">77 235.6</td></tr>
<tr><td colspan="2">政府风险支出（万元）</td><td colspan="7">1 460.5</td></tr>
<tr><td colspan="2">政府配套支出（万元）</td><td colspan="7">0</td></tr>
<tr><td colspan="2" rowspan="3">过去3年该地区一般公共预算支出（万元）</td><td>2014年</td><td colspan="6">253 473</td></tr>
<tr><td>2013年</td><td colspan="6">230 565</td></tr>
<tr><td>2012年</td><td colspan="6">207 600</td></tr>
<tr><td colspan="2" rowspan="4">本项目占该地区一般公共预算支出比例（%）</td><td>第1年</td><td>1.81</td><td>第2年</td><td>0.94</td><td>第3年</td><td>0.92</td><td>第4年</td><td>0.9</td></tr>
<tr><td>第5年</td><td>0.88</td><td>第6年</td><td>0.85</td><td>第7年</td><td>0.84</td><td>第8年</td><td>0.82</td></tr>
<tr><td>第9年</td><td>0.8</td><td>第10年</td><td>0.78</td><td>第11年</td><td>0.76</td><td>第12年</td><td>0.75</td></tr>
<tr><td>第13年</td><td>0.73</td><td>第14年</td><td>0.72</td><td>第15年</td><td>0.7</td><td>第16年</td><td>0.69</td></tr>
<tr><td colspan="2" rowspan="4">截至本项目该地区PPP项目占一般公共预算比例（%）</td><td>第1年</td><td>2.24</td><td>第2年</td><td>1.69</td><td>第3年</td><td>1.6</td><td>第4年</td><td>1.51</td></tr>
<tr><td>第5年</td><td>1.44</td><td>第6年</td><td>1.37</td><td>第7年</td><td>1.3</td><td>第8年</td><td>1.24</td></tr>
<tr><td>第9年</td><td>1.18</td><td>第10年</td><td>1.13</td><td>第11年</td><td>1.08</td><td>第12年</td><td>1.04</td></tr>
<tr><td>第13年</td><td>1</td><td>第14年</td><td>0.96</td><td>第15年</td><td>0.92</td><td>第16年</td><td>0.89</td></tr>
</table>

续表

		实施方案
项目论证	回报机制	幼儿园经营收入：项目期限内，项目公司负责两所幼儿园的经营管理，向学生收取保育教育费。 可行性缺口补助：项目期限内，项目公司负责提供可用的满足正常教育教学工作的校舍场所，以及校园保洁服务、绿化养护服务、设施维护（后勤）服务。政府按照项目协议约定向项目公司支付可行性缺口补助。项目公司通过收取幼儿园经营收入和可行性缺口补助弥补其投资及运营成本，获得合理回报。
	风险分配机制	建设风险中，除了审批获得延误、完工延误风险由过错方承担外，其他均由项目公司承担；项目运营风险和成本超支风险中，由于项目人员工资、通货膨胀等主要成本因素价格上涨导致成本超支共同承担，项目移交时不达标由过错方承担，运营标准改变和延迟支付运营维护费由政府方承担，其他均由项目公司承担；融资风险和财务风险由项目公司承担；规划及法律和政府监管不力风险由政府方承担；不可抗力风险由双方共同承担。
	定价机制	项目经营期内，政府按 PPP 项目协议规定向项目公司支付可行性缺口补助，以双方协定的价格为准，按季进行支付。可行性缺口补助自项目公司开始提供服务之日起计算。可行性缺口补助每两年调整一次，主要针对消费物价指数、劳动力市场指数、税费及政策环境变更风险等因素进行调整。具体调整办法和调整公式将在 PPP 项目协议中予以明确。 政府承诺将向项目公司支付的可行性缺口补助列入市财政预算，由市人大予以批准。
	绩效考核机制	后勤服务必须符合国家《物业管理条例》《山东省物业管理条例》，国家、山东省等其他相关法律法规，保洁、绿化等行业标准和学校管理的相关规定。本项目将制定具体的绩效考核标准进行打分，并设定及格线。若项目公司月后勤服务考核得分低于及格线，按低于及格线每分处以一定违约金，从后勤服务费中扣除。
	PPP合同体系	本项目的合同体系分为两个层次：第一层次是由项目实施机构与投资人或项目公司之间签署的合同，包括 PPP 项目协议、项目公司股东协议等。确定投资人之后，项目实施机构与投资人草签 PPP 项目协议，待项目公司成立后，再由项目实施机构与项目公司正式签署 PPP 项目协议。第二层次是由项目公司与其他机构签署的相关合同，如项目公司与金融机构签署的融资协议，与施工单位签署的工程总承包合同，与设备材料供应商签署的设备材料采购合同，与保险机构签署的保险合同等。

续表

项目论证	实施方案	
	履约保障措施	自PPP项目协议生效之日起7个工作日内，项目公司应向市教育局提交中国境内金融机构出具的以市教育局作为受益人的履约保函，以保证项目公司在建设期内按照PPP项目协议的规定履行相应义务。自禹城市校舍及配套工程投用之日起7个工作日内，项目公司应向市教育局提交中国境内金融机构出具的以市教育局作为受益人的维护保函，以保证项目公司按照PPP项目协议的规定提供运营和维护校舍及其配套工程的义务。自开始投用日起至项目期限终止3年前的期间，维护保函的金额应为人民币300万元；在项目期限终止前3年及缺陷责任期内，维护保函的金额应为人民币500万元。 在项目期限内，如果项目公司未能履行PPP项目协议中规定的义务，市教育局有权根据PPP项目协议的规定兑取保函。并在项目期限内，项目公司必须自费购买和维持适用法律所要求的保险。
	政府批复实施方案时间	2015年7月10日

项目采购	采购方式	竞争性磋商	采购代理机构	山东朝阳招标有限公司
	采购完成时间	2015年9月12日	中标社会资本	联合体
	联合体构成	山东省禹城市外资机械施工有限公司、禹城市鲁泰建筑有限公司		
	中标社会资本企业性质	山东省禹城市外资机械施工有限公司：民营 禹城市鲁泰建筑有限公司：民营		

项目执行	项目公司名称	禹城市竣安教育发展有限公司
	项目公司成立时间	2015年9月24日
	公司股权结构	禹城众益城乡建设投资有限责任公司，出资3 609.9万元，占股35%； 山东省禹城市外资机械施工有限公司，出资6 704.1万元，占股65%。
	项目公司管理结构	项目公司应按照国家有关法律规定，完善公司法人治理制度，组建董事会、监事会，董事会任命总经理，并设置职能部门全面负责本项目的投资、建设及后勤服务工作。董事会由5人组成，其中投资人委派3人，市政府委派2人。董事会设董事长1名，由投资人委派董事担任，并经政府方书面同意。总经理由政府方提名，董事会决定聘任。财务总监由政府方提名，董事会决定聘任。项目公司设副总经理、总工程师及部门负责人。项目公司设监事2名，由政府方委派1人，员工代表1人。

续表

项目执行	债务融资	本项目主要贷款机构：国家开发银行山东省分行。融资金额 2.4 亿元，占总投资的 70%。贷款年限 15 年。 贷款利率：同期中国人民银行 5 年以上贷款基准利率。 担保方式：以 PPP 项目协议及补充协议项下所有的权益和收益提供质押担保，由保证人禹城市众益城乡建设投资有限公司、山东省禹城市外资机械施工有限公司提供连带责任保证，由山东省禹城市外资机械施工有限公司实际控制人及其配偶承担连带责任保证。

二、项目识别及准备

（一）项目总体情况介绍

1. 项目背景

"百年大计、教育为本"，教育是社会进步和经济发展的动力和源泉。随着国际国内形势的发展变化，特别是知识经济时代的到来，教育日益成为经济发展中不可缺少的重要组成部分，并直接支撑经济发展和社会进步。城市要加快发展，科教是基础，人才是关键，各级各部门都把教育工作放在重要位置，既要注重教育资源布局的合理性，又要注重学校基础设施的建设工作。

近年来，禹城市经济迅猛发展，居民收入和财政收入逐年增长，城区建设水平逐年提升，但禹城市的农村学校基础设施依然比较落后，严重制约着禹城市农村学校的教育教学质量。

依据《禹城市教育设施布局专项规划（2013—2030 年）》的要求，进一步优化教育设施的布局，推动标准化学校建设，促进禹城市教育事业的均衡发展，保障义务教育各项用地的供给，保证教育设施布局与城市总体规划确定的居住用地与人口分布相协调。

依据近期国务院、国家发改委、财政部等部委有关政策法律法规，为了推进乡镇校舍设施的建设，整体提升城市居民的教育环境，筹集校舍建设资金，推动城市市政公共服务设施开发建设市场化，禹城市政府经研究决定，采用 PPP 模式选择社会资本方，进行禹城市校舍建设与管理服务。

2. 行业分析

近年来，虽然禹城市经济发展状况良好，但禹城市学校基础设施依然比较落后，禹城市各乡镇中学建校几十年，师资力量不断增强，学生数量逐年递增，大部分中学不同程度的存在办学条件不完善、设施落后不配套、存在缺陷校舍等问题，与校舍楼房化、标准化的要求差距较大。食堂简陋、无餐厅，就餐无场所，学生住宿条件差，师生的学习生活环境比较艰苦，严重制约着禹城市农村学校的教育教学质量。近年来，德州市政府不断加大对教育基础设施建设的投入、考核力度，提出农村学校楼房化建设工程。继农村中小学校舍楼房化工程之后，德州市政府开始逐步推进农村薄弱学校标准化建设，省教育厅和财政厅要进行校舍标准化和教育均衡化验收。在 2014 年国务院出台《关于加强地方政府性债务管理的意见（国发〔2014〕43 号）》，取消地方融资平台融资功能后，2015 年市财政仅能拿出 6 000 多万元的预算用于校舍建设支出，这对全市的校舍标准化建设来说，只是杯水车薪。在以上背景下，把全市急需市级财政解决的 10 所乡镇学校和 4 所城区学校共 14 所学校教学楼、宿舍楼、餐厅、实验楼等楼房及配套设施工程打包在一起，总投资 3.4 亿元，作为禹城市城乡教育综合发展 PPP 项目进行运作。本项目属教育——义务教育行业，采用 PPP 模式化解了迫在眉睫的教育建设问题。

3. 项目运营情况

项目公司提供资产的维修、校园内绿化养护、保洁等后勤服务和 2 所幼儿园的经营管理。自项目运营维护以来，公司为确保运营维护质量，成立了专门的运营维护大队，下设办公室。运营大队每周巡查一次，对存在的问题及时给予维修、维护。市教育局明确了维护范围及内容，制定维护标准，设定运营维护绩效考核指标表，根据运营维护标准，按照考核要求，对维护服务质量进行打分。各项目学校每周 1 次考核打分，教育局每月不定期抽查1~2次同各校共同考核，作为本周考核得分。打分结果交由项目公司签字确认。每月结束后，教育局将该月度所有的维护服务质量日常考核表进行汇总，计算项目公司各评分项的月度平均得分，并以书面形式告知项目公司。每一季度结束后，教育局将该季度所有的维护服务质量日常考核表进行汇总，计算项目公司各评分项的季度平均得分，该得分为季度得分。每季度运营维护服务费根据季度运营期考核得分支付。

4. 社会资本供给的优势分析

（1）具有成熟的社会资本供给市场

国内的公共服务行业市场化逐渐发展成熟，公共服务行业的投资人市场已经培育发展起来，众多社会投资人在教育领域有着丰富的建设、投资、运营维护经验。

（2）小支出撬动大投入，解决民生难题

2015年，禹城市大部分农村学校还是10年前甚至是20年前的办学条件，教学楼年久失修、食堂简陋、住宿条件差，学校改建已迫在眉睫。而当时禹城市财政每年仅有6 000多万元的预算。恰逢国家大力推广运用PPP模式，鼓励社会资本参与公益事业建设，为禹城市借助PPP完成教育百年大计提供了千载难逢的机遇，禹城城乡教育综合发展PPP项目，采用PPP模式，每年支出约4 600万元，以"四两拨千斤"之力，利用优质社会资本投资3.4亿元，化解教育难题，禹城市14所中小学教学楼、实验楼、宿舍、餐厅及配套设施的建设及运营，全部采用PPP模式实施。现14所中小学均进行标准化建设，教室宽敞明亮，功能分类齐全，配套设施完善，校园环境优美，可以媲美大学校园。教育设施大幅优化提升带动了软件的提升，教学质量提高显著。

（3）可有效促进经济社会发展的转型升级

禹城市推广运用PPP模式，在公共服务、基础设施等领域示范试点，引入市场机制，实现投融资体制、财税体制以及公共产品供给体制的改革创新，有利于推动政府的发展规划、服务监管与企业的创新动力、管理效率的有机结合；有利于推动各类资本相互融合、优势互补，促进投资主体多元化；有利于减轻财政支出压力，提高重大重点项目建设的保障能力，加快推进禹城市打造核心增长极；有利于打破行业垄断和市场壁垒，盘活社会资本存量，促进经济社会发展的转型升级，加快形成新的经济增长点，实现"科学发展、绿色崛起"。

5. 民企参与情况

项目在采购过程中公开透明，不设置"玻璃门""旋转门"，通过资格预审的共涉及 9 家企业，其中 8 家为民营企业。项目中选社会资本方为山东省禹城市外资机械施工有限公司与禹城市鲁泰建筑有限公司联合体，两家企业均为民营独资企业。

（二）实施方案

1. 项目实施背景

（1）国家政策的扶持

《国家国民经济和社会发展"十二五"规划纲要》第三章"主要目标"中提出"科技教育水平明显提升。九年义务教育质量显著提高，九年义务教育巩固率达到93%"，第二十八章"加快教育改革发展"中第一节"统筹发展各级各类教育"中指出"巩固九年义务教育普及成果，全面提高质量和水平"。《国家中长期教育改革和发展规划纲要（2010—2020 年)》第四章"义务教育"指出："到 2020 年，全面提高普及水平，全面提高教育质量，基本实现区域内均衡发展，确保适龄儿童少年接受良好义务教育"；"各级政府要优化财政支出结构，统筹各项收入，把教育作为财政支出重点领域予以优先保障。"

（2）山东省、德州市政策的扶持

《山东省教育事业"十二五"发展规划》指出："进一步提高教育普及水平。学前三年毛入园率达到75%，义务教育适龄儿童入学率保持在99%以上，九年义务教育巩固率保持在97%以上。""加大教育经费投入。

把教育作为财政支出的重点领域予以优先保障，大幅度增加教育投入，年初预算和预算执行中的超收分配都要体现法定增长要求，保证教育财政拨款增长明显高于财政经常性收入增长，并使在校学生人数平均的教育费用逐步增长，保证教师工资和学生人均公用经费逐步增长。"

《山东省中长期教育改革和发展规划纲要（2010—2020年)》规定：提高财政预算内教育经费支出占财政支出的比重，确保达到20%以上，并保持稳定增长。省财政厅最近出台文件，整合现有和新增用于农村义务教育学校的专项资金，设立校舍标准化建设工程专项资金，对2015年前建设完成的校舍建设工程，按每平方米300元给予补贴。2015年后，省财政厅就没有用于校舍建设的专项资金安排。

近年来，德州市政府不断加大对教育基础设施建设的投入、考核力度，前三年提出农村学校楼房化建设工程，从2015年开始实施校舍标准化建设工程。禹城市仅仅是在每一个乡镇中学或中心小学建设了教学楼，距全部的学校楼房化有很大差距，距山东省政府规定的标准化学校相差更远，目前禹城市学校校舍楼房化率约49%，德州市平均62%，全省平均70%。从2015年开始，省、市提出了推进学校校舍标准化建设工程，德州市将对各县市的校舍标准化建设工程投入进行考核、排名，并根据各县市的投入情况，以奖代补给予资金支持，奖补标准为100元/m^2。

（3）禹城市乡镇中学教育现状

禹城市乡镇初中现有13处中学，乡镇驻地初中学校10处，非驻地初中学校3处（大程、来风、袁营）。13处乡镇初中学校中，房寺中学完全实现校舍楼房化，功能完善，达到初级中学办学标准，54个教学班的规模，可满足房寺镇初中适龄学生的就学，并可接纳因中心镇发展人口逐步增加的需要。目前，除房寺中学之外，伦镇等12处乡镇中学不同程度地存在办学条件不完善、设施落后不配套、存在缺陷校舍等问题，与校舍楼房化、标准化的要求差距较大。辛寨、张庄、大程、来风、袁营等5所中学没有教学楼，梁家中学仅有一座容纳6个教学班的小楼；伦镇中学、梁家中学分别将袁营中学、来风中学合并后，现有教学楼已容纳不了现有在校生，预计年后正常年份适龄就学需要存在不同程度的缺口。伦镇等12

所乡镇中学学校食堂条件简陋，布局不合理，硬件设施不达标，达不到食品药品监管部门的标准要求，学生就餐吃饭或在教室，或在室外，没有餐厅，卫生、安全无保障；12处中学没有楼房宿舍，住宿学生全部在由教师改造的平房内住宿，卫生状况、冬季保温效果很差，且不同程度地存有安全隐患。

（4）项目建设的必要性

教育是社会发展的基石，教育不仅肩负提高全民族素质、培养各类专业人才、提升自主创新能力的使命，而且涉及千家万户，惠及子孙后代，与人民群众的切身利益息息相关。继农村中小学校舍楼房化工程之后，德州市政府从2015年开始逐步推进农村薄弱学校标准化建设，项目的实施将有效完成上级下达的学校建设任务，切实改善禹城市农村中学的办学条件，提升农村学校教育形象，完善乡镇中学的教育教学设施，促进禹城市教育教学质量的全面提升，合理布局农村中学并建设农村中学食堂餐厅、学生宿舍，提升农村中学标准化水平，逐步实现农村中学楼房化、标准化。

项目符合禹城市城建规划，是禹城市发展教育事业，搞好教育工作的需要；是加快适应教育事业发展需要，充分挖掘和发挥禹城市教育潜力的需要；是适应当前社会、经济、科技发展的需要；也是保证社会和谐、经济发展、人民安居乐业的需要。同时本项目教学环境的改善将进一步的提升该区域的教学质量。该项目的建设是十分必要的。

2. 合作范围

建设内容包括李屯中学、辛寨中学、安仁中学、莒镇中学、伦镇中学、辛店中学、梁家中学、十里望中学、张庄中学、邢店小学的楼房工程和配套工程；禹城一中教学楼和综合楼、综合高中综合楼、齐鲁中学实验楼和城区新建山师附小合作学校（36个班）教学楼及配套工程。

根据《禹城市校舍建设指挥部——李屯中学食堂餐厅及校舍楼建设项目》等11部可行性研究报告以及其他相关基础资料，禹城市城乡教育综合发展PPP项目建设内容基本情况如表2-2所示。

表 2-2　　　　禹城市校舍建设指挥部——李屯中学
食堂餐厅及校舍楼建设项目

名称	学校	建设内容	总建筑面积（m²）
乡镇学校	李屯中学	学生宿舍、食堂、实验楼及配套工程	8 969
	辛寨中学	教学楼、学生宿舍、食堂、实验楼及配套工程	11 756
	安仁中学	学生宿舍、食堂、实验楼及配套工程	9 182
	莒镇中学	学生宿舍、食堂、实验楼及配套工程	8 644
	伦镇中学	教学楼、学生宿舍、食堂、实验楼及配套工程	19 401
	辛店中学	学生宿舍、食堂、实验楼及配套工程	8 674
	梁家中学	教学楼、学生宿舍、食堂、实验楼及配套工程	16 330
	十里望中学	学生宿舍、食堂、实验楼及配套工程	16 330
	张庄中学	教学楼、学生宿舍、食堂、实验楼及配套工程	12 590
	房寺邢店小学	教学楼、运动场、配套设施	1 983
城区学校	禹城一中	教学楼、楼房宿舍及配套工程	32 948
	综合高中	综合楼及配套工程	5 500
	齐鲁中学	实验楼及配套工程	7 336
	山师附小合作学校（36个班）	楼房校舍及配套工程	11 924
合计			171 567

3. 合作期限

本项目期限为 16 年（含建设期 1 年）。项目期限为 PPP 项目协议生效日起至 PPP 项目协议生效日第 16 个周年结束之日（最终项目期限以项目实际银行贷款期限为准）。

4. 各方权利和义务

(1) 政府方

①主要权利

ⅰ确定项目的建设标准（包括设计、施工和验收标准），在PPP项目协议中予以明确。

ⅱ建设期内，根据需要或法律变更情况对已确定的工程建设标准进行修改或变更。

ⅲ在遵守、符合适用法律要求的前提下，市教育局有权对社会资本履行PPP项目协议项下的建设期及运营期的义务进行监督和检查。

ⅳ要求项目公司报告项目建设、运营相关信息。

ⅴ在发生PPP项目协议约定的社会资本严重违约或发生紧急事件时，市教育局有权利（但不得被要求）介入，暂代项目公司运营和维护项目设施。

ⅵ项目期满，无偿取得所有资产，包括房屋、建筑物等的所有权。

ⅶ如果发生社会资本违约的情况，政府方有权要求社会资本纠正违约、并向社会资本收取违约金、提前终止或采取PPP项目协议规定的其他措施。

ⅷ有权根据法律规定和PPP项目协议对服务进行行业监管。

②主要义务

ⅰ市教育局有义务协助社会资本从有关政府部门获得、保持和续延所需的与项目有关的一切批准。

ⅱ市教育局应尽最大努力协助社会资本取得适用于项目公司的各项减、免税和优惠政策，并协助项目公司取得政府有关部门承诺的与履行PPP项目协议相关的其他优惠。

ⅲ在工程开工建设前向社会资本交付本项目所需场地。

ⅳ负责完成以下前期工作：建设用地规划许可证、建设工程规划许可证、建设用地批准书、可研、环评、立项、勘察、设计、三通一平等工作。

ⅴ因市教育局的原因导致项目关键工期的延误，向社会资本支付违约赔偿。

ⅵ因市教育局要求或原因导致项目建设投资或运营维护成本增加时，给予项目公司合理补偿。

ⅶ当项目提前终止下，根据PPP项目协议对社会资本进行补偿。

此外，市教育局应行使法律、法规及PPP项目协议赋予的其他权利并履行其规定的其他义务。

（2）社会资本方

①主要权利

ⅰ按照PPP项目协议的约定，享有在项目期限内投资、建设、运营及维护全部校舍，以及经营幼儿园，并收取幼儿园经营收入和可行性缺口补助的权利。

ⅱ在征得市教育局同意的情况下，有权为项目融资目的将项目收益权进行抵押或质押。

ⅲ因市教育局要求或法律变更导致项目建设投资或运营成本增加时，根据PPP项目协议约定获得补偿。

ⅳ在本项目提前终止下，根据PPP项目协议约定获得补偿。

ⅴ在市教育局违反PPP项目协议相关条款情况下，根据PPP项目协议约定获得补偿或赔偿。

ⅵ项目期满后，如市教育局继续采用PPP方式选择经营者，享有在同等条件下的优先权。

②主要义务

ⅰ根据PPP项目协议的约定，自行负责进行本项目全部投资、建设、运营和维护，自行承担相关费用责任和风险。

ⅱ应按照适用法律以及经相关政府部门审批的本项目初步设计文件、施工图设计文件的要求，按进度计划组织管理工程建设，并承担相关的一切费用、责任和风险，应在本项目的建设期及缺陷责任期内按照适用法律和PPP项目协议的规定对工程购买保险。

ⅲ执行因市教育局要求或法律变更导致的工程建设标准的变更。

ⅳ筹集项目的建设资金，按工程进度计划投资建设，并确保投入资金满足工程实施的需要。

ⅴ应接受市教育局及相关政府部门根据适用法律和PPP项目协议的规定对工程建设进行监督和检查，为市教育局及相关政府部门履行上述监督检查权利提供相应的工作条件，并提供相关资料（包括但不限于施工文件、投资及财务统计报表、竣工材料等）。

ⅵ在建设期和运营期向市教育局提交不可撤销且随时可以支付的银行保函。

ⅶ在运营期内，必须遵守国家和省、市政府的各项法规政策，依法经营，认真履行运营管理责任。项目期限内未经市教育局同意，不得擅自决定中断项目设施的运营和维护，不得擅自解散、歇业。

ⅷ遵守相关的安全规定，制定安全管理制度、应急措施和应急预案，保证项目设施的安全运行。

ⅸ接受市教育局依照适用法律进行的临时接管和其他管制措施。

ⅹ如果违约，向市教育局缴纳约定的违约金并按规定改正。

ⅺ非经市教育局书面同意，不得将项目资产、收费权转让给第三方。

ⅻ在项目期满后，按规定将所有资产，包括房屋、建筑物等无偿完好移交市教育局，保证项目设施处于良好可使用状态，且全部项目设施上未设有任何抵押、质押等担保权益或产权约束，亦不得存在任何种类和性质的索赔权。

此外，社会资本应行使法律、法规、当地政府的政策和文件，以及PPP项目协议赋予的其他权利并履行其规定的其他义务。

5. 交易结构

本项目的交易结构见图2-1。

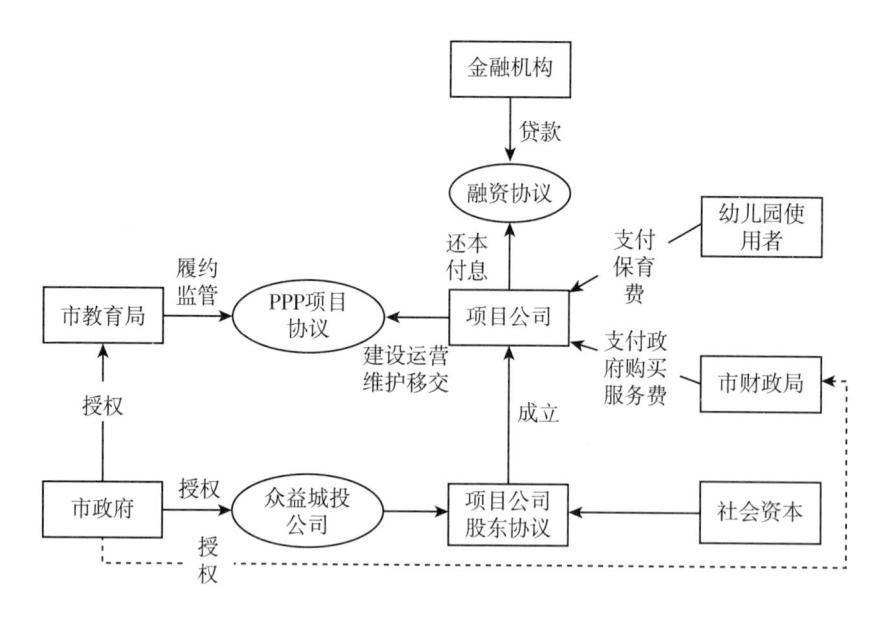

图 2-1 项目交易结构

本项目将由项目实施机构通过合法方式选择社会资本，由社会资本按要求设立项目公司进行具体运作。

(1) 项目公司股权结构

社会资本与禹城市政府授权的禹城众益城乡建设投资有限责任公司（以下简称"众益城投公司"）合资成立项目公司实施本项目。其中，众益城投公司持有项目公司35%股权，社会资本持有项目公司65%股权。众益城投公司通过资产形式出资，社会资本以现金出资，资本金按该比例出资到位。

(2) 项目投融资结构

根据《关于调整固定资产投资项目资本金比例的通知》（国发〔2009〕27号），"保障性住房和普通商品住房项目的最低资本金比例为20%，其他房地产开发项目的最低资本金比例为30%"，建议本项目的项目公司资本金至少为项目投资总额的30%（投资总额暂定为人民币34 065.29万元），其他资金可通过银行贷款、股东贷款、基金等方式筹集。

本项目主要贷款机构：国家开发银行山东省分行；融资金额2.4亿元，占总投资的70%。贷款年限15年。

贷款利率：同期中国人民银行 5 年以上贷款基准利率。

担保方式：以 PPP 项目协议及补充协议项下所有的权益和收益提供质押担保，由保证人禹城市众益城乡建设投资有限公司、山东省禹城市外资机械施工有限公司提供连带责任保证，由山东省禹城市外资机械施工有限公司实际控制人贾吉臣及其配偶承担连带责任保证。

（3）项目回报机制

本项目回报机制为可行性缺口补助。

幼儿园经营收入：项目期限内，项目公司负责两所幼儿园的经营管理，向学生收取保育教育费。可行性缺口补助：项目期限内，项目公司负责提供可用的满足正常教育教学工作的校舍场所，以及校园保洁服务、绿化养护服务、设施维护（后勤）服务。政府按照项目协议约定向项目公司支付可行性缺口补助。项目公司通过收取幼儿园经营收入和可行性缺口补助弥补其投资及运营成本，获得合理回报。

（4）定价调整机制

项目经营期内，政府按 PPP 项目协议规定向项目公司支付可行性缺口补助，以双方协定的价格为准，按季进行支付。可行性缺口补助自项目公司开始提供服务之日起计算。可行性缺口补助每两年调整一次，主要针对消费物价指数、劳动力市场指数、税费等因素进行调整。具体调整办法和调整公式将在 PPP 项目协议中予以明确。

政府承诺将向项目公司支付的可行性缺口补助列入市财政预算，由市人大予以批准。

（5）相关配套安排

政府部门负责项目用地的选址、土地征用、拆迁安置等工作，相关费用计入项目总投资。

6. 项目合同体系

本项目的合同体系分为两个层次：第一层次为由项目实施机构与投资人或项目公司之间签署的合同，包括 PPP 项目协议、项目公司股东协议等。确定社会资本之后，项目实施机构与社会资本草签 PPP 项目协议，待项目公司成立后,再由项目实施机构与项目公司正式签署 PPP 项目协议。第二层次为由项目公司与其他机构签署的相关合同,如项目公司与金融机构签署的融资协议,与施工单位签署的工程总承包合同,与设备材料供应商签署的设备材料采购合同,与保险机构签署的保险合同等。合同体系如图 2-2 所示。

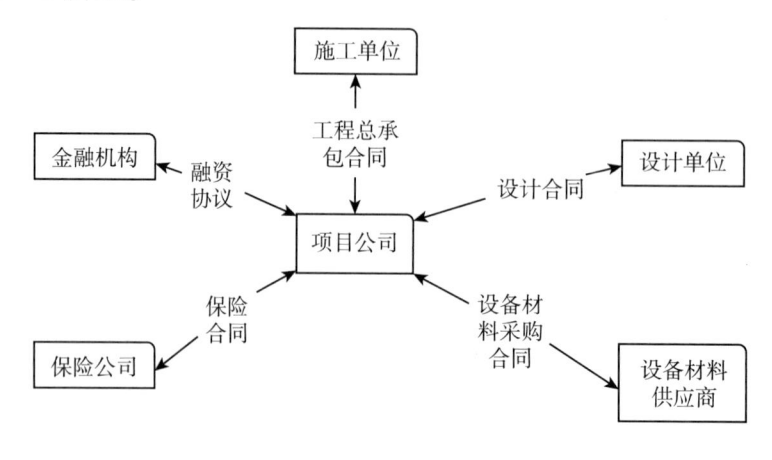

图 2-2 合同体系

7. 土地取得方式

本项目土地为划拨用地,学校土地手续维持现状,不再进行权属变更。市教育局应确保在项目期限内,项目公司有权为本项目之目的合法使用和出入项目场地。

8. 工程造价

工程造价按照德州市财政局有关规定执行,根据审定的施工图纸,依据《建设工程工程量清单计价规范(GB50500-2008)》《山东省建设工程工程量清单计价规则(2011)》及相关规定编制工程量清单及招标控制价。招标控制价编制执行定额(山东省建筑安装工程消耗量定额、山东省市政工程消耗量定额、山东省园林工程消耗量定额等相应定额),选用人工单价 53 元/工日的德州市 2012 年价目表,按 48 元/工日调整人工单价。材料价格参照同期《德州工程造价信息》及同期市场价;机械费仅调整其中的人工和燃料价格,其余不做调整。锁定清单价格为后期项目竣工结算及核定可行性缺口补助提供依据。

9. 竣工验收与审计

本项目完成建设后 3 个月内,项目公司应提交完整的验收资料,由验收机构及时安排组织验收工作。经验收合格后,本项目所涉及的所有建筑物、设施设备方可交付使用,分批验收合格的,分批交付使用。

禹城市审计局在验收合格 3 个月内完成对本项目的审计工作,并出具审计结论,项目最终投资额以审计结论为准。

10. 一般补偿

(1) 一般补偿事件

ⅰ 在建设期内,因市教育局要求(市教育局以地方性法规、地方政府规章,以及市政府主管部门规章和市政府或市政府主管部门颁布的其他强制性规范文件的形式单独对校舍建设项目提出的要求视为市教育局要求)发生项目公司建设成本(包括校舍建设工程投资、融资成本等)或资本性支出增加的情况。

ⅱ 在建设期内,因市教育局层面的法律变更导致的变更,发生项目公司建设成本或资本性支出的增加。

ⅲ 在运营期,因市教育局要求发生项目公司运营成本或资本性支出的增加。

ⅳ 在运营期,因市教育局层面的法律变更导致的运营服务要求变更,发生项目公司运营成本或资本性支出的增加。

ⅴ 为了维护公共利益和安全,市教育局根据由于紧急事件而介入,暂代项目公司运营和维护校舍项目设施,造成项目公司的损失、支出或费用。

(2) 补偿形式

市教育局对项目公司可能的补偿方式可以采取以下两种形式:一次性补偿(即货币形式补偿)、调整可行性缺口补助。

11. 绩效考核指标及体系

（1）绩效考核明细

本项目绩效考核指标如表2-3。

表2-3　　　　　　　　　绩效考核指标

考核项目	考核要求	满分	评估得分	备注
保洁服务	天花板、公共灯具、栏杆目视无积尘、无蜘蛛网	6		
	玻璃明亮、目视干净	6		
	绿化带外观整洁	6		
	卫生间每日清洁1次，无异味，目视干净	6		
垃圾收集与处理	垃圾日产日清，周围地面无散落垃圾、无垃圾外溢、无污水、无明显异味	16		
绿化养护服务	绿篱、色带及造型植物，轮廓清晰、层次分明、无残枝败叶，造型植物枝叶紧密、圆整，观赏效果良好	6		
	无绿地杂草、杂物	6		
	树冠整齐，侧枝分布均匀，根干部无萌枝，不影响车辆行人通行，与建筑架空线路无刮擦	6		
设施维护服务	损坏的开关、灯口、灯泡是否及时修复	7		
	公共污水管道是否畅通、无阻塞	7		
	雨水管道、化粪池是否畅通、无阻塞	7		
	雨污水井是否进行除锈、刷漆，损坏井盖是否及时更换	7		
	是否及时发现和处理供热设备、管道的各类故障隐患	7		
	避雷装置是否锈蚀、变形，断裂部位是否及时修复	7		
合计		100		

（2）绩效评价的激励效应分析

项目设立绩效考核指标对项目运营情况进行考核，根据考核得分进行付费。一是强化项目产出绩效对社会资本回报的激励约束效果，防止政府以项目各项支出承担无条件的支付义务。二是通过绩效评价及时发现项目中的问题,从而指导优化管理方式及提高运营技术,为社会提供更为高品质的服务。三是通过绩效付费,激励社会资本发挥潜能,提高风险管控,强化创新机构,加强项目建设运营管理,以较小的投入做出高水平的产出。

12. 保障机制

(1) 履约保函

根据《关于印发政府和社会资本合作模式操作指南(试行)的通知》(财金〔2014〕113号),"履约保证金的数额不得超过政府和社会资本合作项目初始投资总额或资产评估值的10%",本项目建设期履约保函的金额暂定为人民币1 000万元。自PPP项目协议生效日之日起7个工作日内,项目公司应向市教育局提交中国境内金融机构出具的以市教育局作为受益人的履约保函,以保证项目公司在建设期内按照PPP项目协议的规定履行相应义务。

本项目建设期由社会资本方出具1 000万元的履约保函,期限1年,建设期满,转为维护保函。

(2) 维护保函

自禹城市校舍及配套工程投用之日起7个工作日内,项目公司应向市教育局提交中国境内金融机构出具的以市教育局作为受益人的维护保函,以保证项目公司按照PPP项目协议的规定提供运营和维护校舍及其配套工程的义务。自开始投用日起至项目期限终止3年前的期间,维护保函的金额应为人民币300万元;在项目期限终止前三年及缺陷责任期内,维护保函的金额应为人民币500万元。

新旧保函要求在项目期限内首尾相连,如果项目公司未能履行PPP项目协议中规定的义务,市教育局有权根据PPP项目协议的规定兑取保函。

13. 项目期限的终止

第一,项目期满,项目经营权终止,项目公司应将合同范围内的所有校舍及配套工程完好无偿移交给市教育局。

第二，发生市教育局与项目公司中任何一方的严重违约事件，守约方有权提出终止。如果因市教育局严重违约导致 PPP 项目协议终止，市政府将以合理的价格收购合同范围内的所有校舍及配套工程，并给予项目公司相应补偿；如果因项目公司严重违约导致 PPP 项目协议终止，市教育局折价收购合同范围内的所有校舍及配套工程。

第三，如果市教育局因公共利益需要提前终止 PPP 项目协议，市教育局收购合同范围内的所有校舍及配套工程，并给予项目公司相应补偿。

第四，因不可抗力事件导致各方无法履行 PPP 项目协议且无法就继续履行 PPP 项目协议达成一致，任何一方有权提出终止。市教育局会以合理价格收购合同范围内的所有校舍及配套工程。提前终止后的具体补偿原则和补偿标准在 PPP 项目协议中明确。

14. 项目移交安排

项目期满后，项目公司应向市教育局完好无偿移交合同范围内的所有校舍及配套工程。在项目期满前 9 个月，市教育局和项目公司应共同成立移交委员会，负责过渡期内有关项目期满后项目移交的相关事宜，包括但不限于本项目的移交范围、移交标准、移交验收程序、移交日项目设施的状况、保险的转让、承包商的责任、合同转让、技术转让、培训义务、风险转移、移交费用等具体条款。

15. 风险识别和分配

项目涉及各类潜在风险，按照风险分配优化、风险收益对等和风险可控等原则，应由最有能力消除、控制或降低风险的一方承担风险。由政府方造成的审批和完工延误、运营和移交标准改变、规划及法律税收政策环境变更、政府监管不力等风险由政府方负担，其他建设风险、运营风险、成本超支风险、融资风险和财务风险等由项目公司负担；因不可抗力造成的延误通过保险降低风险；通货膨胀风险根据直接成本因素来调整服务费用的公式，由政府方与项目公司共同承担此类风险。

在项目边界条件制定时，充分考虑政府方和社会资本方对风险的控制和承受能力，比如保安和食堂由学校负责，学校仪器设备的购置和维护不纳入 PPP 项目范围。

本项目风险分配情况如表 2-4。

表 2-4　　　　　　　　　　　风险分配

风险类型	风险描述	风险分配
建设风险	审批获得延误	政府造成延误由政府方承担；项目公司造成延误由项目公司承担
	地质条件导致超支风险	项目公司承担
	技术风险	由于技术原因导致项目施工无法进行或技术不可行导致项目无法建设或建成后无法正常运行，由项目公司承担
	完工延误风险	政府造成延误由政府承担；项目公司造成延误由项目公司承担；因不可抗力造成的延误通过保险降低风险
	建设成本超支风险	项目公司承担
	施工安全	项目公司承担
	建设质量风险	项目公司承担
项目运营风险和成本超支风险	实际运营成本高于项目公司预期成本	项目公司承担
	由于项目公司的管理问题造成项目运营成本超支	项目公司承担，项目公司应通过加强管理提高效率以降低此类风险。
	由于项目人员工资、通货膨胀等主要成本因素价格上涨导致成本超支	设计根据直接成本因素来调整服务费用的公式，由政府方与项目公司共同承担此类风险
	由于项目公司的管理问题造成项目的融资和财务风险	项目公司承担
	运营维护不达标	项目公司承担
	运营维护频繁	项目公司承担
	运营标准改变	政府方承担
	延迟支付运营维护费	政府方承担
	项目移交时不达标	项目公司承担，如是政府方改变移交标准，由政府方负担

续表

风险类型	风险描述	风险分配
融资风险	未按计划及时取得资金，导致资金不足的风险	因项目公司原因导致无法融资或未能按计划及时融资，由项目公司承担
财务风险	融资失败、财务管理不善或市场利率变化导致资金成本增加	项目公司承担
规划及法律政策环境变更风险	对项目环境保护等方面的要求提高，导致项目公司必须投入改造费用或增加运行成本	政府方承担
	对项目公司税收等方面的法律变更，导致项目公司实际收入减少	政府方承担
	政府对项目实施没收、充公等	政府方承担
不可抗力风险	发生自然灾害等不可抗力事件，致使项目不能或暂时不能正常运转	要求项目公司为项目设施购买财产保险，用以灾害后项目设施的修复。不可抗力期间，双方各自承担风险
政府监管不力风险	因政府监督检查人员不足或者考核评价人员责任心不强，导致监管不力的风险	政府方承担

16. 项目临时接管

项目期限内，如出现以下违约行为，政府有权实施临时接管：未经市教育局允许将项目经营权予以转让、出租的；未经市教育局允许将项目设施进行处置或者抵押的或将项目经营权予以质押的；因管理不善，发生重大质量、生产安全事故的；擅自停业、歇业，严重影响到社会公共利益和安全的；法律、法规禁止的其他行为。

（三）财政承受能力测算指标及方法

本项目按《政府和社会资本合作项目财政承受能力论证指引》（财金〔2015〕21号）要求进行财政承受能力测算。

1. 责任识别

(1) 股权投资支出责任

本项目中，通过竞争性磋商方式由中选社会资本方与禹城市政府授权的众益城投公司合资成立项目公司实施本项目。其中，众益城投公司持有项目公司35%的股权。

(2) 财政补贴支出责任

本项目由项目公司负责工程投资、建设、运营和维护服务，工程完工、验收合格后需交付学校使用。由于学校项目属于公共服务事业，需要由政府按PPP项目协议约定支付可行性缺口补助。

(3) 承担风险支出责任

本项目涉及各类潜在风险，按照风险分配优化、风险收益对等和风险可控等原则，应由最有能力消除、控制或降低风险的一方承担风险。在PPP项目协议中需具体明确项目风险的分配，使政府和社会资本间合理分配项目风险。

(4) 配套投入支出责任

政府部门负责项目用地的选址、规划、土地征用、拆迁安置等工作，相关费用计入项目总投资，政府并无额外的配套投入支出责任。

2. 支出测算

(1) 股权投资支出测算

项目公司注册资本金暂定为10 220万元，政府方由市属投资公司出资35%，暂按3 577万元预估。

(2) 运营补贴支出测算

按照国家发改委和国家建设部共同发布的《建设项目经济评价方法与参数》（第三版）规定的方法和原则进行财务测算，分别计算股东内部收益率所对应的可行性缺口补助，以预判投资人的报价区间及政府每年支付的可行性缺口补助额度，指导拦标价设定。项目财务测算情况如下：

①主要方法及假设条件

ⅰ财务测算模型的结构。根据项目测算目的，建立财务测算模型，通过建立和计算折旧摊销表、借款还款表、总成本费用表、损益表、现金流量表等模型，测算投资者在协议期内的项目及归属股东的现金净流量和内部收益率等指标，从而预测项目投资者在特许期内的盈利水平。

ⅱ主要边界条件及财务假设。

投资规模：项目总投资 34 065.29 万元。

主要成本：包括员工工资福利、维修费、管理人员薪酬、管理费。

幼儿园经营收入：依据《关于德州市幼儿园收费标准有关问题的通知》，参照德州市一类幼儿园收费标准，本项目幼儿园经营年收入 97.2 万元。

项目期限：项目期限为 16 年（含建设期 1 年）。

融资结构：项目资本金与债务资金分别占比 30% 和 70%。假设贷款利率按 5.4% 计算（人民银行 5 年以上贷款利率），还款方式为等额本金，还款期按 15 年计算。本项目股东投入 10 220 万元，债务资金 2.4 亿元。

相关税收：项目公司需缴纳所得税，税率 25%。

折旧摊销：考虑到协议期满后，政府将无偿回收资产，项目公司会在项目期限内分摊完所有资产，因此，我们将项目资产计为 15 年均匀分摊。

②财务测算结果

根据上述假设条件，在项目公司获取幼儿园经营收入 97.2 万元之外，政府每年需支付可用性服务费 4 806.61 万元，运营维护费 342.43 万元。项目实际支出金额以中标结果为准。

③各年运营补贴支出数额及汇总

根据以上测算，各年运营补贴支出数额合计为 77 235.6 万元。各年运营补贴支出数额测算结果如表 2-5 所示。

表 2－5　　　　　　　　　运营补贴（2016～2030 年）　　　　　单位：万元

年份	运营补贴支出数额	年份	运营补贴支出数额
2016	5 149.04	2024	5 149.04
2017	5 149.04	2025	5 149.04
2018	5 149.04	2026	5 149.04
2019	5 149.04	2027	5 149.04
2020	5 149.04	2028	5 149.04
2021	5 149.04	2029	5 149.04
2022	5 149.04	2030	5 149.04
2023	5 149.04	合计	77 235.60

（3）风险承担支出测算

本项目中，政府支出概率较高且支出数额较大的风险事件主要包括政府方造成的完工延误、设计变更调整导致建设成本大幅增加、税收政策调整、政府对项目设施采取的没收和充公行为以及其他不可抗力事件等。

项目的风险概率和风险后果值难以预测，项目全部风险成本包括可转移给社会资本的风险承担成本和政府自留风险的承担成本，财金〔2015〕21 号文规定："风险承担支出应充分考虑各类风险出现的概率和带来的支出责任，可采用比例法、情景分析法及概率法进行测算。"结合本项目情况，推荐采用情景分析法。经计算，政府自留风险承担成本为 1 460.5 万元，风险承担支出计入项目建设期。

（4）配套投入支出测算

本项目由于前期配套设施已经完成，需要新投入的设备设施相对较少。项目所需配套少，政府承担的配套投入支出责任较低。因此，对于政府承担的配套投入支出测算，在本次论证中不予计算，即配套投入支出为 0。

（5）汇总分析

根据上述分析及测算，按财金〔2015〕21 号文的规定进行计算，市财政股权支出为 3 576.86 万元，项目期限内财政运营补贴支出为

77 235.6万元，风险承担支出为1 460.5万元，无配套投入支出，全部费用合计为82 272.96万元。

各项费用明细如表2-6所示。

表2-6　　　　　财政支出责任（2015~2030年）　　　　单位：万元

年份	股权支出	运营补贴支出数额	风险承担支出	配套投入支出	财政支出责任合计
2015	3 576.86		1 460.50		5 037.36
2016		5 149.04			5 149.04
2017		5 149.04			5 149.04
2018		5 149.04			5 149.04
2019		5 149.04			5 149.04
2020		5 149.04			5 149.04
2021		5 149.04			5 149.04
2022		5 149.04			5 149.04
2023		5 149.04			5 149.04
2024		5 149.04			5 149.04
2025		5 149.04			5 149.04
2026		5 149.04			5 149.04
2027		5 149.04			5 149.04
2028		5 149.04			5 149.04
2029		5 149.04			5 149.04
2030		5 149.04			5 149.04
合计	3576.86	77 235.60	1 460.50		82 272.96

3. 能力评估

(1) 财政支出能力评估

根据禹城市统计局数据，2010~2014年禹城市每年一般公共预算收支情况如表2-7所示。

表2-7　　　禹城市一般公共预算收支（2010~2014年）　　　单位：万元

年份	一般公共预算收入	一般公共预算支出
2010	55 002	129 768
2011	75 000	158 400
2012	100 300	207 600
2013	145 135	230 565
2014	168 231	253 473

经计算，2010~2014年禹城市一般公共预算收入年均增长率为32%，最低为16%；一般公共预算支出年均增长率为18%，最低为10%。出于保守原则，假定2015~2030年一般公共预算收支数额增长率均为10%，则2016~2030年一般公共预算收支数额预估如表2-8所示。

表2-8　　　禹城市一般公共预算收支（2015~2030年）　　　单位：万元

年份	一般公共预算收入	一般公共预算支出
2015	185 054.10	278 820.30
2016	203 559.51	306 702.30
2017	223 915.46	337 372.60
2018	246 307.01	371 327.24
2019	270 937.71	408 220.80
2020	298 031.48	449 042.90
2021	327 834.63	493 947.17
2022	360 618.09	543 341.89
2023	396 679.90	597 676.08
2024	436 347.89	657 443.68
2025	479 982.68	723 188.05
2026	527 980.94	795 506.86
2027	580 779.04	875 057.54
2028	638 856.94	962 563.30
2029	702 742.64	1 058 819.63
2030	773 016.90	1 164 701.59

根据财金〔2015〕21号文的要求,"每一年度全部PPP项目需要从预算中安排的支出责任,占一般公共预算支出比例应当不超过10%。"

综合本项目幼儿园经营收入和可行性缺口补助计算结果、财政收支数额预测,本项目在2015～2030年各年度支出占当年公共预算支出的比例为0.44%～1.81%,在禹城市区域内,已实施和拟实施的PPP项目只有本项目和禹城市城乡环卫一体化项目。禹城市城乡环卫一体化项目财政支出责任在2015年为1 200万元,2016～2030年为2 300万元,各年度支出占当年公共预算支出的比例为0.20%～0.75%,两个项目占一般公共预算支出比例之和在10%以内,故而通过财政承受能力论证,具体结果如表2-9所示。

表2-9　　　　禹城市财政支出责任（2015～2030年）

年份	预计一般公共预算支出（万元）	禹城市已实施和拟实施PPP项目财政支出责任					
		合计		城乡教育综合发展PPP项目		城乡环卫一体化项目	
		金额（万元）	占比（%）	金额（万元）	占比（%）	金额（万元）	占比（%）
2015	278 820.30	6 237.40	2.24	5 037.40	1.81	1 200	0.43
2016	306 702.30	7 449.04	2.43	5 149.04	1.68	2 300	0.75
2017	337 372.60	7 449.04	2.21	5 149.04	1.53	2 300	0.68
2018	371 327.24	7 449.04	2.01	5 149.04	1.39	2 300	0.62
2019	408 220.80	7 449.04	1.82	5 149.04	1.26	2 300	0.56
2020	449 042.90	7 449.04	1.66	5 149.04	1.15	2 300	0.51
2021	493 947.17	7 449.04	1.51	5 149.04	1.04	2 300	0.47
2022	543 341.89	7 449.04	1.37	5 149.04	0.95	2 300	0.42
2023	597 676.08	7 449.04	1.25	5 149.04	0.86	2 300	0.38
2024	657 443.68	7 449.04	1.13	5 149.04	0.78	2 300	0.35
2025	723 188.05	7 449.04	1.03	5 149.04	0.715	2 300	0.32
2026	795 506.86	7 449.04	0.94	5 149.04	0.65	2 300	0.29
2027	875 057.54	7 449.04	0.85	5 149.04	0.59	2 300	0.26
2028	962 563.30	7 449.04	0.77	5 149.04	0.53	2 300	0.24
2029	1 058 819.63	7 449.04	0.70	5 149.04	0.49	2 300	0.22
2030	1 164 701.58	7 449.04	0.64	5 149.04	0.44	2 300	0.20

（2）行业领域平衡性评估

目前禹城市暂无其他学校 PPP 项目的规划及相应财政支出，因此教育行业方面 PPP 项目不存在过于集中的问题。

综上所述，本项目通过财政承受能力评估。

（四）财务方面特点分析

1. 财务基准参数设置情况

资本结构：项目公司中政府占股 35%，社会资本占股 65%。

资本性收益：本项目投资估算 34 065.29 万元，项目到期后设施全部无偿移交给政府，不考虑资产折旧残留。

折现率：8%。

合理利润率选择：本次测算以目前的金融机构中长期贷款基准利率（5.4%）为基数。鉴于项目包含不确定性因素多，为了使项目利润水平接近投资人的一般要求（行业利润水平通常在 8% 左右），合理利润率在金融机构中长期贷款基准利率 5.4% 的基础上上浮至 8%。

项目周期设定：项目合作周期设定为 16 年，建设期 1 年，运营期 15 年。

2. 项目盈利能力

在财务测算过程中，对项目动态和静态指标均进行测算，对各种收益水平下的政府付费金额进行了测算。在年缺口补助为 3 444 万元时，项目达到盈亏平衡。在采购文件编制过程中，对报价参数范围进行测算，在静态投资回报率 5%~10% 范围内，我们设置了拦标价。静态投资回报率 5% 时，可用性服务费每年为 3 974 万元，运营维护费 296 为万元；静态投资回报率为 10% 时，可用性服务费每年为 4 694.53 万元，运营维护费为 303.83 万元。最终按中标价测算，项目动态投资回报率为 6.33%，静态投资回报率为 7.17%。

3. 项目偿债能力分析

项目公司于 2015 年 12 月于国开行山东分行签署贷款合同，贷款利率为 4.9%，远低于投资回报率，项目偿债能力较好。

三、项目采购

（一）采购方式的选择

根据《政府和社会资本合作项目政府采购管理办法》（财库〔2014〕215 号）的规定，PPP 项目采购方式包括公开招标、竞争性谈判、邀请招标、竞争性磋商和单一来源采购。

项目实施机构应当根据 PPP 项目的采购需求特点，依法选择适当的采购方式。依据财库〔2014〕215 号文甄别条件，同时为了有效吸引社会资本参与项目的建设和运营，本项目采取竞争性磋商方式进行投资人采购。竞争性磋商，主要适用于技术复杂或者性质特殊，不能确定详细规格或者具体要求的，或因采购时间及数量事先不能确定等原因不能事先计算出价格总额的，或市场竞争不充分的科研项目，以及需要扶持的科技成果转化项目。市教育局将作为本项目的采购人。本项目将进行资格预审，采购人将向通过资格预审的申请人发售磋商文件。

（二）实施程序

编制 PPP 项目实施方案，通过禹城市政府审批；公开发布资格预审公告，征集潜在社会资本；发布磋商公告；由禹城市城乡教育综合发展 PPP 项目招商领导小组（以下简称"招商领导小组"）通过磋商公告，公开发布磋商文件，并向所有潜在社会资本发售；接受社会资本递交的响应文件；磋商小组就响应文件进行评审，编写评审报告，并向招商领导小组提交成交候选供应商的排序名单；按照成交候选供应商的排名，招商领导小组依次与成交候选供应商就项目协议中的偏差条款进行项目协议签署前的确认谈判，率先达成一致的即为本项目的社会资本；确认谈判完成后，招商领导小组对评审结果进行公示，公示期满若无异议，招商领导小组组织相关主体签署PPP项目协议。

（三）投资人资格条件

1. 主体要求

资格预审申请人必须为依法注册的独立法人实体，或由不同法人实体组成的联合体，但联合体内的成员数量不得超过2名。联合体各方应当签订共同投资协议，明确约定各方应承担的工作和责任，并在资格预审报名时和响应文件中将共同的投资协议一并提交采购人；联合体各方需签订联合体授权委托书。联合体中选的，联合体各方应当共同与采购人签订合同，共同向采购人承担连带责任。

2. 资质要求

本项目要求资格预审申请人具有现行有效的建设行政主管部门颁发的房屋建筑工程施工总承包贰级（含贰级）及以上施工资质。

3. 财务要求

资格预审申请人注册资本金不低于人民币3 000万元，若是联合体申请人，至少有一家企业注册资本金不低于人民币3 000万元。截至2014年12月31日申请人净资产不低于人民币1亿元，如果申请人为联合体，则联合体每一成员的净资产乘以其在联合体内所占股份比例之和应满足上述要求。

4. 法律要求

在过去5年内，社会资本方没有任何直接由于经营者的过失或疏忽，而在任何大型合同中严重违约、被逐出现场或被解除协议的情况；不是无力清偿债务者、没有处于受监管状态、没有破产或停业清理或清算，其资产或业务没有处于被法院查封、冻结或采取其他强制措施的状态，其经营活动没有被中止，并且没有因上述事件而成为法律诉讼中的对象。

5. 职业道德要求

过去5年内，社会资本方没有任何违反职业道德的行为（如编制虚假财务报表或编制不实陈述材料以获得采购合同而被宣告为违约或有罪等），此项要求同样适用于社会资本方的董事和高级职员；不曾发生严重的职业不良行为，包括没有在过去5年中为获取某项合同而支付不正当费用或其他贿赂行为，本要求同样适用于社会资本方的董事和高级职员。

6. 技术能力

社会资本方应具有实施本项目所需的技术能力和管理能力。

7. 企业信誉

社会资本方应具有合法的法律地位，在过去3年内没有严重违约或不良行为。

（四）磋商保证金

本项目磋商保证金为人民币300万元，可以保函形式递交。

（五）采购标的

本项目采购标的为政府在项目期限内支付给项目公司的可行性缺口补助。供应商可根据项目工程预算额、项目边界条件和要求的回报率测算项目期限内各年的可行性缺口补助。

（六）磋商原则和标准

第一，采购人将组建磋商小组。磋商小组由采购人代表和评审专家共 3 人以上单数组成，其中评审专家人数不得少于磋商小组成员总数的 2/3。

第二，磋商小组将根据供应商提交的技术文件、融资文件、法律文件和建议的可行性缺口补助等因素，采用综合评分法进行评估。出于对供应商综合能力的审核，评审时应对融资方案、技术和管理方案以及法律方案进行综合评审，其中对融资方案、技术方案和法律方案应该有最低要求，采购标的价格占评估的权重应该较大。

第三，磋商小组会按照供应商的总得分进行排序，向采购人推荐得分最高的 1~3 名成交候选供应商。评审结束后，招商领导小组将与排名第一的成交候选供应商作进一步接洽与谈判，谈判的基础是磋商文件（含补充通知）和成交候选供应商提供的响应文件（城乡教育综合发展 PPP 项目招商领导小组未能与排名第一的成交候选供应商达成一致，可依次与排名第二、第三的成交候选供应商进行合同谈判）。双方达成一致后，招商领导小组将通过成交通知书的形式成交社会资本，社会资本与市教育局草签 PPP 项目协议，在组建成立项目公司后，市教育局与项目公司正式签署 PPP 项目协议。

（七）本项目采购流程及结果

1. 资格审查

禹城市根据《政府和社会资本合作项目政府采购管理办法》（财库〔2014〕215 号），选取竞争性磋商的采购方式进行采购，于 2015 年 7 月 23 日在中国采购与招标网、中国山东政府采购网等网站发布了资格预审公告。共有 6 家社会资本方（含联合体）参与资格预审。经过专家评审，

6家企业（含联合体）通过资格预审，分别为东海建设集团有限公司、山东省禹城市外资机械施工有限公司与禹城市鲁泰建筑有限公司联合体、山东桓台建设工程有限公司、山东地鑫实业集团建筑工程有限公司与山东地鑫实业集团有限公司联合体、中交第一航务工程局有限公司与平安证券有限责任公司联合体、山东省禹城建筑公司。

2. 竞争性磋商

市教育局、财政局、招标代理机构、公共资源交易大厅、政府采购办、规划局、审计局等相关部门，经过反复研究、推敲项目的可行性研究报告、项目实施方案等前期资料，经过多轮协商确定了评审方法、评审标准、磋商程序、履约保证、谈判中不可谈判条款、项目合同、项目公司股东协议及章程，编制了竞争性磋商文件，并召开联合会议进行了审查。2015年8月26日山东朝阳招标有限公司在中国采购与招标网、中国山东政府采购网等网站发布了竞争性磋商公告。

评审工作由评审专家和采购人代表组成的磋商小组承担。

评审主要从五方面进行，共100分。其中：企业综合实力占10分，主要评审企业资金实力、近五年类似项目的工作业绩及财务评价；工程实施方案15分，主要评审项目建设进度计划、施工队伍人员安排、项目设施及配套工程建设方案、安全管理、文明施工、环境保护方案及质量控制方案；运营管理方案15分，主要评审针对本项目拟投入的人员配置情况和组织架构、学校运营维护方案、幼儿园经营管理方案、保险方案、应急方案；财务方案10分，主要评审企业融资能力、融资结构、融资计划、财务分析；响应报价50分，报价内容为政府支付服务费即可用性服务费和运营维护费。

2015年9月12日进行了磋商，共有4家供应商递交了响应文件。磋商小组对响应文件的有效性、完整性和响应程度进行审查，磋商小组与单一供应商进行多轮磋商，采用综合评分法对供应商的响应文件进行综合评分。根据综合评分情况，按照评审得分由高到低顺序推荐成交候选供应商。

候选供应商按顺序排列分别为：

第一名：山东省禹城市外资机械施工有限公司与禹城市鲁泰建筑有限公司联合体；

第二名：山东桓台建设工程有限公司；

第三名：山东地鑫实业集团建筑工程有限公司与山东地鑫实业集团有限公司联合体。

采购结果确认谈判工作组与排名第一的候选社会资本山东省禹城市外资机械施工有限公司与禹城市鲁泰建筑有限公司联合体进行了谈判并签署了谈判备忘录，成为预中标成交社会资本，经公示无异议后，经市政府审核批准，在中国山东政府采购网、德州市政府采购网等网站发布了成交公告。

四、项目执行

（一）项目公司治理结构

项目公司应按照国家有关法律规定，完善公司法人治理制度，组建董事会、监事会，董事会任命总经理，并设置职能部门全面负责本项目的投资、建设及后勤服务工作。董事会由5人组成，其中社会资本委派3人，市政府委派2人。董事会设董事长1名，由社会资本委派董事担任，并经政府方书面同意。总经理由政府方提名，董事会决定聘任。财务总监由政府方提名，董事会决定聘任。项目公司设副总经理、总工程师及部门负责人。项目公司设监事2名，由政府方委派1人，员工代表1人。

项目公司名称为禹城市竣安教育发展有限公司，于2015年9月24日成立，公司注册资金10 314万元，股东为政府方和社会资本方双方组成，其中政府方禹城众益城乡建设投资有限责任公司出资额为3 609.9万元，股权占比为35%；社会资本方山东省禹城市外资机械施工有限公司出资额为6 704.1万元，股权占比为65%。

（二）项目进度

2014 年 8 月项目中李屯中学、辛寨中学、安仁中学、莒镇中学、伦镇中学、辛店中学、梁家中家、十里望中学、禹城一中完成立项，其余 5 所学校也陆续完成立项工作。项目于 2015 年 6 月发起，编制实施方案，于 2015 年 7 月完成物有所值评价、财政承受能力论证工作，实施方案经多次修改后于 2015 年 7 月 10 日通过了市政府审批。

禹城市根据《PPP 项目政府采购管理办法》，选取竞争性磋商的采购方式进行采购，于 2015 年 7 月 23 日发布了资格预审公告，共有 6 家企业通过资格预审。2015 年 8 月 26 日发布了竞争性磋商公告，2015 年 9 月 12 日经磋商小组评审与采购结果确认谈判，确定了山东省禹城市外资机械施工有限公司与禹城市鲁泰建筑有限公司联合体为预中标社会资本，并通过市政府批准确认为中标社会资本方。

2015 年 9 月 19 日由教育局与中标社会资本山东省禹城市外资机械施工有限公司和禹城市鲁泰建筑有限公司联合体签署项目协议，2015 年 9 月 24 日成立项目公司禹城市竣安教育发展有限公司，2015 年 9 月 29 日教育局和禹城市竣安教育发展有限公司签署项目协议，2015 年 12 月项目获批国家开发银行山东省分行 2.4 亿元贷款，现项目已建设完工。

五、项目监管

（一）履约监管

项目实施机构根据 PPP 项目协议规定对项目公司在项目期限内的合同履行情况进行监督管理，定期对项目公司经营情况进行评估和考核。

（二）行政监管

政府相关行业主管部门依据法定职责对项目公司安全、成本等进行行政监管。

1. 安全生产监管

包括政府主管部门可在不影响项目正常运行的条件下，随时进场监督、检查项目设施的建设、运营状况等。

2. 成本监管

包括项目公司应向政府主管部门提交年度经营成本、管理成本、财务费用等的分析资料。

3. 报告制度

包括项目公司向政府主管部门和其他相关部门定期报告和临时报告。

（三）公众监管

项目公司接受用户投诉，政府主管部门接受用户对项目公司的投诉。

六、项目点评

（一）特点及亮点

1. 资本小投入，环境大改变

通过采用PPP模式，禹城市政府前期仅需投入3 600万元，仅用一年时间就完成了17万平方米的改扩建工程，推动实现城乡教育环境的均衡发展。不仅如此，该项目全部投资仅3.4亿元，真正做到了物超所值。

2. 阳光运作，学生生活幸福满满

为保证项目在既定时间内保质保量地完成，使孩子们能够尽快回到温暖舒适的课堂继续学业，禹城市政府在项目推进上科学谋划，统筹推进，依法充分披露PPP项目的重要信息，保障公众的知情权，对参与各方形成有效监督和约束。特别是采购社会资本阶段，坚持政府不干预，通过全过程公开的采购方式保证充分的市场竞争，最终选出最合适、最专业的团队来完成项目的建设、运营，做到专业的人做专业的事。

3. 政府和社会资本高效联动，实施规范，手续完备

第一，本项目实施以来，获得禹城市人民政府、教育局及财政局的大力支持和指导，市教育局作为本项目的项目实施机构，委托专业的咨询公司编制了本项目的实施方案，市财政局组织开展了本项目的物有所值评价及财政承受能力论证，并通过了本项目实施方案的评审和验证。市政府对本项目实施方案及时进行了审核和批复，并作出了规范实施的承诺，将按国家法律法规及PPP相关政策要求规范实施项目，确保项目顺利、按期落地。

第二，项目方案设计期间，市教育局及咨询机构充分考虑研究本项目特点，结合国家已经发布的有关PPP合作模式的法律法规及政策文件，确定ROT模式；确定采用"可行性缺口补助"的方式满足社会资本的合理利润回报；明确政府主管部门在运营期的监管考核职能，提出内容规范、完整并可量化考核评价标准；确定考核不及格的罚则及违约处理措施。

第三，本项目涵盖十多个不同的子项目，每个项目的前期程序包括立项、选址、土地等审批手续都非常规范和完备，具备很强的可实施性，为项目的成功落地打下了坚实的基础。

第四，本项目实施过程中建立顶层高效推进机制，确保了项目的快速落地。成立了以市长为组长的PPP领导小组，建立PPP联席会议制度，

开创性地提出了"N+1+5+X"推进机制,"N"是指PPP项目的具体业务主管部门,各业务主管部门作为PPP项目的实施单位分别成立PPP项目办公室,部门"一把手"任办公室主任;"1"是指财政局,牵头协调PPP项目推进工作,具体负责项目汇总、指导和申报;"5"是指规划、国土、环保、发改、住建等5个部门,负责项目建设手续办理;X是指涉及手续办理的其他部门,如消防、气象等部门。并且分行业成立了以分管副市长牵头的PPP项目领导小组,财政局内部成立PPP模式推进领导小组,设立PPP项目管理中心。相关部门各司其职,密切协作,主动作为,形成了推进PPP模式的强大合力,确保了项目在3个月的时间里,合法合规、高效顺利的落地。

4. 充分发挥PPP项目降本增效和提升公共服务的优势

本项目要实现降本增效关键在于项目融资成本和延误成本的控制,为符合PPP项目的长期性资金平衡特点,本项目利用国开行的长期资金优势,获得了国开行以基准利率支持的合作期限内的长期贷款支持,既降低了融资成本,又与项目的长期合作性相匹配,解决了商业银行常规融资的资金错配问题。此外,通过全方位和全面的培训,掌握了PPP的基本知识,重视合作的前期工作,增强了合作意识,提供了投资建设效率,一年时间就完成了9所学校的投入使用,提高了合作效率。自2016年学校投入使用,吸引了优秀的师资,留住了优秀学子,2018年培养出了一名北大学生,实现了十几年来北大、清华等名校的零学生突破。

5. 项目完美落地激励民营企业参与PPP项目

经过政府公平公正的采购过程,本项目最终选择的社会资本方为民营企业,在项目实施过程中,社会资本方与政府相互配合,高效率、高质量地完成了十几所学校的改建工作,顺利进入运营期。这对于民营企业参与PPP项目起到了很好的激励作用。

综上,本项目无论是在实施程序方面,或者方案内容方面,都合法合规,项目的方案设计以及整个项目推进过程中,包含较多的特点和亮点,对禹城市、德州市乃至山东省的 PPP 项目具有较好的示范和引领作用。

（二）问题及建议

1. 当前项目存在问题及优化建议

项目涉及 14 年学校，地域分散较广，并且学生数量众多，设施使用频繁，在运营管理上难度较大；按项目协议，各项目学校每周 1 次考核打分，教育局每月不定期抽查 1~2 次同各校共同考核，作为本周考核得分。项目公司认为考核频次较大，在项目运营过程中，要逐步探索最佳的考核频次，根据项目运营实际情况，修订考核指标，使考核对项目运作最有利。同时学校要不断加强学生的管理，爱护和规范使用各项目设施，减轻维护压力。

2. 行业发展思考

项目属于义务教育领域，在学校管理上，教育部门不允许在学校内及周边一定范围内存在商业设施，这限制了项目本身的盈利能力，预示着项目支出基本上要靠政府支出来弥补，在行业推广方面，若教育项目不能充分发挥前期有效设计的情况下，会增加地方财政支出，限制此类项目采用 PPP 模式运作的空间。

案例 3

云南省腾冲市全域旅游国际户外运动文化中心 PPP 项目

一、项目摘要

本项目基本信息见表 3-1。

表 3-1　　　　　　　　　项目基本信息

基本信息	项目名称	云南省腾冲市全域旅游国际户外运动文化中心 PPP 项目		
	项目类型	新建	项目总投资（万元）	212 100
	发起方式	政府发起	项目期限（年）	30
	实施机构	腾冲市文化广播电视体育局	政府方出资代表	腾冲市盛源旅游文化投资开发有限公司
	运作方式	BOT	所属行业	文化体育
	公共产品产出说明	1. 户外休闲运动路网系统 包括休闲绿道系统和赛事体验系统。休闲绿道系统依托现状非干线公路或是利用率较低但沿途景观较好的道路进行改造、提升，充分发掘道路沿线丰富的自然人文资源，为城乡居民提供休闲、运动等活动的体验场所及公共配套服务。一级绿道265km，二级绿道85km。赛事体验系统包括 6 条赛道：UTMG 环高黎贡 240km 系列国际越野跑极限赛道；高黎贡 100（英里）国际越野跑挑战赛道；史迪威公		

续表

基本信息	公共产品产出说明	路100km越野车拉力赛道；腾冲国际路100km越野车拉力赛道；马拉松赛道；中国远征军之路徒步体验道；南丝绸之路商道远征徒步体验道。 2. 户外休闲运动综合服务系统 为向大众、户外运动爱好者、游客、运动员等提供接待、训练、培训、拓展、设备租赁、医疗、救援、后勤补给等一系列服务的配套设施，包括总部基地、沿线服务基地。 总部基地包括体育天地（户外运动大本营、户外装备采购中心、南亚东南亚体育发展圆桌会议永久会址）、云海佛国。 沿线服务基地包括营地设施、驿站设施及一般设施。 (1) 4个营地设施：高黎贡营地（高黎贡生态体验综合服务中心）、江苴营地（江苴综合型户外运动大本营）、天台山营地（天台山全国青少年素质训练基地）、朝阳殿营地（朝阳殿抗战文化户外帐篷露营营地）。 (2) 9个驿站设施（火山国家公园驿站、新庄驿站、樱花谷驿站、龙江糖厂驿站、董官村驿站、尚家寨驿站、丙弄寨驿站、石墙村驿站、顺利村驿站）。 (3) 24个传统村落设施点、47个赛事服务设施点。

项目论证	物有所值评价				
	定性评价参评专家	序号	姓名		行业
		1	杨雪花		旅游
		2	寸德先		法律
		3	杨永明		发展规划
		4	李 晓		住建
		5	段生成		文化体育
		6	黄永显		财政
		7	李 苹		金融
		8	刘蔚蔚		经济
		9	李绍清		工程经济
	定量评价	PSC值（万元）	89 356.93	PPP值（万元）	49 512.78	VfM值（万元）	39 844.15

续表

项目论证	财政承受能力论证								
	政府股权支出责任（万元）	8 619.60							
	政府补助支出责任（万元）	第1年	4 740.78	第2年	3 792.58	第3年	948.20	第4年	12 675.50
		第5年	10 781.42	第6年	9 182.17	第7年	7 525.71	第8年	5 305.49
		第9年	8 773.78	第10年	7 285.90	第11年	5 685.15	第12年	4 211.18
		第13年	3 029.65					
	政府风险支出（万元）	2 885.18							
	政府配套支出（万元）	0							
	本项目占该地区一般公共预算支出比例（%）	第1年	0.90	第2年	0.66	第3年	0.15	第4年	1.90
		第5年	1.50	第6年	1.18	第7年	0.90	第8年	0.59
		第9年	0.90	第10年	0.69	第11年	0.50	第12年	0.34
		第13年	0.23					
	截止本项目该地区PPP项目占一般公共预算比例（%）	第1年	0.90	第2年	0.66	第3年	0.15	第4年	1.90
		第5年	1.50	第6年	1.18	第7年	0.90	第8年	0.59
		第9年	0.90	第10年	0.69	第11年	0.50	第12年	0.34
		第13年	0.23					
	实施方案								
	回报机制	本项目属于社会事业领域中的文化体育行业配套旅游设施。在引进专业的社会资本商业化运作的同时，具有一定公益性和公共服务性质，以举办赛事为载体，带动户外运动及旅游消费，从而创造腾冲市的社会效益及宏观经济效益（增加税收及就业岗位）。经财务测算，本项目的回报机制拟采用可行性缺口补助方式。							
	风险分配机制	项目设计、建造、财务和运营维护等商业风险由社会资本承担，法律、政策和最低需求等风险由政府承担，不可抗力等风险由政府和社会资本合理共担。							

续表

项目论证	定价机制	本项目收入主要来源于各项赛事的报名费收入、冠名权收入、赞助收入、体验式培训和体验式旅行的专项收入、服务收入、各类户外体育用品和服饰的销售收入、招商收入、纪念品销售收入、门票收入、住宿客房收入，以及娱乐、餐饮、零售、办公等载体租赁收入等。 在整个合作期内，收费定价机制应遵循以下原则： （1）凡市场化运作的收费项目，一是由市场进行调节，二是由社会资本的经营战略决定； （2）凡国家有收费标准、定价、限价或价格指导规定的，应执行国家相关规定； （3）凡具有公共服务职能且国家明文规定不允许收费的部分，应免费向社会公众开放； （4）旅游资源属于公共资源，政府和社会资本合作应以改善旅游基础设施、完善配套服务、丰富旅游项目、提高旅游产品的供给和服务质量为宗旨，除国家规定或允许商业化、市场化运作的项目外，不得借机擅自提高旅游服务价格和垄断旅游资源。
	利益调节机制	本项目中政府股权原则上作为特殊股权，不参与项目公司利润分配。当项目实际收入高于盈亏平衡点时（当年资金成本＋当年运营成本＋当年税费＝当年经营收入），政府不再对项目公司进行可行性缺口补助。 对高于盈亏平衡点以上部分的超额收益，暂按双方股权比例进行分配，具体以PPP项目合同约定为准。
	绩效考核机制	1. 绩效指标体系 《关于在公共服务领域推广政府和社会资本合作模式的指导意见》（国办发〔2015〕42号）规定：行业主管部门应制定不同领域的行业技术标准、公共产品或服务技术规范，加强对公共服务质量和价格的监管。建立政府、公众共同参与的综合性评价体系，建立事前设定绩效目标、事中进行绩效跟踪、事后进行绩效评价的全生命周期绩效管理机制，将政府付费、使用者付费与绩效评价挂钩，并将绩效评价结果作为调价的依据，确保实现公共利益最大化。 根据《财政支出绩效评价管理暂行办法》（财预〔2011〕285号）、《关于推进预算绩效管理的指导意见》（财预〔2011〕416号）等相关文件，制定符合本项目特点的绩效考核体系，作为PPP项目合同的组成部分，便于政府主管部门对项目全生命周期进行绩效监控和量化考核，确定政府补贴额度。 绩效考核体系分为可用性服务绩效考核指标和运维服务绩效考核指标，分别针对项目的不同时期进行绩效评价。绩效考核体系作为PPP项目合同的组成部分，便于政府主管部门对项目全生命周期进行绩效监控和量化考核。

续表

项目论证	绩效考核机制	（1）公共产品或服务的交付范围。本项目应按设计建成户外休闲运动路网系统及户外休闲运动综合服务系统中的各子项目，具体按经批复的设计内容及标准。未经政府批准，项目公司或社会资本不能任意变更规模、标准以及竣工交付使用的范围，确保项目的正常运营和各类活动的顺利举行。 （2）项目设计、建设、运营、维护的标准。遵守和执行相关的设计规范、行业标准、施工规范等。本项目涉及房屋建筑、绿化景观、道路桥梁、市政设施、安全卫生、环境保护等，凡在有效期内的国家规范、行业标准，尤其是强制性规范等均对本项目的设计、建设、运营环节和维护具有约束力。 （3）项目绩效指标及考核标准。对项目的建设、运营、维护、移交等环节，政府按照绩效付费的原则进行监督管理和承担合同约定的财政支出责任。 工程建设绩效考核标准：应按照本项目涉及的相关建设质量标准和规范要求，一次性验收合格，交付运营。 运营维护绩效考核标准：应符合本行业相关规范和标准、符合设计及批复要求达到的比赛标准及服务标准。 项目移交绩效考核标准：双方合作期满，应按合同约定，将资产和权利无偿移交政府，确保资产及设施的完好、完整、可用。 2. 绩效考核结果的运用 项目绩效考核实施细则由市文体局于项目合同签订前确定，并报市财政局备案，政府有权根据约定的绩效考核结果支付相应的服务费。如社会资本方未在规定的时间内改正或改正的效果未能达到绩效考核标准的，则政府有权自行或者委托第三方介入项目建设和运营管理工作，并提取建设期履约保函和运营维护保函项下的相应金额。项目实际绩效优于约定标准的，项目实施机构应执行项目合同约定的奖励条款，并可将其作为项目期满合同能否展期的依据；未达到约定标准的，项目实施机构应执行项目合同约定的惩处条款。
	PPP合同体系	除PPP项目合同外，政府方出资代表与社会资本方，项目公司的股东之间，项目公司与项目的融资方、承包商、专业运营商、原料供应商、产品或服务购买方、保险公司等其他参与方之间，还会围绕PPP项目合作订立一系列合同来确立和调整彼此之间的权利义务关系，共同构成PPP项目的合同体系。PPP项目合同是整个合同体系的基础和核心，政府方与社会资本方的权利义务关系以及PPP项目的交易结构、风险分配机制等均通过PPP项目合同确定，并以此作为各方主张权利、履行义务的依据和项目全生命周期顺利实施的保障。 通过公开招标或其他合法方式确定社会资本方后，在项目公司尚未成立时，政府方与社会资本方签订意向书、备忘录或者框架协议，以明确双方的合作意向，详细约定双方有关项目开发的关键权利义务，

续表

项目论证	PPP合同体系	待项目公司成立后，由项目公司与政府方重新签署正式PPP项目合同。 PPP合同体系可分为两个层次： 第一层次是由项目实施机构与中标社会资本方之间围绕项目收益签署一揽子主要合同，形成以PPP项目合同为主合同、合资合同等共同构成的核心合同体系。 第二层次是由项目公司和本项目推进过程中的各有关主体签署的协议体系。包括项目公司与金融机构签署的融资合同、与设计单位签署的设计合同，根据招标管理规定与实施单位签署的土建工程合同、与监理机构签署的监理合同、与设备供应商签署的设备采购合同、与保险机构签署的保险合同、与员工签署的劳务合同等。 具体合同条款和内容按合同指南、国家制订的有关合同范本，结合各方约定签署。
	履约保障措施	1. 强制保险 项目公司应承担购买并维持保险的相关义务，具体包括： （1）在整个PPP项目合作期限内，购买并维持项目合同约定的保险，确保其有效且达到合同约定的最低保险金额； （2）督促保险人或保险人的代理人在投保或续保后尽快向政府提供保险凭证，以证明项目公司已按合同规定取得保单并支付保费； （3）如果项目公司没有购买或维持合同约定的某项保险，则政府方可以投保该项保险，并从履约保函项下扣抵其所支付的保费或要求项目公司偿还该项保费； （4）向保险人或保险代理人提供完整、真实的项目可披露信息； （5）在任何时候不得作出或允许任何其他人作出任何可能导致保险全部或部分失效、可撤销、中止或受损害的行为； （6）当发生任何可能影响保险或其项下的任何权利主张的情况或事件时，项目公司应立即书面通知政府方； （7）尽一切合理努力协助政府或其他被保险人及时就保险提出索赔或理赔； （8）项目公司所投险种包括但不限于：建筑工程一切险、安装工程一切险、财产险（设备、设施及附属建筑物）、第三者责任险（运营期间）。 2. 履约保函 （1）项目建设期履约保函。项目公司应在项目合同全部生效之日起10个工作日内向政府方出具建设期履约保函，其格式应为见索即付的银行保函或为政府方接受的其他格式的银行保函，作为其履行建设期义务的保证。项目建设期的保函按合同约定金额，担保期至建设期结束。

续表

项目论证	履约保障措施	（2）运营维护保函。项目公司应在项目商业运营日起10个工作日内向政府方出具运营维护保函，其格式应为见索即付的银行保函或为政府方接受的其他格式的银行保函，作为其履行整个运营期义务的保证。运营年度的保函按合同约定金额，担保期至项目移交之日。如果政府方在项目合作期内根据PPP项目合同的有关规定提取运营维护保函项下的款项，项目公司应确保在政府方提取后的10个工作日内，将运营维护保函的数额恢复规定数额，且应向政府方提供运营维护保函已足额恢复的证据。 （3）移交维修保函。项目公司在特许经营期满终止日12个月之前向政府方出具移交维修保函，其格式应为见索即付的银行保函或为政府方接受的其他格式的银行保函，作为其履行整个移交维修期义务的保证。移交维修期的保函按合同约定金额，担保期至期满移交后12个月届满。 3. 履约管理。市文体局作为政府方履约管理的责任主体，按照PPP项目合同约定，督促项目公司落实相关承诺。 履约监管的范围限于项目协议确定的权利义务边界。对于项目协议有所约定的情形，各方需遵从合同约定；对于项目协议没有约定的情形，双方应本着"平等、友好"的原则协商解决。		
	政府批复实施方案时间	2016年6月30日		
项目采购	采购方式	竞争性磋商	采购代理机构	云南云岭招标咨询有限公司
	采购完成时间	2017年8月14日	中标社会资本	联合体
	联合体构成（如是）	中国建筑第二工程局有限公司（牵头人）与云南行知探索文化旅游产业有限公司、云南合和（集团）股份有限公司、保山市永昌旅游投资有限责任公司、广东省建筑设计研究院		
	中标社会资本企业性质	联合体成员有：国有独资、民营企业、国有大型股份制公司、事业单位。		
项目执行	项目公司名称	云南腾冲市宝峰户外运动文旅发展有限公司		
	项目公司成立时间	2018年6月7日		

二、项目识别及准备

(一) 项目概况

1. 项目合作内容

根据本项目可行性研究报告,项目建设和运营内容分为两大部分:户外休闲运动路网系统及户外休闲运动综合服务系统。户外休闲运动路网系统包括350km休闲绿道系统和赛事体验系统。其中,赛事体验系统包括UTMG环高黎贡240km系列国际越野跑极限赛道、中国远征军之路徒步体验道、南丝绸之路商道远征徒步体验道、高黎贡100(英里)国际越野跑挑战赛道、腾冲国际马拉松赛道及史迪威公路100km越野车拉力赛道。

户外休闲运动综合服务系统为:1个综合服务总部基地;4个营地设施;9个驿站设施和24个传统村落设施点、47个赛事服务设施点。

项目总投资21.21亿元,其中户外休闲运动路网系统投资约6.11亿元,户外休闲运动综合服务系统投资约15.10亿元。整体建设期8年。

2. 项目背景

腾冲市位于云南省西南部,是中国通向南亚、东南亚的重要门户和节点。腾冲冬无严寒,夏无酷暑,气候宜人,同时位于世界"户外圣地"分布纬度带,整体地形起伏有致,以高黎贡山为代表的户外运动自然资源极为丰富,适合全天候开展多种户外运动。腾冲旅游资源广泛分布于18个乡镇,与户外运动结合便利度较高。这些旅游资源同时也是重要的活动场所和服务节点。腾冲具有成功举办多项体育运动赛事活动的经验。丰富的比赛类型和内容,为户外运动、体育产业更上一个台阶奠定了基础。腾冲历史悠久,文化积淀厚重,能为户外运动增添文化内涵。

2015年6月,云南省政府颁布《关于加快发展体育产业促进体育消费的实施意见》,提出到2020年,创建1个国家级(户外运动)体育产业园区，建设5个高原体育基地，打造20个带动全民健身和体育旅游的品牌赛事。力争用10年左右时间，形成体育健身服务业、高原体育服务业、体育旅游业等重点支撑业态规模。

腾冲"十三五"规划中提出发展全民健身事业，以居住区、社区以及乡镇、行政村体育设施建设为配套，抓好全市体育设施和文体活动场所建设，完善公共体育服务体系，促进公共体育设施免费或低收费向社会开放。同时，规划还提出了培育发展优势体育产业、大力发展全域旅游、提高就业和收入水平、打赢精准脱贫攻坚战、加快五大基础设施网络建设、统筹城乡一体化发展等重要目标，目前腾冲市委市政府将户外运动列为全市培植的"六大"产业集群之一。

3. 运用PPP模式的必要性

（1）本项目所属的行业和领域，符合国家目前提倡和推行PPP模式的有关政策

本项目属于国家鼓励推广、政策引导和提倡的范畴。主要政策依据有：《关于创新重点领域投融资机制鼓励社会投资的指导意见》（国发〔2014〕60号）、《关于推广运用政府和社会资本合作模式有关问题的通知》（财金〔2014〕76号）、《关于进一步促进旅游投资和消费的若干意见》（国办发〔2015〕62号）等。

（2）民间资本参与发展文化、旅游和体育产业属于国家鼓励和引导的方向

《关于鼓励和引导民间投资健康发展的若干意见》（国发〔2010〕13号）第十七条："鼓励民间资本参与发展文化、旅游和体育产业。鼓励民间资本从事广告、印刷、演艺、娱乐、文化创意、文化会展、影视制作、网络文化、动漫游戏、出版物发行、文化产品数字制作与相关服务等活动，建设博物馆、图书馆、文化馆、电影院等文化设施。鼓励民间资本合理开发旅游资源，建设旅游设施，从事各种旅游休闲活动。鼓励民间资本投资生产体育用品，建设各类体育场馆及健身设施，从事体育健身、竞赛表演等活动。"

根据《关于在公共服务领域推广政府和社会资本合作模式指导意见的通知》（国办发〔2015〕42号）文件精神，在公共服务领域推广政府和社会资本合作模式，是转变政府职能、激发市场活力、打造经济新增长点的重要改革举措。围绕增加公共产品和公共服务供给，在能源、交通运输、水利、环境保护、农业、林业、科技、保障性安居工程、医疗、卫生、养老、教育、文化等公共服务领域，广泛采用政府和社会资本合作模式，对统筹做好稳增长、促改革、调结构、惠民生、防风险工作具有战略意义。

本项目属于社会事业领域中的文化体育行业，具有公共服务职能，如前所述，本项目通过打造赛事体验系统、建设户外运动综合服务系统，可以促进腾冲旅游、全民健身的发展，同时弘扬历史文化和爱国主义精神，对腾冲城市形象的提升等具有积极意义，项目功能具有较高的定位。

（3）项目投资规模大、建设周期长、运营性强等特点需要政府与社会资本合作才能推动项目发展

本项目总投资约人民币21.21亿元，建设投资规模较大，采用PPP模式可以有效解决投融资问题。2014年9月21日发布的《关于加强地方政府性债务管理的意见》（国发〔2014〕43号），要求地方政府规范举债、防范和化解财政金融风险，剥离融资平台公司政府融资职能，融资平台公司不得新增政府债务。腾冲市政府为了既不新增债务，又能有效推进本市全民健身等社会事业的发展，政府提升城市形象，促进旅游业的发展，只有采取PPP模式选择具有资金实力和融资能力的社会资本，才能解决本项目的融资矛盾。

本项目建设周期长（整体建设期为8年，拟采取分期建设方案，大部分项目将于2021年前建设完成，其余项目至2023年底前全部建成投用）、项目功能内容综合、专业性强，户外休闲运动路网系统及户外休闲运动综合服务系统需要具有经验的专业团队，统筹进行策划、设计、融资、建设、运营维护等，因此，需要采用PPP模式规范选择有相应资质、实力和经验的专业社会资本，开展政府和社会资本合作。

4. 实施 PPP 的可行性

(1) 行业主管部门和融资平台意愿

按照政府授权和安排,本项目实施机构腾冲市文化广播电视体育局(以下简称"腾冲市文体局")、政府方出资代表腾冲市盛源旅游文化投资开发有限公司,均积极响应政府安排,在财政部门的统一牵头和协调下,协调各部门开展本项目的规划、用地预审、环境评价等工作,积极开展市场测试、与潜在社会资本方洽商,共同推进本项目实施。

(2) 项目对社会资本的吸引力分析

根据目前国家提倡和推行 PPP 模式的有关文件精神,采取以下措施,增强了对社会资本的吸引力:

①政策保障

《关于在公共服务领域推广 PPP 模式指导意见的通知》(国办发〔2015〕42 号)要求"由社会资本提供公共服务,政府依据公共服务绩效评价结果向社会资本支付相应对价,保证社会资本获得合理收益"。《关于推广运用 PPP 模式有关问题的通知》(财金〔2014〕76 号)指出"在与社会资本协商确定项目财政支出责任时,地方各级财政部门要对各种形式的资金支持给予统筹,综合考虑项目风险等因素合理确定资金支持方式和力度,切实考虑社会资本合理收益"。上述文件精神与规定有力保障了社会资本在 PPP 合作过程的经营权与收益权。

②政府配套支持

鉴于本项目涉及的子项目较多、赛事及户外运动内容丰富、项目定位较高、赛道为线性工程、涉及地域较广,建议除按 PPP 模式择优选择专业化的社会资本规范运作外,政府将采取相应的配套措施。

(3) 项目具备较为成熟的启动条件

根据财政部《关于印发 PPP 模式操作指南(试行)的通知》(财金〔2014〕113 号)规定,PPP 项目分为识别、准备、采购、执行和移交等阶段。

本项目由腾冲市政府发起,政府已完成可研报告及相关批复。腾冲市人民政府授权市文体局为项目实施机构。腾冲市财政局聘请咨询机构，编制政府和社会资本合作项目实施方案，配合市财政局和市文体局按照财政部《PPP项目财政承受能力论证指引》《PPP项目物有所值评价指引（试行）》等相关文件的规定，完成本项目物有所值评价报告、财政承受能力论证报告，相关部门已经组织论证通过，并经政府有关部门审批通过。在项目识别阶段就有包括行知探索文化发展集团在内的多个社会资本方对本项目表达了合作意愿。

5. 发起方式

本项目发起方式为政府发起。

（二）实施方案

1. 合作主体

本项目由腾冲市人民政府授权本项目的行业主管部门腾冲市文体局作为实施机构；授权腾冲市盛源旅游文化投资开发有限公司（简称腾冲市旅游投资公司）为政府出资代表参股，与中标的社会资本共同组建项目公司（SPV），由项目公司负责本项目的设计、投融资、建设、运营及维护。

2. 各方权利及义务

（1）政府方

①政府方权利

ⅰ有权要求项目公司全面履行法律、法规等规定的以及本合同约定的义务。

ⅱ按照有关法律法规和政府管理的相关职能规定，行使政府监管的权利。政府方有权自行或委托专业机构对社会资本出资情况、资金的使用、设立项目公司，以及对项目的设计、建设、改造、运营、养护、维修和移交进行监督管理。

ⅲ 按照项目所在地现行法规严格履行行政监督、行政执法、路政管理移交对项目沿线经营开发的行业管理工作。

ⅳ 对社会资本方违反法律、法规、规章等的行为依法进行处理，对社会资本方违反本合同约定的行为依法追究违约责任。

ⅴ 按合同约定享有项目超额收益分享权利。

ⅵ 法律、法规规定的其他权利。

本项目的实施机构为腾冲市文体局，在腾冲市政府的授权范围内负责本项目有关实施工作，履行政府监管职能的职责。除上述原则外，建议本项目实施机构权利如下：

实施机构有权利对项目公司或社会资本进行绩效考核，按照绩效付费的约定，核实可行性缺口补助的真实性与合理性。

实施机构有权对项目公司投资进行监管，有权审查或委托专业机构审查建设投资、成本支出的真实性与合理性。

实施机构有权委托第三方对项目公司进行独立审计，包括财务收支审计。审计费用由项目公司承担。

实施机构有权委托项目监管人员进入项目公司履行管理职责，人员费用由项目建设管理法人（项目公司）承担。

② 政府方义务

ⅰ 遵守与项目建设、运营、养护有关的法律、法规等。

ⅱ 按照国家及项目所在地有关法律及法规，在其权限和管辖范围内尽力协助社会资本及时获得设立项目公司、协助社会资本方办理项目融资贷款、设计、建设、运营、养护及管理所必需的批文；协助社会资本方办理项目核准手续，协调审批程序，以获得本项目所需的其他批准。

ⅲ 政府方负责运营和养护连接项目的道路和其他基础设施，以保证通往项目的交通的高效和安全。

ⅳ 由于法律、法规、政策的变化导致本项目无法继续履行的，政府方将按照本合同的约定，对社会资本方进行合理的补偿。

ⅴ 政府方不应干预项目的正常实施，除非此种干预是为了保护公共利益及安全所必需的，或是有法律、法规所赋予的权利。

ⅵ按风险分配的约定，承担应由其承当的风险。

ⅶ法律、法规规定的其他义务。

（2）社会资本方

①社会资本方权利

ⅰ有权要求政府方全面履行法律、法规等规定的以及本合同约定的义务；

ⅱ享有政府授予的特许经营权，并按合同约定获得政府支持的权利；

ⅲ有权对政府方未按照法律、法规以及本合同约定履行义务的行为予以投诉、控告、申诉，对政府方违反本合同约定的行为依法追究违约责任；

ⅳ有权对第三人侵害项目特许经营权的行为提起违约责任；

ⅴ按项目合同约定实施项目、获得相应回报的权利；

ⅵ法律、法规规定的其他权利。

②社会资本方义务

ⅰ遵守与项目建设、运营、维护有关的法律、法规等；承担按合同约定社会资本方应承担的风险，向社会提供公共服务。

ⅱ接受政府方及其他主管部门对本项目建设资金的筹措与使用、招标投标活动、建设施工和运营管理各方面的监督和检查。

ⅲ按有关规定实行建设前、建设期间、竣工决算审计制度，接受并配合国家审计机关或文化体育主管部门的审计；项目未经审计，不得办理竣工验收手续，不得报批竣工决算。

ⅳ严格执行项目法人责任制、项目资本金制、招标投标制、合同管理制、工程监理制等有关规定；依法依约建立、健全并执行包括计划、统计、技术、财务、物资资料、设备设施等在内的各项管理制度，全面完成项目建设、运营及养护任务。

ⅴ按照本合同的规定筹措项目建设、运营、养护所必需的全部资金。社会资本方应当按照本合同及相关规定管理和使用项目建设资金，做到专款专用，专户储存；按照工程进度，及时支付工程款；按照规定的期限及时退还保证金、办理工程结算；不得拖欠工程款和征地拆迁款，不得挤占挪用建设资金。

ⅵ采取有效、可行的建设、运营管理方案，可以自行组织力量完成项目的建设、运营管理，或委托由当地政府组建的机构代理项目的建设、运营管理，也可委托有相应资信、技术力量、经验的专业中介单位代理项目的建设、运营管理。社会资本方在本合同中的各项权利和义务不因该委托合同的签订发生转移，仍承担连带责任。

ⅶ严格执行国家规定的基本建设程序，不得违反或者擅自简化基本建设程序，依法办理项目建设、经营管理中各项报批、备案等手续；严格执行本行业的强制性标准、各类技术规范、标准及规程的要求；社会资本方应按照国家有关规定建立健全质量和安全保证体系，落实质量和安全生产责任制，施工中应加强对承包人的监督和管理，运营养护期应加强对职工的教育与培训，确保项目的工程质量和财产、人员安全。

ⅷ严格执行有关环境保护和土地管理的规定，依法做好项目的环境设计、施工及竣工验收，采取有效措施保护环境和节约用地。在实施本项目的过程中因环境污染和水土流失而造成人身伤亡、财产损失、罚款、经济赔偿、诉讼及其他一切责任，均由社会资本方负责；采取措施保护在项目施工、运营或养护过程中可能发掘出的文物、古迹等，并承担相应费用。

ⅸ为项目的设计、施工、运营、维护及管理的需要，向保险公司投保各种必需的保险，并自行承担保险费用。上述保险的保险单副本应报政府方核备。未办理保险所造成的损失由社会资本方自行承担。

ⅹ按照有关技术政策和技术规范要求，定期或经常性地对项目运行状况进行检测、检查和维护，使项目及其附属设施经常处于良好状态，并定期向政府方报送设施、设备的维护情况；在特许经营期限满后以良好的运营和养护状态将项目所有设施无偿移交给政府方指定机构。

ⅺ在签订下列合同后14日内，社会资本方应将合同复印件报政府方备案：勘察设计、施工、监理等建设工程合同；涉及收费权质押或项目资产抵押的贷款或融资合同；与服务设施承包、租赁有关的重大合同；与建设管理或运营管理有关的重大合同。

ⅻ接受国家法律、法规监管的义务;遵守法律、法规规定的其他义务。

3. 投融资结构

(1) 项目资本金

由腾冲市政府授权市文体局作为实施机构,并授权市旅游投资公司作为政府出资代表,依据政府采购法等有关法律法规,与中选社会资本方共同组建项目公司,项目公司完成本项目的设计、投融资、建设、约定合作期内的运营维护管理,并确保达到设计目标及上级部门批复的绩效目标。

本项目批复的可研估算总投资为 212 107.36 万元,但其中一次性计入了 30 年土地租用费,而未包含建设期融资成本(建设期贷款利息)。按国家关于基本建设投资构成的有关规定,土地租用费属运营成本范畴。本方案剔除土地租用费后,建设投资为 198 619.23 万元,按融资方案考虑建设期贷款利息后,本项目总投资为 215 489.61 万元。

自1996年国务院要求固定资产投资项目试行资本金制度以来,2009年5月、2015年9月,国务院分别以《国务院关于调整固定资产投资项目资本金比例的通知》(国发〔2009〕27号)、《国务院关于调整和完善固定资产投资项目资本金制度的通知》(国发〔2015〕51号)对资本金的比例作了调整,文化体育、旅游类项目的最低资本金比例为20%。本项目拟按20%筹集项目资本金。

经测算,本项目资本金为 43 098.00 万元。

(2) 贷款金额及比例

除项目资本金外,其余资金拟由社会资本方利用其融资优势向银行等金融机构贷款,贷款利率为 5.88%(按中国人民银行公布的五年以上贷款基准利率上浮20%测算),按照可研编制的实施进度计划,本项目建设期在 3~7 年,陆续建成投入使用。经测算,本项需贷款 155 521.23 万元,建设期贷款利息 16 870.38 万元,合计建设期贷款本息 172 391.61 万元。

项目公司拟采用有限追索权项目融资方式,在项目建设期由项目公司社会资本方股东提供信用担保。项目进入运营期后无条件解除股东担保,转为无追索项目融资,采用收益权质押等方式进行担保。

(3) 项目公司股权结构

本项目资本金为43 098.00万元,约占总投资的20%。项目资本金由政府授权出资代表与社会资本按2∶8的股权比例出资,并注册成立项目公司,其中,政府授权出资代表出资8 619.60万元,社会资本方出资34 478.40万元,本项目股权结构如图3-1所示。

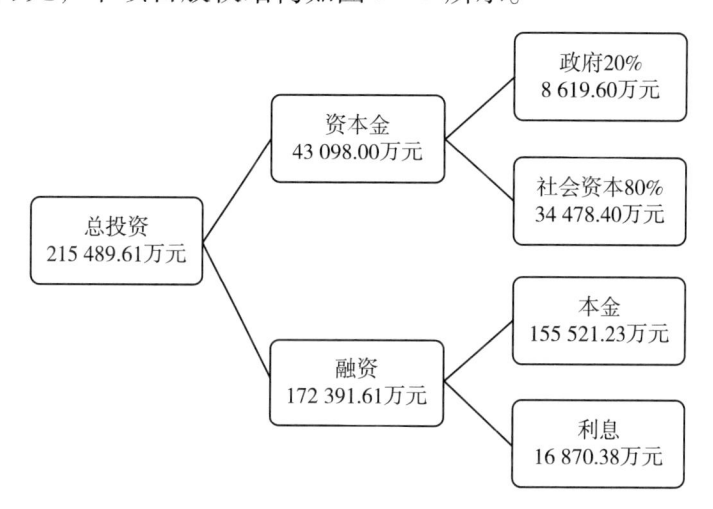

图3-1 本项目股权结构

4. 土地取得方式

本项目的土地使用权在政府方名下,但政府方应协调土地规划、储备和管理部门,将本项目建设用地无偿提供给项目公司使用。

5. 资产权属

特许经营期内,项目公司享有本项目及其附属设施的使用权和收益权,项目所有权和处置权归政府方所有。若法律另有规定,从其规定。

6. 回报机制和定价调整机制

（1）项目回报机制

PPP 项目对社会资本的投资回报，包括使用者付费、政府可行性缺口补助、政府付费等方式。

本项目属于社会事业领域中的文化体育行业。在引进专业的社会资本商业化运作的同时，具有一定公益性和公共服务性质，以举办赛事为载体，带动户外运动及旅游消费，从而创造腾冲市的社会效益及宏观经济效益（增加税收及就业岗位）。经财务测算，本项目拟采用可行性缺口补助方式。

（2）股东回报机制

各方股东投入的资本金及回报主要通过项目公司的股东分红和其他剩余权益分配收回，具体分配方式以项目公司章程约定为准。

通常各方股东按照实际到位的注册资本比例进行利润和其他剩余权益分配。但鉴于本项目的公益性，政府参股的目的重在加强监管、维护公众利益、降低项目公司融资成本，同时为平抑政府方支付的可行性缺口补助。政府方出资所占的股权将在项目公司减少注册资本、解散、清算时获得相应对价。

（3）定价调整机制

政府定价及调价机制的建立以及必要的可行性缺口补助，应建立在对社会资本或项目公司的可用性绩效、运维绩效考核的基础上。若需调价，应按规定履行必要的听证、审批等程序。

边界条件变化导致的调整。对于在 PPP 项目合同签订期到项目实际实施期间，若发生设计标准、投资规模、建设内容、收费标准等非社会资本方经营原因引起的边界条件变化，按 PPP 项目合同约定的收益测算条件和参数重新测算，报相关审批部门进行批准后，调整政府补助金额和对应的 PPP 项目合同条款。

政府补助的调整机制。市文体局牵头委托审计部门或中介机构每年对项目公司进行一次审计，依据审计报告确定的实际营运收入和成本支出，按照 PPP 项目合同约定的公式调整机制调整政府补助额度，纳入年度预算统筹安排。

7. 绩效考核指标及体系

（1）绩效考核办法

①建设期绩效考核办法

本项目一次性通过交工验收后，则由政府方按 PPP 项目协议的约定向项目公司支付可用性服务费。

②运营期绩效考核办法

运营期内，政府方主要通过常规考核和临时考核的方式对项目运营维护水平进行考核。常规考核由市文体局自行组织实施或聘请第三方机构开展，每半年进行一次，考核结果应与运维绩效服务费的支付挂钩（两次考核平均值作为考核付费依据），对于未能达到绩效考核标准要求的，市文体局将按公式（实际付费＝根据绩效考评确认的支付比例×基准运维绩效服务费）减付运维绩效服务费，并有权要求项目公司限期修复缺陷。其中，根据考评结果：100 分≥总分≥90 分，支付比例为 100%；90 分＞总分≥85 分，支付比例为 90%；85 分＞总分≥80 分，支付比例为 80%；80 分＞总分≥70 分，支付比例为 70%；70 分＞总分≥60 分，支付比例为 60%；总分＜60 分的，支付比例为 50%，此情形下文体局可暂扣该季度费用不予支付，待下一期考评总分≥60 分后支付。

若项目公司对常规考核结果有异议，可在常规考核结果公布后的 3 个工作日内向文体局提起申诉，由双方共同聘请第三方机构重新进行考核，第三方机构出具的考核结果为最终结果，聘请第三方机构的费用由项目公司承担。对于项目公司怠于或延误修复缺陷的，文体局可根据特许经营协议相关约定提取项目公司提交的运营维护保函中的相应金额。

除常规考核外，文体局有权随时自行考核项目公司的运维服务绩效，如发现缺陷，应在 24 小时内以书面形式通知项目公司。项目公司在接到书面通知后，应在规定的时间内修复缺陷。临时考核结果一般不作为扣减项目公司服务费或违约情形处理，除非临时考核发现的缺陷会导致本项目资产或设施的可用性遭到破坏、公共安全受到严重影响，或存在重大安全。

（2）绩效考核指标

《关于在公共服务领域推广 PPP 模式的指导意见的通知》（国办发〔2015〕42 号）规定：行业主管部门应制定不同领域的行业技术标准、公共产品或服务技术规范，加强对公共服务质量和价格的监管。建立政府、公众共同参与的综合性评价体系，建立事前设定绩效目标、事中进行绩效跟踪、事后进行绩效评价的全生命周期绩效管理机制，将政府付费、使用者付费与绩效评价挂钩，并将绩效评价结果作为调价的重要依据，确保实现公共利益最大化。

根据《财政支出绩效评价管理暂行办法》（财预〔2011〕285 号）、《关于推进预算绩效管理的指导意见》（财预〔2011〕416 号）等相关文件，制定符合本项目特点的绩效考核体系，作为 PPP 项目合同的组成部分，便于政府主管部门对项目全生命周期进行绩效监控和量化考核，确定政府补贴额度。

绩效考核体系分为可用性服务绩效考核指标和运维服务绩效考核指标，分别针对项目的不同时期进行绩效评价。绩效考核体系作为 PPP 项目合同的组成部分，便于政府主管部门对项目全生命周期进行绩效监控和量化考核。

①公共产品或服务的交付范围

本项目应按设计，建成户外休闲运动路网系统及户外休闲运动综合服务系统中的各子项目，具体按经批复的设计内容及标准。未经政府批准，项目公司或社会资本不得任意变更规模、标准以及竣工交付使用的范围，确保项目的正常运营和各类活动的顺利举行。

②项目设计、建设、运营、维护的标准

遵守和执行相关的设计规范、行业标准、施工规范等。本项目涉及房屋建筑、绿化景观、道路桥梁、市政设施、安全卫生、环境保护等，凡在有效期内的国家规范、行业标准，尤其是强制性规范等，均对本项目的设计、建设、运营、维护和维护具有约束力。

③项目绩效指标及考核标准

对项目的建设、运营、维护、移交等，政府按照绩效付费的原则进行监督管理和承担合同约定的财政支出责任。可用性绩效考核标准：应按照本项目涉及的相关建设质量标准和规范要求，一次验收合格，交付运营。运营维护绩效考核标准：应符合本行业相关规范和标准、符合设计及批复要求达到的比赛标准及服务标准。项目移交绩效考核标准：双方合作期满，应按合同约定，将资产和权利无偿移交政府，确保资产及设施的完好、完整、可用等。本项目绩效指标体系如表3-2所示。

表3-2　　　　　　　　　　绩效指标体系

体系名称	指标名称	绩效目标	备注
可用性绩效考核指标	设计建设内容完工率	100%	
	建设内容设计功能实现率	100%	
	投资及成本偏差控制	正偏差不超过预期目标5%	
	工程质量	合格率100%	
	赛道标准	符合国际比赛要求	
	安全文明施工	安全事故发生率和无事故伤亡人数符合云南省相关规范	
	水土保持、环境保护	符合环保部门要求	
	其他可用性绩效指标	根据PPP合同约定	
运营维护绩效考核指标	赛事举办频率	在项目盈亏平衡以上，确保项目盈利	
	各类活动举办频率	在项目盈亏平衡以上，确保项目盈利	
	对外宣传	公众对项目的知晓范围覆盖全国大中型城市	
	建设内容设计功能维护及正常运转率	100%	
	突发及应急事件处理	接到报告1小时内作出反应，处理率100%	

续表

体系名称	指标名称	绩效目标	备注
运营维护绩效考核指标	各类活动参与者、游客人身及财产安全率	100%	
	消费者投诉率	0	
	污染物排放标准	符合环保部门要求	
	二次污染防治率	100%	
	应急预案的设置	应急能力强，事故处理反应速度快	
项目移交绩效考核指标	公众满意度指标	管理服务水平高、服务质量好；顾客满意度高	
	资产移交完好率及可用性	100%	
	其他移交绩效指标	根据PPP合同约定	

8. 保障机制

（1）强制保险方案

项目公司应承担购买并维持保险的相关义务，具体包括：

在整个PPP项目合作期限内，购买并维持项目合同约定的保险，确保其有效且达到合同约定的最低保险金额；

督促保险人或保险人的代理人在投保或续保后尽快向政府提供保险凭证，以证明项目公司已按合同规定取得保单并支付保费；

如果项目公司没有购买或维持合同约定的某项保险，则政府方可以投保该项保险，并从履约保函项下扣抵其所支付的保费或要求项目公司偿还该项保费；

向保险人或保险代理人提供完整、真实的项目可披露信息；

在任何时候不得作出或允许任何其他人作出任何可能导致保险全部或部分失效、可撤销、中止或受损害的行为；

当发生任何可能影响保险或其项下的任何权利主张的情况或事件时，项目公司应立即书面通知政府方；

尽一切合理努力协助政府或其他被保险人及时就保险提出索赔或

理赔；

项目公司所投险种包括但不限于：建筑工程一切险、安装工程一切险、财产险（设备、设施及附属建筑物）、第三者责任险（运营期间）。

（2）履约保函体系

①项目建设期履约保函

项目公司应在项目合同全部生效之日起 10 个工作日内向政府方出具建设期履约保函，其格式应为见索即付的银行保函或为政府方接受的其他格式的银行保函，作为其履行建设期义务的保证。项目建设期的保函按合同约定金额，担保期至建设期结束。

②运营维护保函

项目公司应在项目商业运营日起 10 个工作日内向政府方出具运营维护保函，其格式应为见索即付的银行保函或为政府方接受的其他格式的银行保函，作为其履行整个运营期义务的保证。运营年度的保函按合同约定金额，担保期至项目移交之日。

如果政府方在项目合作期内根据 PPP 项目合同的有关规定提取运营维护保函项下的款项，项目公司应确保在政府方提取后的 10 个工作日内，将运营维护保函的数额恢复规定数额，且应向政府方提供运营维护保函已足额恢复的证据。

③移交维修保函

项目公司在特许经营期终止日 12 个月之前向政府方出具移交维修保函，其格式应为见索即付的银行保函或为政府方接受的其他格式的银行保函，作为其履行整个移交维修期义务的保证。移交维修期的保函按合同约定金额，担保期至期满移交后 12 个月届满。

9. 项目移交安排

（1）移交内容及要求

项目公司的全部固定资产、权利，并确保固定资产、权利符合相关技术规范和设计功能标准要求。

设施正常运转所必需的零部件、备品备件以及其他动产。

运营和维护所要求的所有技术和技术规程等无形资产。

在用的各类管理章程和运营手册包括专有技术、生产档案、技术档案、文秘档案、图书资料、设计图纸、文件和其他资料，以使本项目设施能平稳地、正常地持续运营。

土地使用权及与本项目设施场地有关的其他权利。

上述资产在向政府指定机构移交时应不存在任何留置权、债权、抵押、担保物权或任何种类的其他请求权。

项目公司在未正式完成交接前，应善意履行看守职责，保障正常提供公共服务。

（2）移交标准

在移交日之前不早于 12 个月，项目公司应按照协议约定的最后恢复性大修计划对本项目设施进行恢复性大修，此大修必须在移交日前的 2 个月之前完成。

通过最后恢复性大修，项目公司应确保关键设备的整体完好率达到 95%。项目移交前应进行绩效考核，并要求项目公司对不符合项进行必要的完善、整改，直至符合移交标准。

（3）项目移交后的绩效评价

在项目移交完成后，财政部门（政府和社会资本合作中心）应组织有关部门对项目产出、成本效益、监管成效、可持续性、政府和社会资本合作模式应用等进行绩效评价，并按相关规定公开评价结果。评价结果作为政府开展政府和社会资本合作管理工作决策的参考依据。

10. 风险识别和分配

（1）风险识别

①政策法律风险

ⅰ审批延误。主要指由于项目的审批程序过于复杂，花费时间过长和成本过高，且批准之后，对项目的性质和规模进行调整会给项目正常运作带来威胁。由于政府的决策程序不规范、缺乏 PPP 的运作经验和能力、前期准备不足和信息不对称等造成项目决策失误和过程冗长导致成本增加。

ⅱ政府不履行或拒绝履行合同约定的责任和义务而给项目带来直接或间接的危害。

ⅲ税收仍有很多不确定性。如国家税收政策调整、本项目进项税能抵扣部分的准确核定等。当税收发生变化时，会影响项目的经营成本。

ⅳ由于采纳、颁布、修订、重新诠释法律或规定而导致项目的合法性、市场需求、服务收费、合同协议的有效性等元素发生变化，从而对项目的正常建设和运营带来损害，甚至直接导致项目的中止和失败。

②市场风险

ⅰ融资风险。本项目建设投资规模大，总投资215 489.61万元，而资本金仅占20%（43 098.00万元），其余172 391.61万元（含建设期贷款利息）需依靠贷款等渠道解决，金融机构对项目预期收益的评估、社会资本及项目公司的信誉、财务实力、组织管理能力等，都决定本项目融资的成败。项目资金如不能按期足额到位，将对项目的实施进度造成影响，导致工期延误、停滞甚至停工等。

ⅱ工程变更风险。本项目点多、线长，工程分布地点多、赛道为线性工程，受自然环境影响较大，而项目现尚处于可研阶段，工程地质勘察、水文地质条件等，均可能影响项目的方案，导致初步设计、施工图设计与可研既定方案出入较大，一旦发生重大变更，项目的工程量、投资、工期、预期收益等均可能受到影响。

ⅲ项目决策及预估风险。户外运动、文化、体育、旅游等项目，虽然属于社会事业，目前国家也大力提倡，但一定程度上属于精神文明的范畴，一是取决于公众的认知及生活态度，二是取决于经济基础的支撑，一旦参与人数规模及程度达不到预期，将直接影响项目的正常运营及收入，或项目公司管理不善导致运营效率低下，运营成本增加，项目运营期间补贴后的收益不能满足收回投资或达到预定的收益。

ⅳ协调不畅。本项目涉及土地征用、租用、利用原有道路、村落改造等，且施工及运营阶段，均涉及交通运输、水电供应等外部协作单位，一旦协调不到位，补偿达不到对方预期或原产权或使用权单位不愿意配合，将导致项目无法开工。

ⅴ利益冲突。本项目实质上涉及对腾冲市全域旅游配套设施的整合，且围绕腾冲现有优势旅游资源建设，存在不同利益体的冲突和矛盾。

ⅵ赛事举办对沿线交通运输的影响。云南交通条件整体落后于发达省市，随着经济社会的发展，各地交通运输压力愈增，应事先做好评估、协调、应对预案等。

ⅶ环保与安全。赛道、营地等的建设及运营均涉及对自然生态环境、水土保持的影响，包括参赛者及参与者的安全，项目公司管理不善引发运营安全事故，导致运营成本增加或者违约的风险。建议除采取相应的环保措施、安全保障措施外，应事先做好评估和应对方案，并取得环保部门的论证批复。

ⅷ承包商及供应商违约。经法定程序选择的工程承包商、项目设备供应商，在施工及供货中违约，导致项目投资、工期、质量、安全文明等目标失控，无法达到预期。

ⅸ质量缺陷。质量缺陷返工导致工期拖延和投资增加。

ⅹ物价上涨。项目成本要素包括人工、材料、机械费等，由于市场的风险，它们的价格可能会升高或降低，使项目的建设成本发生变化。

ⅺ运营成本上涨。由于人工工资、材料、动力费用上涨，导致项目的运营成本发生变化。

③不可抗力风险

不可抗力分为政治不可抗力和自然不可抗力。政治不可抗力包括非本项目政府方原因导致的、且不在其控制下的征收征用、政府不可控的法律变更、未获审批等政府行为引起的不可抗力事件。自然不可抗力是指温度、湿度、降水量、洪水灾害、台风、山体滑坡、地震、火山爆发、火灾、海潮、瘟疫或流行病等自然灾害。不可抗力风险会使项目延迟、停滞、毁坏，甚至无法实施建设或运营。

（2）风险分配

①风险分配原则

根据财政部《PPP模式操作指南（试行）》（财金〔2014〕113号），

PPP项目风险分配原则为：项目设计、建造、财务和运营维护等商业风险由社会资本承担，法律、政策和最低需求等风险由政府承担，不可抗力等风险由政府和社会资本合理共担。

项目风险分配综合考虑政府风险管理能力、项目回报机制和市场风险管理能力等要素，在政府和社会资本间合理分配项目风险。明确合同当事人之间的权利义务关系，以确保PPP项目顺利实施和实现物有所值。项目风险分配的基本原则：承担风险的一方应该对该风险具有控制力；承担风险的一方能够将该风险合理转移；承担风险的一方对于控制该风险有更大的经济利益或动机；承担风险的一方应是承担该风险最有效率；如果风险最终发生，承担风险的一方不应将由此产生的费用和损失转移给合同相对方。

②政府与社会资本承担风险的分配

对于确实无法规避和转移的，按照国家对PPP项目风险合理分配的原则，由政府和社会资本合理分担。

本项目遵循"风险由最适宜的一方来承担"的原则，按照风险分配优化、风险收益对等和风险可控等原则，综合考虑政府风险管理能力、项目回报机制和市场风险管理能力等要素，在政府和社会资本间合理分配项目风险。明确合同当事人之间的权利义务关系，以确保PPP项目顺利实施和实现物有所值。

按照上述原则，本项目的风险分配结果如表3-3所示。

表3-3 项目风险分配矩阵

序号	风险类别		政府承担	社会资本承担	共同承担	备注
1	政策法律风险	审批延误	√			若因社会资本方效率低下、不积极主动申报、资料不全等的延误，由社会资本方承担

续表

序号	风险类别		政府承担	社会资本承担	共同承担	备注
2	政策法律风险	政府计划变动（如改变用途）	√			
3		政府对项目决策失误	√			
4		经营权变更	√			
5		项目征用/公有化	√			
6		税收政策变更（如税率改变、新税法）	√			
7		政府信用	√			
8		后继法律法规变化	√			
9		对现行法律法规理解偏差			√	
10		恶性通货膨胀差		√		约定膨胀幅度
11	建设风险	融资可获得风险		√		
12		融资成本增加		√		
13		审批齐全后工期延误		√		
14		设计质量及设计变更	√	√		由主导或委托设计的一方承担
15		承办商违约		√		
16		供应商违约		√		
17		质量缺陷		√		
18		投资失控		√		
19		施工方案不当		√		
20		非政府方原因工期拖延		√		
21		施工安全文明、环境保护		√		
22		物价上涨		√		也可约定一定的跌涨幅度

续表

序号	风险类别		政府承担	社会资本承担	共同承担	备注
23	运营风险	运营成本上涨		√		也可约定一定的跌涨幅度
24		运营效率低下		√		
25		运营安全、环境污染等		√		
26		运营商违约		√		
27		政府违约	√			
28		社会资本违约		√		
29	移交风险	政府原因	√			
30		社会资本原因		√		
31	不可抗力风险	政府不可抗力风险	√			
32		自然不可抗力风险			√	

（3）风险防范措施

政府和社会资本应正确认识风险的存在，提高对风险的防范意识，加强项目前期工作，及时发现问题，针对PPP项目合同期内可能产生的各种风险进行识别、衡量、分析、评价，主动防范管控，并适时采取及时有效的方法进行防范和控制，用最经济合理的方法来综合处理风险，以实现最大安全保障。政府与社会资本通过合同形式共享收益、分担风险，从而建立平等、长期合作关系。具体实施时可采取风险控制、风险转移、风险回避、风险自留等方式进行风险管控。

11. 项目提前终止处理机制

若PPP合同提前终止，应严格按照《PPP项目合同指南（试行）》第十八节"违约、提前终止及终止后处理机制"的相关要求，由甲乙双方共同协商，按照"平等协商、风险分担"的原则，依据现行民商法、行政法、经济法和社会法，包括《民法通则》《合同法》《公司法》《担保法》《保险法》《行政许可法》《会计法》《土地管理法》《建筑法》等法律法规相关条款执行。具体要求在PPP合同条款中予以明确。

12. 相关配套安排

政府将采取以下配套措施：

由政府相关部门依法负责协调本项目的征地、拆迁，费用由社会资本承担；

在项目建设及运营期间，由政府相关部门负责协调各赛道的路产路权关系，为施工及比赛创造便利条件；

政府协调项目涉及的各部门，建立联动机制；

协调项目涉及村庄所属村委会及村小组，督促社会资本依法、合理、妥善处理项目与涉及村民的关系，督促社会资本进行项目实施所导致的社会稳定性评估，确保村民的合法利益及社会稳定；

督促社会资本提出各类风险的应急预案，并对预案的合法性、可行性进行评估；

建立应急联动指挥体系；

制定跨界合作应急法律法规；

协调本项目正常建设、运营的用水、用电等配套设施；

积极争取国家政策及专项资金的支持。

（三）物有所值评价和财政承受能力论证要点

1. 物有所值评价

（1）物有所值定性评价

市财政局会同市文体局，研究决定本项目进行物有所值定性、定量评价。定性评价程序严格执行财政部《PPP物有所值评价指引（试行）》（财金〔2015〕167号）规定，项目实施方案、产出说明、风险识别和分配情况、历史资料、项目可行性研究报告、设计文件等定性评价所需资料已于专家组会议召开前送达专家，确保专家掌握必要信息。评价指标及权重、评分标准等基本要求如下：

①评价指标及权重

本项目物有所值定性分析评分指标如表3-4所示。

表3-4　　　　　　　　物有所值定性分析指标

指标		权重（%）
基本指标	全生命周期整合程度	10
	风险识别与分配	10
	绩效导向与鼓励创新	20
	潜在竞争程度	10
	政府机构能力	15
	可融资性	15
	基本指标小计	80
补充指标	预期使用寿命长短	2
	全生命周期成本测算准确性	5
	运营收入增长潜力	5
	行业示范性	8
	补充指标小计	20
加权总分		100

②评分办法

每项指标评分分为五个等级，即有利、较有利、一般、较不利、不利，对应分值分别为81~100分、61~80分、41~60分、21~40分、0~20分。

③专家组组成

定性评价专家组由财政、资产评估、会计、金融，以及行业、工程技术、项目管理和法律方面等8位专家组成。

④评分结果

市财政局会同市文体局组织召开专家组会议。专家在充分讨论后按评价指标逐项打分，按照指标权重计算加权平均分，评分结果如表3-5所示。

表 3-5　　　　　　　　　各专家评分结果　　　　　　　　单位：分

专家一	专家二	专家三	专家四	专家五	专家六	专家七	专家八
83	80	80	81	79	80	85	83

本项目专家评分81.7分，表明本项目采取PPP模式能够较好地实现物有所值，专家组意见物有所值评价结论为"通过"。

（2）物有所值定量评价

物有所值定量分析是在假定采用PPP模式与政府传统投资和采购模式的产出绩效相同的前提下，通过对PPP值与PSC值进行比较，判断PPP模式能否降低项目全生命周期成本。

①定量评价方法

由于本项目开展物有所值定量评价时，财政部尚未出台关于物有所值定量评价的指导性政策文件，因此，本项目物有所值定量评价参考国外已有的项目做法，分以下两个层次论证：

第一，降低占用政府投资计划的比例。PPP模式是一项通过财政预算管理安排平滑和稳定政府投资的方式。在国家严格控制地方政府融资活动的环境下，本项目的融资资金纳入地方债和专项债的难度较大，如果采用政府一次性投资，建设期内所占用的政府投资计划比例较高，而通过延长项目资金期限，便可以通过财政预算中长期管理降低项目建设资金占用政府投资计划的比例。

第二，节约项目投资资金。本项目假设能通过政府融资平台完成工程建设，与PPP模式可以从以下两方面进行比较：一是建设投资。由于项目经营性程度较低，在政府融资平台的运作下需要政府一次性注入与投资额度相当的资源或资金，而采用PPP模式则可在时间上优化资金的投入时序。二是投资回报。项目如果通过竞争性程序比选，可获得比较合理的投资回报要求，与政府融资平台相当。

通过对比PPP值与PSC值的大小，判断本项目是否通过物有所值定量评价。PPP值主要考虑政府在PPP模式下合作期内所有支出责任的净现值；计算方式参考财政承受能力论证指引。PSC值指传统政府采购模式下的政府支出净现值，包括建设投资支出净现值、运营维护成本净现值、第三方收入净现值与竞争中立调整值。

②测算指标

ⅰ PPP值计算。PPP值等于PPP项目全生命周期内股权投资、运营补贴、风险承担和配套投入支出责任等各项财政支出责任的现值。

PPP风险承担成本采用比例法计算，为项目建设及运营支出责任的10%。本项目年度折现率为8%。

根据本方案中财务测算结果得到全生命周期内各项财政支出责任总额为51 454.53万元。其中，股权投资8 619.60万元，运营补贴72 432.73万元，风险承担2 885.18万元，无配套投入支出责任，政府超额收益32 482.98万元。按8%折现后全生命周期内各项财政支出责任现值为49 512.78万元。

ⅱ PSC值计算。PSC值是指政府采用传统采购模式提供与PPP项目产出说明该要求相同的基础设施及公共服务的全生命周期成本净现值。

PSC值是以下三项成本的全生命周期现值之和：建设和运营维护净成本现值为25 307.62万元；竞争性中立调整值现值为39 798.07万元（增值税金及附加、所得税）；项目全部风险承担成本采用比例法计算，为建设成本和前五年运营维护成本之和的10%，现值为24 251.24万元。

PSC值 = 建设和运营维护净成本现值 + 竞争性中立调整值现值
　　　　+ 项目全部风险承担成本现值
　　　 = 25 307.62 + 39 798.07 + 24 251.24 = 89 356.93（万元）

③评价结果

PPP值（49 512.78万元）＜PSC值（89 356.93万元），通过物有所值定量分析。

2. 财政承受能力论证

(1) 政府支出责任

①股权支出

股权投资支出责任是指在政府与社会资本共同组建项目公司的情况

下，政府承担的股权投资支出责任。

在本项目中，项目资本金为43 098.00万元，拟由政府方授权的腾冲市盛源旅游文化投资开发有限责任公司与社会资本按照2∶8的比例出资设立项目公司，政府方承担20%资本金的股权投资支出8 619.60万元。

②运营补贴支出

运营补贴支出责任是指在项目运营期间，政府承担的可行性缺口补助责任。在不同付费模式下，政府承担的运营补贴支出责任不同。政府付费模式下，政府承担全部运营补贴支出责任；可行性缺口补助模式下，政府承担部分运营补贴支出责任；使用者付费模式下，政府不承担任何运营补贴支出责任。

本项目回报机制为可行性缺口补助，在经营期内按照财金〔2015〕21号文及"补偿成本、合理收益"的原则，由于本项目在第1~13年出现亏损，相应年度的收入不能覆盖成本，需政府运营补贴合计72 432.73万元。

③风险承担责任支出

本项目为可行性缺口补助，PPP风险承担成本采用比例法计算，政府承担项目建设成本中股权投资的10%（考虑项目投资超概的可能）、承担经营成本10%的20%（运营支出责任风险按经营成本的10%考虑，政府承担20%）。

④配套投入支出责任

配套投入支出是指政府承诺将提供的配套工程等其他投入责任，包括土地提供、项目配套设施、完成项目与现有相关基础设施和公共事业的对接、投资补助、贷款贴息。

本项目政府无额外的配套投入支出责任。

⑤本项目政府支出责任汇总

本项目全生命周期内，根据实施方案中财务测算，全生命周期内各项财政支出责任总额为83 937.51万元。其中，股权投资8 619.60万元，运营补贴72 432.73万元，风险承担2 885.18万元，无配套投入支出责任。

(2) 财政支出责任预测

①腾冲市近五年一般公共预算支出

腾冲市近5年（2011~2015年）财政一般公共预算收入和支出的统计数据如表3-6所示。

表3-6　腾冲市2011~2015年财政一般公共预算收入和支出

项目	2011年	2012年	2013年	2014年	2015年
一般公共预算收入（万元）	92 631	121 002	149 210	153 016	159 363
增长率（%）	30.63	23.31	2.55	4.15	
一般公共预算支出（万元）	305 543	359 393	387 107	418 602	453 664
增长率（%）	17.62	7.71	8.14	8.38	

根据上述数据，结合本市未来规划及经济发展预测，以后年度一般公共预算支出增长率按8%考虑。

②腾冲市2017~2029年公共预算支出测算

按照本项目财政支出责任测算，并结合一般公共预算支出增长率8%预测，本PPP项目占一般公共预算支出比例在0.15%~1.90%，最高年度为2020年（1.90%），最低为2019年（0.15%）。本项目的政府支出责任在本级财政可承受能力范围内。财政承受能力论证结论结果为"通过论证"。各年度PPP项目占一般公共预算支出比例如表3-7所示。

表3-7　腾冲市2017~2029年PPP项目占一般公共预算支出比　　单位：%

年份	2017	2018	2019	2020	2021	2022	2023
占比	0.90	0.66	0.15	1.90	1.50	1.18	0.90
年份	2024	2025	2026	2027	2028	2029	
占比	0.59	0.90	0.69	0.50	0.34	0.23	

(3) 财政承受能力论证结论

根据支出测算结果和上述预测数据，在本项目整个生命周期内，政府承担的 PPP 项目支出责任低于地方公共财政支出的 10%；本项目财政承受能力结论为"通过论证"。

三、项目采购

（一）采购方式的选择

根据《中华人民共和国政府采购法》《PPP 模式操作指南》《PPP 项目政府采购管理办法》《政府采购竞争性磋商采购方式管理暂行办法》等有关法律法规的规定，PPP 项目采购方式包括公开招标、邀请招标、竞争性谈判、竞争性磋商和单一来源采购。

为保证选择到切实可靠的社会资本，本项目应严格按照政府采购程序，通过竞争性磋商方式选择社会资本。根据社会资本的融资能力、专业技术能力、建设管理及运营管理经验、经济实力、诚实守信、安全可靠等综合因素，再结合社会资本对项目报送的技术方案、合作方案、投资及成本控制措施、投资回报预期等要素综合评估后，最终择优确定社会资本方。

（二）社会资本资格条件

本项目社会资本方应具备《中华人民共和国政府采购法》第二十二条所规定的条件，且承诺履行采购文件的各项规定，并具备以下资质与详细需求：

第一，具有独立承担民事责任的能力；
第二，具有良好的商业信誉和健全的财务会计制度；
第三，具有履行合同所必需的设备和专业技术能力；
第四，有依法缴纳税收和社会保障资金的良好记录；
第五，参加本次政府采购活动前三年内无不良记录，在经营中没有重大违法违规记录；

第六，投资人至少有一个成功投资、建设、组织和运营管理类似规模的赛事、建设和经营配套服务设施及旅游设施项目的经验，无安全事故发生，且无客户投诉等不良行为及记录；

第七，投资人需要提供经审计的近三年财务报表，以及项目业绩情况说明；

第八，针对本建设项目制定详细实施方案，包含融资、策划及设计、团队组建方案、建设管理及工程建设方案、投资及成本控制方案、工程投资估算、财务方案、预期收益、环境保护及水土保持、社会稳定、各类赛事活动及体验的组织、安全及组织保障措施、运营维护管理、风险及突发事件预案、移交方案等。

第九，法律、行政法规规定的其他条件。

（三）采购过程及结果

1. 采购时间

本项目于2017年8月14日在腾冲市公共资源交易中心（地址：腾冲市腾越镇西山坝政务服务中心）对云南省腾冲市全域旅游国际户外运动文化中心政府和社会资本合作项目进行了开标、竞争性磋商、评审，采购工作已于当日上午12：10分结束。

2. 竞争性磋商过程及结果

评审小组根据竞争性磋商文件的规定推荐了3名成交候选供应商。腾冲市文化广播电视体育局作为本项目实施机构依法组建了采购结果确认谈判工作组，按照竞争性磋商评审报告推荐的候选社会资本排名，依次与成交候选供应商就项目边界条件及合同草案的细节问题进行项目合同签署前的确认谈判，通过谈判，腾冲市文化广播电视体育局与中国建筑第二工程局有限公司（牵头人）和云南行知探索文化旅游产业有限公司、云南合和（集团）股份有限公司、保山市永昌旅游投资有限责任公司、广东省建筑设计研究院组成的联合体率先达成一致意见，双方签订了谈判备忘录。

3. 中标结果

（1）预成交供应商

中国建筑第二工程局有限公司（牵头人）和云南行知探索文化旅游产业有限公司、云南合和（集团）股份有限公司、保山市永昌旅游投资有限责任公司、广东省建筑设计研究院组成的联合体。

（2）预成交供应商地址

中国建筑第二工程局有限公司（牵头人）：北京市通州区梨园镇北杨洼251号；

云南行知探索文化旅游产业有限公司（联合体成员一）：云南省昆明市五华区学府路690号金鼎科技园18号平台内办公楼A602-10；

云南合和（集团）股份有限公司（联合体成员二）：云南省玉溪市红塔区凤凰路116号；

保山市永昌旅游投资有限责任公司（联合体成员三）：云南省保山市隆阳区兰城路传媒大厦；

广东省建筑设计研究院组成（联合体成员四）：广州市荔湾区流花路97号。

（3）预成交供应商法人代表

中国建筑第二工程局有限公司（牵头人）：陈建光；

云南行知探索文化旅游产业有限公司（联合体成员一）：曲向东；

云南合和（集团）股份有限公司（联合体成员二）：李剑波；

保山市永昌旅游投资有限责任公司（联合体成员三）：濮应秘；

广东省建筑设计研究院组成（联合体成员四）：曾宪川。

（4）预中标价

降造率：1.00%；

年度折现率中的N值：3.00%；

合理利润率：6.00%。

四、项目执行

(一) 项目公司设立

1. 项目公司名称

腾冲市宝峰户外运动文旅发展有限公司。

2. 成立时间

2018年6月7日。

3. 注册地点

云南省保山市腾冲市腾越镇观音塘社区滨河小区腾越古镇417号。

(二) 项目进度

1. 项目实施进度

本项目于2016年4月发起,项目可行性研究报告编制完成后,立即开展项目实施方案编制、物有所值评价及财政承受能力论证工作,并同步开展可研的报批工作。

2016年6月22日,项目可行性研究报告取得批复,实施方案、物有所值评价报告和财政承受能力论证报告按照批复可研进行调整并报批,6月30日本级政府批复项目实施方案。

2016年10月,项目入选财政部第三批PPP示范项目。

2016年12月,完成项目采购方式审批,2017年6月14日开始进行社会资本采购,2017年7月5日完成资格预审,2017年8月14日完成竞争性磋商并进行采购结果确认谈判,确定预中标社会资本。按照相关要求进行预中标结果公示和中标公告后，于 8 月 23 日发出中标通知书。

2017 年 9 月，实施机构与中标社会资本签署投资协议。

2018 年 6 月 7 日，项目 SPV 公司腾冲市宝峰户外运动文旅发展有限公司成立。

2018 年 6 月 13 日，实施机构与项目公司签署 PPP 项目合同。

2. 项目运营情况

项目目前处于建设期，项目公司正着力打造极具特色的项目 IP 产品：策划、运营腾冲国际马拉松；开发"中国远征军之路"精品体育旅游品牌；引进全球顶级的法国环勃朗峰越野极限公司（UTMB）品牌进入腾冲，举办"高黎贡 100 英里超级山径赛 by UTMB"。同时，项目公司优化设计项目的实体，包含实体项目战略开发研究、建设内容、选址选地、路线勘察勘测和项目商务投资合作。期间，项目公司聘请了全球知名的浩华管理顾问公司、北京行知探索及北京天正信息科技公司对项目做了全面的战略开发研究；聘请国际知名的泰国酒店管理运营公司现场顾问指导项目的运营；聘请知名的规划设计公司给项目做了若干轮的规划设计。

五、项目监管

政府方享有法律赋予的行政管理的职权，同时享有其作为 PPP 项目合同一方签约主体的权利，在前期准入、项目投融资、建设、运营管理维护、中期评估、移交等全过程承担履约管理职责。本项目作为影响社会公共利益、负有重大社会责任的基础设施建设项目，亦需接受广泛的公众监督。

（一）项目监管主体

行政主管：市文体局作为行业主管部门，负责对项目投资、建设及运营进行监督管理。

行业监管：行业监管主体包括市财政、发改、文体、旅游、国土、环保、规划等部门，主要是在项目前期承担各类审批职责，在项目建设及运营期各自承担相应职责，并在各自职权范围内发挥监管作用。

一般监管：市工商、税务、电力、公安等部门，根据各自的职责范围对本项目的建设和运营等相关方面进行监管，履行其相应职能。

（二）项目监管内容和方式

本项目的监管方式包括行政监管、履约管理和公众监督三个层次，涵盖项目的全寿命周期。

1. 行政监管

（1）前期阶段

项目前期阶段的立项、规划、可研、选定社会投资人、项目公司注册成立等一系列工作均需行政主管、行业监管等职能部门的审批，即政府部门履行 PPP 项目的准入监管和投资监管职责。

（2）建设运营阶段

从建设阶段开始，行政监管的重点主要集中在以下几方面：

①公共安全

本项目涉及公共利益和公共安全，在项目建设期和运营期均可能发生影响公共安全的事故。各相关行政部门应在各自职权内对项目实施安全监督监察，防范重大安全事故发生。监管职责包括但不限于建设工程安全检查、生产运营设施达标检查等。

②环境保护

项目运营过程中，应由行业主管部门牵头，对项目各项运营指标进行严格的监督检查，并制定定期检查及不定期抽查制度，辅以完善的奖惩制度，以保证项目在运营过程中各项运营指标满足项目设计规划要求。

③价格监管

本项目的服务价格由物价管理部门核定，物价部门按照合法合规的程序对收费价格进行调整，形成公开透明、科学合理的制定和调整机制。

④绩效监管

市财政局会同相关职能监管部门制定完善的项目绩效评价体系，加强对项目公司在 PPP 合同期内绩效的考核，全面评估项目的技术、管理运营和财务表现，督促社会资本方持续改进项目管理水平，提升服务效率。

2. 履约管理

市文体局作为政府方履约管理的责任主体，按照 PPP 项目合同约定，督促项目公司落实相关承诺。履约监管的范围限于项目协议确定的权利义务边界。对于项目协议有所约定的情形，各方需遵从合同约定；对于项目协议没有约定的情形，双方应本着"平等、友好"的原则协商解决。

3. 公众监督

社会公众有权对特许经营活动进行监督，向有关监管部门投诉，或者向实施机构和特许经营者提出意见建议。项目公司应主动建立一套有效的公众沟通机制，具体包括：

（1）重大事项公示

在处理涉及公众利益的相关问题上，项目公司应该主动提前公示，如环保、拆迁、紧急疏散、运营计划调整等事项。

公示的渠道应当包括但不限于：政府和项目公司的官方网站、官方微博、微信号、当地主要媒体等。根据事件的影响范围和重要程度，双方可选择合适的信息发布渠道。

（2）建立通畅的公众意见反馈的渠道

如设立投诉热线、开通具有信息反馈功能的官方微博、微信号等，并指定专门的部门或人员负责，对公众意见提供反馈。

（3）搭建媒体沟通平台

项目公司根据企业的人力资源情况，设立新闻办公室或类似机构，负责官方信息平台的维护运营、媒体关系的处理、公众信息的搜集和反馈等。

六、项目点评

（一）项目亮点

1. 作为文化旅游及体育休闲的复合型项目，项目实施的社会价值体现在多个方面

第一，本项目通过户外运动赛事举办，促进腾冲全域旅游业及全民健身的发展。大型体育赛事的主办，可以促进腾冲旅游业的发展，提升区域就业和收入水平，带来大量的消费，扶贫富民。本项目建成后，每年将吸引旅游、参赛和拓展人群约133.53万人次，直接带动就业岗位8万个，间接带动就业岗位40万个。对于提升就业、提高收入、扶贫攻坚等具有正面作用，项目整体社会效应良好。

本项目的实施符合中央把全民健身上升为国家战略的精神，把增强人民体质、提高健康水平、获得健康体验作为根本目标，与国家的政策导向相一致。本项目的赛道及部分营地设施，属于面向大众的开放性项目，有利于扩大区域全民健身活动范围，进一步提高本地区居民身体素质。

第二，本项目可促进赛事区域乡村经济的发展。户外运动的健康有序发展，可使城市郊区及农村的剩余土地获得新的利用价值，促进了乡村经济的发展。户外运动已成为刺激体育旅游产业的"领跑者"，有助于形成旅游、体育、文化、商业等相关产业融合发展的"乘数效应"，打造综合性产业集群，为拉动区域GDP增长寻找到新的动力引擎，使项目成为腾冲产业经济发展的新亮点、新名片。

第三，本项目的实施，运动者同时也是体验者和参与者，对挖掘尘封的历史和多彩的文化、推动对传统文化的保护和传承、对弘扬地区历史文化和爱国主义精神具有正面积极意义。

第四，本项目的实施能有效提升腾冲城市形象，提高腾冲市国际化程度，对于腾冲市大力建设国际化旅游城市和云南省创建旅游强省战略具有明显推动作用，将有效缓解腾冲地区旅游形象模糊、特色不彰显的问题。

第五，本项目的实施充分利用了现状道路与护林点等设施，挖掘其潜在价值，对完善腾冲城市基础设施建设、优化投资环境、创建文明城市和卫生城市、加快美丽乡村建设等均具有明显的推动作用，具有较强的区域带动力。

2. 以经营为导向，项目的公益性与市场经营性相互交融

项目主要服务设施绝大部分为可经营性内容，哪怕是基础设施也可为经营的项目体育休闲项目服务而产生价值。项目经营性收益在整体项目回报中所占比重还是较大的。同时本项目的赛道及部分营地设施，在无赛事活动期间，属于面向大众开放的公益性项目，有利于促进腾冲全民健身活动及旅游业的发展。为了充分发挥社会资本的经营创新能力，尽可能减少政府对本项目的补助，因此，可行性研究阶段，经多方论证，综合考虑了本项目在提供体育文化等公共服务的同时，具有可市场化运作的经营性。

3. 中标社会资本具有项目设计、施工、运营全流程的项目经验

本项目中标社会资本为以中国建筑第二工程局有限公司为牵头人与云南行知探索文化旅游产业有限公司、云南合和（集团）股份有限公司、保山永昌旅游投资有限责任公司、广东省建筑设计研究院组成的联合体。牵头人中国建筑第二工程局有限公司为世界一流建筑企业；云南行知探索文化旅游产业有限公司、云南合和（集团）股份有限公司、保山永昌旅游投资有限责任公司具有丰富的文化旅游项目管理经验；云南行知探索文化旅游产业有限公司是文化体育旅游产业专业策划运营机构，在全国策划、举办过多个赛事。由这些专业社会投资人组成的联合体，特别是具有一定运营能力和运营经验的联合体成员的参与，可以提高项目设计、施工、运营管理等方面的效率和质量，真正实现公共服务提质增效。

（二）项目问题及优化建议

1. 存在的问题

该项目主要问题在于测算过程中对经营收入及成本预测比较粗略，具有很大的不确定性，给项目的政府支出责任估算也带来了很大的不确定性。

本项目按照全域旅游的理念，植入体育文化的元素，以举办户外休闲运动赛事为龙头，配套建设相应的服务设施，客观上能带动周边旅游经济的发展，但是，由于项目综合性强、投资规模较大、涉及腾冲市境内区域较广，虽然具有可市场化运作的经营性，但经营方案依赖社会资本的专业性和创新而异，且收入和成本的预测不确定性强，从而增加了政府可行性缺口补助预测的不确定性。

2. 优化建议

（1）做好项目策划

目前国内文旅项目往往从规划开始启动项目，殊不知本末倒置。策划才是项目的灵魂，一个成功的项目，必须是由具有运营经验的机构对该项目的市场分析、精准定位、业态组合、开发策略、营销推广、运营模式和创收回报做出精细的谋划安排，在此基础上才开始规划建设工作。本项目如果补足策划的功课，必定对项目未来的经营思路和经营计划有明确的安排，相应的成本费用和收入就能够较为准确的预估。

（2）优化项目调价机制

基于项目当前状况，对未来运营成本估算不准确的风险设计相应的复核确认机制，通过运营实践来校验前期预估工作的不足。不过同时也需要注意不能让政府背负项目成本超支或社会资本方经营能力低下收益不足的风险。

案例 4

江西省赣州市章贡区社区（村）居家养老服务中心项目

一、项目摘要

本项目基本信息见表 4-1。

表 4-1　　　　　　　　项目基本信息

基本信息	项目名称	江西省赣州市章贡区社区（村）居家养老服务中心项目	
	项目类型	新建+改建	项目总投资（万元）	16 000
	发起方式	政府发起	项目期限（年）	15（建设3年，运营期12年）
	实施机构	江西省赣州市章贡区老龄工作委员会办公室	政府方出资代表	赣州市场建设综合开发有限公司
	运作方式	BOT	所属行业	养老
	公共产品产出说明	建设内容： 1. 新建水西和乐社区居家养老服务中心等10个养老服务中心、水西和乐社区居家养老服务中心等10个新建养老服务中心的总建筑面积约7 120m²，建设内容包括土建工程、装修改造、设备购置及安装等。 2. 改建东外街道赖家围社区居家养老服务中心等59个养老服务中心	

· 132 ·

续表

| 基本信息 | 公共产品产出说明 | 东外街道赖家围社区居家养老服务中心等59个改建养老服务中心的总建筑面积约42 312.14m²，建设内容包括装修改造、设备购置及安装等。
3. 已建赣江人民巷社区居家养老服务中心等3个养老服务中心
赣江人民巷社区居家养老服务中心等3个养老服务中心已建成，总建筑面积约1 086m²，由区政府直接移交给项目公司进行运营维护管理。
运营内容：
1. 提供居家养老便捷服务
建立以政府授权主体和社会资本新组建的项目公司为主体、社区（村）居家养老服务中心网点为纽带、满足老年人各种服务需求的居家养老服务网络。运营老年供餐、生活照料、家政服务、医疗保健、老年活动中心等形式多样的养老服务项目，上门为居家老年人提供助餐、助浴、助洁、助急、助医、护理等规范化和个性化定制服务。
包括但不限于以下服务：
爱心慰问服务（无偿服务）：为城市老人提供每周至少电话慰问1次、每月至少上门看望1次的爱心慰问。
文化娱乐服务（无偿服务）：组织开展各种有益身心健康的娱乐、健身活动和健康养老知识讲座等。
卫生保健服务（无偿服务）：量血压、健康咨询、定期上门体检等。
日常生活照料（有偿服务）：提供老年供餐食堂，上门为老人提供助餐、助浴、助洁、助急等定制服务。
医疗保健服务（有偿服务）：建立成熟的医疗护理机制，与区域内二甲（含）以上医院签订合作协议，开通老年人就医绿色通道，提供医疗陪护就诊服务及上门助医服务等。
精神慰藉服务（有偿服务）：提供老人心理疏导等情感交流、心理沟通服务等。
家政服务（有偿服务）：应老人要求，提供上门更换水龙头、修理水管、家电维修、疏通下水道、擦玻璃等服务。
2. 提供社区养老服务
主要面向家庭日间无人照料或无力照护的社区老年人，提供托老所、社区日间照料、老年康复文体活动等服务功能，为居家养老服务提供重要支撑。包括但不限于以下服务：
托老所（有偿服务）：面向家庭日间暂时无人或者无力照护的高龄、独居、失能等社区老年人提供短期托养的养老床位服务，包括提供膳食供应、日间生活照料、夜间陪护、医疗保健、文化娱乐等服务。
社区日间照料中心（有偿服务）：面向家庭日间暂时无人或者无力照护的高龄、独居、失能等社区老年人提供日间照料的养老床位服务，包括提供膳食供应、日间生活照料、医疗保健、文化娱乐和交通接送等服务。 |

续表

基本信息	公共产品产出说明	老年康复文体活动（有偿服务）：为老年人提供康复护理等服务。 3. 提供智慧养老服务 通过章贡区"智慧社区"养老服务平台，提供社区养老智能化、居家养老信息化服务。包括但不限于以下服务：提供紧急呼叫、健康咨询等无偿服务；提供家政预约、法律服务、物品代购、服务缴费等有偿服务。					
项目论证	咨询机构	北京中设泛华工程咨询有限公司					
	物有所值评价						
	定性评价参评专家	序号	姓名				
		1	吴一丁				
		2	戴华松				
		3	边俊杰				
		4	邓通发				
		5	欧阳瑞仓				
		6	温溶冰				
	财政承受能力论证						
	政府股权支出责任（万元）	640.00					
	政府补助支出责任（万元）	第1年	1 179.64	第2年	1 663.52	第3年	2 006.17	第4年	3 095.40
		第5年	2 628.14	第6年	2 500.11	第7年	2 064.96	第8年	1 699.12
		第9年	1 335.89	第10年	1 316.11	第11年	1 080.20	第12年	1 014.52
		第13年	939.97	第14年	501.26	第15年	391.30		
	政府风险支出（万元）	第1年	24.24	第2年	39.20	第3年	53.19	第4年	83.93
		第5年	96.02	第6年	103.25	第7年	113.23	第8年	121.69
		第9年	131.74	第10年	134.34	第11年	145.29	第12年	147.74
		第13年	150.21	第14年	159.66	第15年	162.36		
	政府配套支出（万元）	第1年	281.48	第2年	453.66	第3年	490.84	第4年	520.29
		第5年	520.29	第6年	520.29	第7年	551.51	第8年	551.51
		第9年	551.51	第10年	584.60	第11年	584.60	第12年	584.60
		第13年	619.67	第14年	619.67	第15年	619.67		

续表

<table>
<tr><td rowspan="3">过去3年该地区一般公共预算支出（万元）</td><td>2014年</td><td colspan="7">283 244</td></tr>
<tr><td>2013年</td><td colspan="7">271 316</td></tr>
<tr><td>2012年</td><td colspan="7">203 294</td></tr>
<tr><td rowspan="4">本项目占该地区一般公共预算支出比例（%）</td><td>第1年</td><td>0.81</td><td>第2年</td><td>0.84</td><td>第3年</td><td>0.93</td><td>第4年</td><td>1.23</td></tr>
<tr><td>第5年</td><td>1.04</td><td>第6年</td><td>0.96</td><td>第7年</td><td>0.83</td><td>第8年</td><td>0.71</td></tr>
<tr><td>第9年</td><td>0.60</td><td>第10年</td><td>0.59</td><td>第11年</td><td>0.52</td><td>第12年</td><td>0.49</td></tr>
<tr><td>第13年</td><td>0.39</td><td>第14年</td><td>0.38</td><td>第15年</td><td>0.34</td><td></td><td></td></tr>
<tr><td colspan="9" align="center">实施方案</td></tr>
<tr><td rowspan="2">项目论证</td><td>回报机制</td><td colspan="8">本项目将采用可行性缺口补助机制，由区政府提供政府基本补助、政府民生补贴及其他运营补助等，保证项目公司收回成本并获得合理收益。
1. 日托、全托老人的床位、护理、餐饮收入
本项目中已建成的3个服务网点自2015年起进入运营，其他各养老服务中心分三期建设：2015年建设实施的28个养老服务中心于年底竣工，2016年1月开始运营，运营后预计床位入住率为5%；2016年建设实施的22个养老服务中心于年底竣工，2017年1月开始运营，运营后预计床位入住率为10%；2017年建设实施的19个养老服务中心于年底竣工，2018年1月开始运营，运营后预计床位入住率为20%。日间照料中心成长期8年，届时日托老人737张床位的入住率将达到98%（考虑行业特点，故日托老人设置床位空置期），全托老人199张床位的入住率将达到100%。计算期内床位收入合计12 196万元，护理收入合计4 452万元，餐饮收入合计6 727万元，共计23 375万元。
2. 配餐收入
本项目中已建成的3个服务网点自2015年起进入运营，其他各养老服务中心分三期建设：2015年建设实施的28个养老服务中心于年底竣工，2016年1月开始运营，运营后预计城区街道老人配餐的覆盖率为4%，村镇老人配餐的覆盖率为2%；2016年建设实施的22个养老服务中心于年底竣工，2017年1月开始运营，运营后预计城区街道和村镇老人配餐的覆盖率不变；2017年建设实施的19个养老服务中心于年底竣工，2018年1月开始运营，运营后预计城区街道老人配餐的覆盖率为5%，村镇老人配餐的覆盖率为2%。配餐业务成长期9年，届时城区街道老人配餐的覆盖率将达到8%，村镇老人配餐的覆盖率将达到5%。计算期内城区街道老人配餐收入合计27 182万元，村镇老人配餐收入合计16 940万元，共计44 122万元。
3. 政府基本补助
本项目的政府基本补助是指在合作期限内，项目公司根据《赣州市人民政府关于加快发展养老服务业的实施意见》对每年正式投入运</td></tr>
</table>

续表

项目论证	回报机制	营的养老服务中心按照政府批准的基本补助标准向区老龄办申请政府基本补助，用于补贴养老服务中心日常运行管理。例如管理社区养老服务中心场所；组织开展各种有益身心健康的娱乐健身活动和健康养老知识讲座；提供卫生保健服务、量血压、健康咨询等。 4. 政府民生补贴 本项目的政府民生补贴是指在合作期限内，区老龄办根据《赣州市人民政府关于加快发展养老服务业的实施意见》对项目覆盖范围内的居家重点老年人对象，即"三无""低保""困难失能老年人"等60周岁以上的重点优抚对象，按照政府民生补贴标准发放一定数额的指定消费范围的居家养老服务券，向项目公司购买特定养老服务项目，并承诺项目公司每年按照当年老年人实际消费并支付的养老券总额向区老龄办申请等额兑现。 5. 其他运营补助 本项目的其他运营补助是指在合作期限内，除去政府基本补助、政府民生补贴以外，为保证社会资本获取合理收益而需要区政府弥补的缺口部分。该补助按照PPP项目合同约定的补助标准、时间和方式兑现。
	风险分配机制	政府承担： 土地获取；项目审批（立项）；因征地拆迁或程序审批等原因导致项目无法开工，或工期延误；政策/法律变更风险；政治环境的变化、主政官员的更迭。 社会资本方承担： 项目施工；项目设计是否合理、建设成本会否超支、项目能否按时完工；建设质量能否得到保障等；设备设施是否正常运转、项目产出能否达到既定绩效标准、运营成本能否得到合理控制、管理是否到位、是否对环境造成二次污染；融资失败，融资成本较高，财务管理不善；包销风险。 共同承担： 不能预见、不能避免并不能克服的客观情况。
	定价机制	本项目收费项目包括日托和全托老人的床位、护理、餐饮，以及面向社区老人的配餐等。项目收费采用政府指导与市场调节相结合的定价机制。 1. 日托、全托老人的床位、护理、餐饮收费标准 日托：床位800元/月，护理250元/张，餐食7元/餐； 全托：床位1 500元/月，护理700元/张，餐食7元/餐。 2. 配餐收费标准 城区街道老人：7元/餐；村镇老人：6元/餐。

续表

项目论证	绩效考核机制	根据项目情况初步拟定项目营运考核指标，制定评分体系，项目运维绩效服务费根据当期绩效考核评分结果按比例进行支付。 项目可用性服务费的支付期限为12年，逐年支付金额按双方签订的合同确定。 项目运维绩效服务费在运营期内，政府方向项目公司每12个月支付一次。 若政府方未足额支付服务费，项目公司可以给予政府方30日的宽限期，宽限期届满仍未支付的，则每逾期一日，政府方应向项目公司支付未付款金额0.5‰的违约金，直至政府方足额支付为止。
	PPP合同体系	本项目主要协议为PPP项目合同、资产租赁协议、合资协议、项目公司与其他第三方单位签订的各类合同（包括但不限于融资合同、设计合同、公共合同、监理合同、施工合同、委托运营合同等）。
	履约保障措施	磋商保证金 为保证磋商响应人在谈判过程中履行相应的义务，磋商响应人须提交谈判保证金。本项目磋商保证金的金额为人民币50万元，磋商保证金应于正式谈判开始之前规定时间汇入指定账户。 建设期履约保函 成交供应商在正式成交时，以银行保函的方式，向区老龄办缴纳200万元的履约保证金。建设期履约保函在乙方提交运营期履约保函之日到期，区老龄办应在到期日后5个工作日内解除建设期履约保函。 运营期履约保函 成交供应商在项目正式运营日起5个工作日内且在建设期履约保函解除之前，以银行保函的方式，按照每个养老服务中心网点2万元的标准，向区老龄办缴纳运营期履约保函，共计144万元。项目合同期满、达到验收标准完成移交且质量保质期结束后5个工作日内解除运营期履约保函。 保险 项目公司应在项目建设期和运营期购买适用保险，以避免、转移由于不可抗力的发生给项目造成的损失。
	政府批复实施方案时间	2015年6月11日
项目采购	采购方式	竞争性磋商	采购代理机构	北京中设泛华工程咨询有限公司
	采购完成时间	2015年6月19日	中标社会资本	江西鹭溪农业发展有限公司
	中标社会资本企业性质	民营		

续表

	项目公司名称	江西添福养老服务有限公司
项 目 执 行	项目公司 成立时间	2015年7月3日
	公司股权结构	赣州市场建设综合开发有限公司 作为政府出资代表出资640万元，占股20% 江西鹭溪农业发展有限公司 出资2 560万元，占股80%
	项目公司 治理结构	项目公司是具有独立法人资格的企业。项目公司的管理人员由社会资本方推荐给项目公司聘用，履行公司生产经营、组织管理、人事任免、财务管理的职责。赣州市场建设综合开发有限公司将代表章贡区政府向项目公司委派2位董事、1位监事、1位财务副总等董事、监事及高级管理人员，不向项目公司委派其他从事组织管理、生产经营管理和行政事务管理的人员。
	债务融资	国家开发银行对本项目进行了长期贷款支持，贷款期限15年，展期3年，贷款利率为五年期基准贷款利率4.9%上浮10%，即5.39%，项目公司的盈利能力能够满足还本付息要求。

二、项目识别及准备

（一）项目背景

当前，我国已经进入人口老龄化快速发展阶段，但养老服务业总体上存在着养老服务和产品供给不足、市场发育不健全、城乡区域发展不平衡等突出问题。为积极应对人口老龄化，加快发展章贡区养老服务业，不断满足老年人持续增长的养老服务需求，江西省赣州市章贡区人民政府决定发挥政府的指导和监管作用，简政放权，创新体制机制，激发社会活力，充分发挥社会力量的主体作用，引进社会投资人，采取PPP的模式建设和运营江西省赣州市章贡区社区（村）居家养老服务中心项目（以下简称本项目）。

章贡区是赣州市中心城区，现辖5个镇，4个街道办事处，84个社区，55个村委会，总人口73万。其中60周岁以上老人约13.75万，占总人口的18.84%，且每年老年人口数量以5%~6%的速度增长，人口老龄化程度高居全市之首。为此，章贡区高度重视养老事业发展，紧紧抓住赣南苏区振兴发展重大机遇，解放思想、内外兼修、创新思路、大胆开拓，将养老产业列入全区六大攻坚战项目之一，打开了养老事业发展的新局面。根据财政部、发改委发布的相关PPP项目文件精神，章贡区先行先试，将本项目定位为准经营性的PPP项目，是江西省首个居家养老PPP项目，国家开发银行重点支持、全国试点的社区居家养老项目，已被列入江西省2015年第一批政府和社会资本合作示范项目，2015年9月入选财政部第二批政府和社会资本合作示范项目，2017年12月入选国家发改委存量资产政府和社会资本合作模式示范项目。

（二）实施方案

1. 项目建设内容

本项目包括72个社区（村）居家养老服务中心，总建设规模50 518.14m²，主要建设内容包括生活服务用房、保健康复用房、娱乐用房、护理人员培训中心、智慧养老呼叫平台及其他用房等。本项目主要经济技术指标如表4-2所示。

表4-2　　　　　　　　主要经济技术指标

项目性质	新建	改建	已建	合计
网点数量（个）	10	59	3	72
建筑面积（m²）	7 120	42 312.14	1 086	50 518.14

（1）新建水西和乐社区居家养老服务中心等10个养老服务中心

水西和乐社区居家养老服务中心等10个新建养老服务中心的总建筑面积约7 120平方米，建设内容包括土建工程、装修改造、设备购置及安装等。10个新建养老服务中心情况如表4-3所示。

表4-3　　10个新建养老服务中心情况汇总

序号	项目名称	建设地点	房屋结构	总建筑规模（m²）
1	水西镇水西和乐社区居家养老服务中心	东三区	框架	600
2	沙河镇华林村居家养老服务中心	华林村	框架	300
3	水西镇水西联三村居家养老服务中心	灵一庙	砖混	200
4	沙河镇罗坑村居家养老服务中心	罗坑村委会	砖混	240
5	沙河镇沙河村居家养老服务中心	沙河村	框架	2 480
6	沙石镇沙石村居家养老服务中心	沙石镇联户建房旁	框架	1 000
7	东外街道东外社区居家养老服务中心	八一四大道6号	框架	300
8	水东镇菜园坝居家养老服务中心	时间公园	框架	500
9	水西镇石珠村居家养老服务中心	老村委会对面（原加工厂）	框架	300
10	沙河镇龙村村居家养老服务中心	谢屋组	框架	1 200
合计				7 120

（2）改建东外街道赖家围社区居家养老服务中心等59个养老服务中心

东外街道赖家围社区居家养老服务中心等59个改建养老服务中心的总建筑面积约42 312.14m²，建设内容包括装修改造、设备购置及安装等。59个改建养老服务中心情况如表4-4所示。

表4-4　　59个改建养老服务中心情况汇总

序号	项目名称	建设地点	房屋结构	总建筑规模（m²）
1	东外街道赖家围社区居家养老服务中心	黄屋坪路24号	框架	660
2	东外街道八零一社区居家养老服务中心	五龙岗103号	框架	3 200

案例4 江西省赣州市章贡区社区（村）居家养老服务中心项目

续表

序号	项目名称	建设地点	房屋结构	总建筑规模（m²）
3	东外街道牛岭社区居家养老服务中心	张家围路15号	砖混	600
4	南外街道大码头社区居家养老服务中心	文明大道92号	砖混	500
5	南外街道杨梅渡社区居家养老服务中心	天华御景苑（杨公路11号）	框架	320
6	南外街道三康庙社区居家养老服务中心	西郊路18号	砖混	800
7	南外街道二康庙社区居家养老服务中心	章江北大道140号	框架	260
8	赣江街道大公路社区居家养老服务中心	厚德路65号	框架	990
9	赣江街道厚德路社区居家养老服务中心	厚德路67号	框架	400
10	赣江街道孝义巷社区居家养老服务中心	小教场11号	框架	441
11	赣江街道小南社区居家养老服务中心	红旗大道42号	框架	400
12	赣江街道姚府里社区居家养老服务中心	厚德路93号	框架	900
13	赣江街道钓鱼台社区居家养老服务中心	大公路67号（二楼）	砖混	360
14	赣江街道蕨菜塘社区居家养老服务中心	大公路9号	砖混	7 000
15	解放街道八境路社区居家养老服务中心	丹桂井15号	砖混	360
16	解放街道解放路社区居家养老服务中心	濂溪路63号（方杆巷小区）	砖混	480

续表

序号	项目名称	建设地点	房屋结构	总建筑规模（m²）
17	水东镇正兴村居家养老服务中心	村委会三楼（赣州大桥与虎岗路交叉口）	框架	360
18	水东镇虎岗村居家养老服务中心	赣储公路2#返迁地	框架	240
19	水南镇长征路社区居家养老服务中心	金鹏怡和园	框架	449
20	水南镇建设路社区居家养老服务中心	中海地产	框架	610.74
21	水南镇瑞心花园居家养老服务中心	J21	框架	200
22	水西镇水西居委会社区养老服务中心	居委会旁	砖混	600
23	沙河镇坳下村居家养老服务中心	坳下村	框架	600
24	沙石镇沙石甘霖村居家养老服务中心	甘霖组	框架	200
25	沙石镇沙石龙埠村居家养老服务中心	烂泥坑组	框架	500
26	水南镇水南居家养老服务中心	B6地块	框架	490
27	东外街道张家围社区居家养老服务中心	文明大道4号（水泵厂返迁房）	框架	123
28	东外街道嘉苑社区居家养老服务中心	宝福苑路29号公租房小区A区	框架	270
29	南外街道大码头社区章江花园居家养老服务中心	嫁轩路（章江花园）	框架	500
30	南外街道南外社区居家养老服务中心	东阳山62号	框架	600
31	赣江街道荷包塘社区居家养老服务中心	厚德路22号	砖混	3 701.4
32	解放街道洪城巷社区居家养老服务中心	洪城巷2号	框架	600

案例4 江西省赣州市章贡区社区（村）居家养老服务中心项目

续表

序号	项目名称	建设地点	房屋结构	总建筑规模（m²）
33	解放街道和平路社区居家养老服务中心	健康路2号	砖混	800
34	解放街道尚书街社区居家养老服务中心	健康路8号2楼	框架	484
35	水东镇红星村居家养老服务中心	水东公租房	框架	600
36	水南镇馨港花园居家养老服务中心	馨港花园	框架	300
37	水南镇城市家园居家养老服务中心	城市家园	框架	300
38	水南镇瑞安花园居家养老服务中心	H3	框架	300
39	水南镇高楼村居家养老服务中心	K16	框架	600
40	水南镇长塘村居家养老服务中心	G4	框架	600
41	水西镇永安社区居家养老服务中心	永安村文化大院	砖混	300
42	水西镇横江村居家养老服务中心	原横江小学	砖混	300
43	沙石镇火燃村居家养老服务中心	老村委会	框架	300
44	沙石镇霞峰村居家养老服务中心	新屋下组	框架	200
45	东外街道渡口路社区居家养老服务中心	渡口路14号（原航运公司返迁房）	框架	561
46	东外街道泥湾里社区居家养老服务中心	文明大道东延返迁房	框架	1 200
47	东外街道桃子园社区居家养老服务中心	红旗大道21号	砖混	300
48	南外街道大塘背社区居家养老服务中心	东阳山路18号（原气压厂三区）	框架	500

续表

序号	项目名称	建设地点	房屋结构	总建筑规模（m²）
49	南外街道红环路社区居家养老服务中心	红旗大道63号赣纺小区	框架	600
50	南外街道肖园里社区居家养老服务中心	红旗大道94号越秀售楼部	框架	500
51	赣江街道天竺山社区居家养老服务中心	东郊路和磨角上交叉路	框架	1 200
52	解放街道西津路社区居家养老服务中心	藕塘里拆迁返迁地块4号楼	框架	252
53	水东镇水东村居家养老服务中心	赣储公路1#返迁地	框架	600
54	水东镇七里村居家养老服务中心	化工厂地块返迁	框架	600
55	水南镇沙角社区居家养老服务中心	宝能城	框架	600
56	水南镇腊长村居家养老服务中心	H19 H20	框架	600
57	水西镇保障房社区居家养老服务中心	水西镇保障房	框架	600
58	沙河镇沙河农民返迁房居家养老服务中心	沙河村	框架	600
59	沙石镇吉埠村居家养老服务中心	大塘面组	框架	800
合计				42 312.14

（3）已建赣江人民巷社区居家养老服务中心等3个养老服务中心

赣江人民巷社区居家养老服务中心等3个养老服务中心已建成，总建筑面积约1 086平方米，由区政府直接移交给项目公司进行运营维护管理。3个已建养老服务中心情况如表4-5所示。

表4-5　　　　　　　　3个已建养老服务中心情况汇总

序号	项目名称	建设地点	房屋结构	总建筑规模（m^2）
1	赣江街道人民巷社区居家养老服务中心	人民巷23号	框架	300
2	赣江街道东郊路社区居家养老服务中心	东方胜境	框架	500
3	南外街道滨江社区居家养老服务中心	帝景豪园小区	框架	286
合计				1 086

2. 各方的权利和义务

（1）政府方权利和义务

在项目工程建设期要求项目公司提交建设相关文件（包括但不限于施工文件、建设进度和质量控制报告等），并对项目设施的建设进行监督，如发现存在违约情况，有权根据PPP项目合同进行违约处理。

在本项目运营期要求项目公司提交运营记录并进入项目设施监督项目设施的运营和维护，如发现存在违约情况，有权根据PPP项目合同进行违约处理。

在合作期正常结束时，无偿取得本项目的项目设施。

在项目公司严重违约时，提前收回特许经营权，终止PPP项目合同，并向项目公司支付相应收购金。

在本项目建成后按照PPP项目合同规定的支付时间、方式和数量及时支付可行性缺口补助。

在项目公司提出可行性缺口补助调整申请后，应按照PPP项目合同的约定对可行性缺口补助规模进行调整。

（2）社会资本方权利和义务

特别说明：社会资本方的权利和义务在项目公司成立之后由项目公司承继。

项目公司在区老龄办的指导和监督下，自觉接受相关部门的行业管理和运营财务、安全等综合监管，主要权利和义务如下：

全过程负责项目的规划选址、方案设计，并按照确定的建设规模、内容和标准组织实施，确保项目质量，按期投入运营使用。

负责项目建设和运营资金的筹措到位，可争取银行等金融机构贷款，并按期还本付息。

专门成立项目管理团队架构，优化项目投资、运营结构，提供成熟的运营管理机制，保证所有养老服务中心网点的正常运转和高效服务。

通过章贡区"智慧社区"信息化、智能化养老服务平台，建设适合老年人的社区养老智能化、居家养老信息化的智慧养老服务系统。

按规定办理项目建设和运营所需的相关手续。

建立财经管理制度和安全生产、服务管理等规章制度，做到服务管理安全规范、财务管理账目清楚、收支有据。

无偿或有偿提供居家养老服务项目，主要如下：

ⅰ 文化娱乐服务（无偿服务）：组织开展各种有益身心健康的娱乐、健身活动和健康养老知识讲座。

ⅱ 卫生保健服务（无偿服务）：量血压、健康咨询、定期上门体检等。

ⅲ 日间照料服务（有偿服务）：主要面向家庭日间无人照料或无力照护的社区老年人，提供社区日间照料、老年康复文体活动等服务。

ⅳ 日常生活照料（有偿服务）：提供老年供餐食堂，同时上门为老人提供助餐、助浴、助洁、助急、助医等定制服务。

ⅴ 精神慰藉服务（有偿服务）：上门与老人谈心聊天、读书读报、心理疏导等情感交流、心理沟通服务、康复理疗服务。

ⅵ 家政服务（有偿服务）：更换水龙头、修理水管、家电维修、疏通下水道、擦玻璃等。

ⅶ 智慧养老服务（无偿服务和有偿服务）：通过章贡区"智慧社区"养老服务平台，提供社区养老智能化、居家养老信息化服务，如紧急呼叫、健康咨询等无偿服务，提供家政预约、物品代购、法律咨询、服务缴费等有偿服务。

ⅷ建立成熟的医疗护理机制，与区域内二甲（含）以上医院签订合作协议，开通老年人就医绿色通道。

ⅸ有权申请享受政府各类政策性优惠、政府补贴、资金补助、社会捐赠等。

ⅹ负责服务网点内老年人日常管理以及相关的家属协议纠纷、负责财务管理和安全管理，承担相关的经济、民事及安全责任。

ⅺ对社区居家养老项目基本服务设备设施享有使用权、自主运营管理权，要加强日常维修维护，保证资产设备的完好使用，合作期满应全部完好归还。未经同意，不得擅自装修改造房屋建筑，不得擅自处置设备设施。

ⅻ因运营需要对房屋建筑进行装修改造的，须向江西省赣州市章贡区国有资产管理局（以下简称"区国资局"）提交书面报告，说明装修改造的必要性和可行性、具体内容、设计方案、工程预算等，经区国资局会同区老龄办批准同意后，在不改变现有建筑框架结构和建筑风格、不降低服务标准和质量的前提下，对现有设施进行调整、装修、改造。

3. 投融资结构

（1）股权债权结构

项目自筹资金不低于项目总投资的20%；剩余项目资金可由项目公司向金融机构申请贷款，约12 800万元。项目公司可以项目预期收益质押贷款等方式向金融机构进行长期融资。

（2）项目公司股权结构

本项目通过竞争性磋商采购方式选定供应商后，将由成交供应商和赣州市场建设综合开发有限公司合资成立项目公司，其中，赣州市场建设综合开发有限公司占项目公司的股权比例为20%，成交供应商的股权比例为80%。

4. 土地取得方式

项目公司在项目合作期内将以租赁的方式获得本项目土地使用权。

项目公司以租赁方式取得的土地使用权是为特定的公共基础设施服务的，因此为了防止社会资本利用所占用的土地或房产从事提供公共服务以外的经营活动，在PPP项目合同中将明确该等土地使用权只能用于该项目的居家养老服务。若社会资本在不影响项目产出的前提下，可以报经区老龄办批准后从事其他的经营性活动。

5. 资产权属

本项目建设期内投资建设形成的项目资产，以及本项目运营期内因更新重置或升级改造投资形成的项目资产的所有权归项目公司所有。

6. 回报机制和价格调整机制

（1）回报机制

本项目属于准经营性项目，服务定价较低，项目经营收费（即使用者付费）无法使社会资本获取合理收益，甚至无法完全覆盖项目公司的建设和运营成本，需要政府提供资金或资源等多种形式的补助，以弥补使用者付费之外的缺口部分，使项目具备商业上的可行性。本项目将采用可行性缺口补助机制，由区政府提供基本补助、民生补贴及其他运营补助等，保证项目公司收回成本并获得合理收益。

①政府基本补助

本项目的政府基本补助是指在合作期限内，项目公司根据《赣州市人民政府关于加快发展养老服务业的实施意见》对每年正式投入运营的养老服务中心按照政府批准的补助标准向区老龄办申请政府基本补助，用于补贴养老服务中心日常运行管理。例如管理社区养老服务中心场所；组织开展各种有益身心健康的娱乐健身活动和健康养老知识讲座；提供卫生保健服务、量血压、健康咨询等。政府基本补助标准如表4-6所示。

表 4-6　　　　　　　　　政府基本补助标准

养老服务中心类型	数量（个）	补助标准（万元/年）
与社区合署办公的	19	2
有配餐，不与社区一起的	30	4
功能齐全的	24	6

②政府民生补贴

本项目的政府民生补贴是指在合作期限内，区老龄办根据《赣州市人民政府关于加快发展养老服务业的实施意见》对项目覆盖范围内的居家重点老年人对象，即"三无""低保""困难失能老年人"等60周岁以上的重点优抚对象，按照政府民生补贴标准发放一定数额的指定消费范围的居家养老服务券，向项目公司购买特定养老服务项目，并承诺项目公司每年按照当年老年人实际消费并支付的养老券总额向区老龄办申请等额兑现。本项目政府民生补贴标准如表4-7所示。

表 4-7　　　　　　　　　政府民生补贴标准

类型	项目覆盖范围总人数	补贴标准（元/人·月）
对"三无"老人、低保老人用餐补贴	1 081	100
对60周岁以上城市困难失能老人的护理补贴	513	200
对成为会员的城市老人爱心慰问补贴	70 779	60

③其他运营补助

本项目的其他运营补助是指在合作期限内，除去政府基本补助、政府民生补贴以外，为保证社会资本获取合理收益而需要区政府弥补的缺口部分。该补助按照PPP项目合同约定的补助标准、时间和方式兑现。

(2) 价格调整机制

本项目合作期长，在项目实施过程中可能出现各种因素，导致项目公司收益明显低于或高于预期。为此，需要建立合理的价格调整机制来应对此类风险。本项目可采取以下两种价格调整机制：

第一，对于通货膨胀因素导致的成本波动，将设立定期调价公式的方式进行双向调节，原则上每三年调整一次。本项目进入商业运营日所在的当年不予计算,自第一个完整财务年度(指自商业运营期所在年度的下一年的1月1日至12月31日)开始起算,每三个财务年度调整一次。

项目公司在第3n个财务年度12月31日对提供的有偿服务的基本单价进行第n次调价,具体调价公式如下:

$$P_{n+1} = P_n \times K_{n+1} (n = 1,2,3,\cdots)$$

其中:P_n表示上期调整后的服务基本单价。P_{n+1}表示当期调整后的服务基本单价。K_{n+1}表示当期调价系数,

$$K_{n+1} = C_1 \times \frac{E_{n+1}}{E_n} + C_2 \times \frac{L_{n+1}}{L_n} + C_3 \times \frac{CPI_{n+1}}{CPI_n}$$

调价系数C_1、C_2、C_3依次对应的是电费、工资福利费、其他直接运营成本各自占营业成本的权重。与调价系数相对应的乘积项E_{n+1}/E_n、L_{n+1}/L_n、CPI_{n+1}/CPI_n分别反映的是C_1、C_2、C_3对应成本项的当期水平与上期水平之比,通过搜集调价当期的实际成本水平(如执行的电价)或统计机关发布的相关数据(上一年在岗职工平均工资、赣州市居民消费价格指数等)计算确定,具体如下:E_{n+1}/E_n = 当期执行电价/上期执行电价;L_{n+1}/L_n = 当期赣州市在岗职工平均工资/上期赣州市在岗职工平均工资;CPI_{n+1}/CPI_n = 当期赣州市居民消费价格指数/上期赣州市居民消费价格指数。

第二,对于政策、标准的调整,税收价格政策的变动,将在对投资进行审计和成本进行监审的基础上,通过一事一议协商机制解决。

7. 项目移交安排

项目移交形式分为项目运营期满移交和项目提前移交两种形式。项目移交时,应由项目公司各方责任主体组建项目移交工作组,委托具有相关资质的资产评估机构,对移交资产进行资产评估和性能测试。对性能测试结果不达标的,移交工作组应要求社会投资人进行恢复性修理、更新重置或提取移交维修保函。项目移交时,由区老龄办牵头按照"恢复相同经济地位"的原则,厘清项目公司资产产权结构,拟定项目移交补偿方案,

报章贡区人民政府审批同意后实施移交,移交给区老龄办。

移交内容包括项目资产、人员、文档和知识产权等;移交标准包括设备完好率和最短可使用年限等指标。社会投资人应将满足性能测试要求的项目资产、知识产权和技术法律文件,连同资产清单移交给区老龄办,办妥法律过户和管理权移交手续。社会投资人应配合做好项目运营平稳过渡相关工作。

8. 风险分配

按照风险分配优化、风险收益对等和风险可控等原则,综合考虑政府风险管理能力、项目回报机制和市场风险管理能力等要素,在政府和社会资本间合理分配项目风险。原则上,项目设计、建造、财务和运营维护等商业风险由社会资本承担,法律、政策等风险由政府承担,不可抗力等风险由政府和社会资本合理共担。政府和社会资本合理分配项目风险,具体风险分配方式如表4-8所示。

表4-8　　　　　　　　　　风险分配

风险类型	概述	风险分担及控制
土地获取风险	项目土地或房产在合作期内是否可正常使用。	由政府承担,保证社会资本在合作期内可正常使用。
项目审批风险	项目立项、施工准备、竣工验收等各环节合规、合法性。	项目立项审批相关风险由政府负责承担; 项目施工准备手续、竣工验收工作相关风险由项目公司承担。
建设风险	项目设计是否合理,建设成本会否超支,项目能否按时完工,建设质量能否得到保障等。	主要由社会资本承担,并要求购买有关商业保险、提交建设期履约保函、签订固定总价合同等; 政府方可通过监理、招标等方式加强过程监督,确保选择合格的设计/施工单位。
建设风险	因征地拆迁或程序审批等原因导致项目无法开工,或工期延误。	由政府方承担,给予社会资本必要的工期延误宽限。

续表

风险类型	概述	风险分担及控制
试运行风险	能否通过各项审批顺利进入试运行阶段，试运行能否实现稳定达标运行从而达到商业运营的标准。	因技术、管理原因所致由社会资本承担，将商业运营和付费开始时点与试运行合格挂钩；因提高服务标准、行政干预等公共部门原因所致则应由政府方承担，给予合理的成本补偿。
运营风险	设备设施是否正常运转、项目产出能否达到既定绩效标准、运营成本能否得到合理控制、管理是否到位、是否对环境造成二次污染等。	由社会资本承担，在相关合同中明确关于固定资产维护与大修理的条款，明确绩效标准并与可行性缺口补助严格挂钩，要求购买有关商业保险；因提高服务标准、行政干预等公共部门原因所致则应由政府方承担，给予合理的成本补偿。政府加强日常考核和定期绩效评估。
财务风险	融资失败，融资成本较高，财务管理不善。	由社会资本承担，提出一定比例的资本金要求，督促项目公司制定和落实合理的资金投入与使用计划；政府方给予必要的融资便利，选择财务实力较强的社会资本合作。
市场风险	包销风险。	由社会资本承担，可通过加强宣传、提升服务质量等措施降低包销风险。政府方可加强养老服务的宣传力度，帮助提升项目公司的市场影响力。
市场风险	通货膨胀风险。	由政府方承担，通常通过定期调价公式予以抵消物价变动影响。
不可抗力风险	不能预见、不能避免并不能克服的客观情况所带来的风险，如地震、洪水等自然灾害等。	政府方和社会资本共同分担，可要求社会资本购买商业保险转移风险，同时约定应急处置程序，将损失控制到最小范围。
政策/法律变更风险	如项目执行的政策/法律、技术标准发生变更，导致项目投资或成本增加等。	由政府方承担，并在项目协议中明确与现行法律法规、行业标准及其变更相一致的条款。
政治风险	政治环境的变化、主政官员的更迭。	由政府方承担，尊重契约、加强长效机制建设。

9. 项目提前终止处理机制

在合作期内，如果发生不可抗力、项目公司违约事件或实施机构违约事件，守约方均可向对方提出协议终止意向并就此进行协商。若双方在一定时间内协商一致，则双方应继续履行 PPP 项目合同规定的各自义务，否则守约方可以向对方提出协议终止通知，以提前终止 PPP 项目合同。

合作期提前终止，项目公司应将项目设施按照提前终止时的状态全部移交给区政府或其指定机构，其中在移交期间或新的特许经营者接管项目设施之前，项目公司应接受区政府或其指定机构的委托继续提供居家养老服务。

PPP 项目合同提前终止，政府方应按合同约定向项目公司支付合理补偿金，政府方对于项目公司的补偿须以项目公司还清所有负债为前提。根据 PPP 项目协议中约定的补偿公式计算出的补偿金额为负值时，项目公司应向政府方支付补偿金。

三、物有所值评价和财政承受能力论证

（一）物有所值评价

以《PPP 物有所值评价指引（试行）》（财金〔2015〕167 号）为指导，针对项目进行物有所值评价分析。物有所值评价是判断是否采用 PPP 模式代替政府传统采购模式实施基础设施及公共服务项目的一种评估方法。本项目物有所值评价主要围绕定性分析展开。

1. 物有所值评价指标选择标准

物有所值定性分析遵循真实、公允、客观、公正的原则，重点关注项目采用 PPP 模式与政府传统采购模式相比能否增加供给、优化风险分配、提高运营效率、促进创新和公平竞争等，根据上述原则选择物有所值评价

指标。

2. 物有所值评价指标评分表

章贡区财政局会同区老龄办根据项目具体情况在专家评分表已给定的基本指标及其权重基础上，组织确定6项附加指标及其权重，附加指标权重之和为30%。本项目物有所值定性评价体系如表4-9所示。

表4-9　　　　　　　　物有所值定性评价体系

	指标	权重（%）	评分	加权分
基本指标	全生命周期整合程度	15		
	风险识别与分配	15		
	绩效导向	15		
	潜在竞争程度	15		
	鼓励创新	5		
	政府机构能力	5		
	基本指标小计	70		
补充指标	资产规模	5		
	项目资产寿命	5		
	项目资产种类	5		
	全生命周期成本估计准确性	5		
	政策环境	5		
	资产利用及收益	5		
	补充指标小计	30		
	加权总分	100		

专家签字：

3. 物有所值定性评价方法

（1）专家选择方法

由于章贡区政府采购专家库中的专家以设备、工程采购类专家为主，很难选择到适合该项目类型的评审专家。鉴于此，该项目物有所值评价专家小组将通过区财政局会同区老龄办自行选择。

（2）专家小组构成

区财政局会同区老龄办，选取 6 名物有所值评价专家，组成专家小组，并确定组长。专家小组至少包括养老、工程技术、金融、项目管理和法律专家各 1 名。

（3）组织专家小组评价会议

区财政局会同区老龄办组织召开专家小组会议。定性分析所需资料将在专家小组会议召开之前 5 个工作日送达专家。专家按照指标并参考评分标准，对项目进行评分。在专家评分中，去掉一个最高分和一个最低分，计算平均分，作为评分结果，形成专家小组意见。

（4）做出定性分析报告

区财政局会同区老龄办根据评分结果和专家小组意见，做出定性分析结论。原则上，评分结果在 60 分（含）以上的，项目通过物有所值定性分析；否则，项目不宜采用 PPP 模式。

4. 物有所值定性评价结果

根据评分规则，该项目专家评分中去掉一个最高分和一个最低分后，专家评分结果为 74.325 分。该评分结果符合物有所值定性评价通过的条件。

5. 项目物有所值评价结论

（1）项目基本指标评价结论

根据对项目基本指标分析评价，该项目的全生命周期整合程度、风险识别与分配、潜在竞争程度、鼓励创新和政府机构能力 5 个指标的评分相对较高，绩效导向的指标因项目运营维护和产出的要求和标准目前尚未完全确定，评分相对较低，后续将开展全面深入的研究。

总体来看，项目基本指标总体情况符合"通过"的要求。

（2）项目附加评价结论

根据对项目附加指标分析评价，该项目的项目资产寿命、项目资产种类、政策环境和资产利用及收益等评价指标的评价得分相对较高；项目资产规模、全生命周期成本估计准确性等评价指标的评分相对较低，这与项目实际情况紧密相关。总体来看，项目附加指标总体情况符合"通过"的要求。

（3）项目物有所值定性分析综合评价结论

根据项目物有所值定性分析评价，该项目符合物有所值定性评价通过的条件，可以采用 PPP 模式进行操作。

（二）财政承受能力评价

在项目全生命周期过程中的财政支出责任，主要包括股权投资、运营补贴、风险承担、配套投入等。

1. 支出测算

（1）股权投资支出责任

该项目总投资为 16 000 万元，章贡区政府授权赣州市场建设综合开发有限公司（章贡区城市建设投资开发有限公司下属子公司）作为项目政府方出资代表，和社会资本共同出资成立项目公司，项目资本金为总投资的 20%，约 3 200 万元，其中政府出资 640 万元（股权占比 20%），社会资本出资 2 560 万元（股权占比 80%）。

股权投资支出是指在政府与社会资本共同组建项目公司的情况下，由政府承担的股权支出。

股权投资支出 = 项目资本金 × 政府占项目公司股权比例
= 3 200 × 20% = 640（万元）

（2）运营补贴支出责任

运营补贴支出责任是指在项目运营期间，政府承担的直接付费责任。不同付费模式下，政府承担的运营补贴支出责任不同。政府付费模式下，政府承担全部运营补贴支出责任；可行性缺口补助模式下，政府承担部分运营补贴支出责任；使用者付费模式下，政府不承担运营补贴支出责任。

该项目属于可行性缺口补助模式,在项目运营补贴期间,政府承担部分直接付费责任。政府每年直接付费数额包括:社会资本方承担的年均建设成本(折算成各年度现值)、年度运营成本和合理利润,再减去每年使用者付费的数额。计算公式为:

$$\begin{aligned}\text{当年运营补贴支出数额}\ T_n =\ & \text{社会资本承担的建设成本} \times (1+\text{合理利润率}) \\ & \times (1+\text{年度折现率})^n / \text{财政运营补贴周期(年)} \\ & + \text{年度运营成本} \times (1+\text{合理利润率}) \\ & - \text{当年使用者付费数额}\end{aligned}$$

其中,社会资本承担的建设成本为项目总建设投资除去政府的股权投资支出,合理利润率参照5年以上贷款利率4.9%,年度折现率参照2014年江西省地方政府债券(三期)的利率(10年期),为4.27%。

根据项目可行性研究报告财务测算的数据进行计算,15年项目生命周期中的每年政府运营补贴支出具体如表4-10所示。

表4-10　　　　　政府运营补贴支出情况　　　　　单位:万元

年度	1	2	3	4	5
当年运营补贴支出	1 179.46	1 663.52	2 006.17	3 095.40	2 628.14
年度	6	7	8	9	10
当年运营补贴支出	2 500.11	2 064.96	1 699.12	1 335.89	1 316.11
年度	11	12	13	14	15
当年运营补贴支出	1 080.20	1 014.52	939.97	501.26	391.30

(3) 风险承担支出责任

风险承担支出在充分考虑各类风险出现的概率和带来的支出责任的基础上计算得出,可采用比例法、情景分析法及概率法。在各类风险支出数额和概率难以进行准确测算的情况下,可以按照项目的全部建设成本和一定时期内的运营成本的一定比例(风险比率)确定风险承担支出。

该项目较为适宜采用比例法计算风险承担支出,比例的确定可参考预备费的确定。该项目中,章贡区政府承担的风险如表4-11所示,由物有所值评价中可知,该项目在前期已进行了较为深入的风险识别工作,预计其中的绝大部分风险或全部主要风险将在政府与社会资本合作方之间进行明确和合理分配。其中章贡区政府承担的风险主要为法律、政策等方面的风险,相对社会资本而言,所承担的风险较小。

总体而言,该项目的风险较小,可确定整个项目的风险比率为5%,此外,由于章贡区政府承担的是相对少部分的风险,则在计算其承担的风险支出时,风险比率确定为2%。项目生命周期中每年章贡区政府的风险承担支出如表4-11所示。

表4-11　　　　　　　　政府风险承担支出情况　　　　　　单位：万元

年度	1	2	3	4	5
风险承担支出	24.24	39.20	53.19	83.93	96.02
年度	6	7	8	9	10
风险承担支出	103.25	113.23	121.69	131.74	134.34
年度	11	12	13	14	15
风险承担支出	145.29	147.74	150.21	159.66	162.35

(4) 配套投入支出责任

配套投入支出责任应综合考虑政府将提供的其他配套投入总成本和社会资本方为此支付的费用。配套投入支出责任中的土地等实物投入或无形资产投入,应依法进行评估,合理确定价值。

该项目的所有网点的土地与建筑物均由章贡区政府提供,故此类资产的使用价值应作为章贡区政府提供的配套投入支出。项目分三年建成,第一年可投入使用的建筑面积为23 906m^2（其中,村镇网点的建筑面积为600m^2）,第二年可投入使用的建筑面积为38 705m^2（其中,村镇网点的建筑面积为1 200m^2）,第三年项目全部建成,总建筑面积为50 518m^2（其中,农村网点的建筑面积为12 820m^2）。

其中隶属于区政府下的土地和建筑物交由项目公司无偿使用,隶属于企事业单位和市政府下的土地和建筑物未来根据实际情况收取租金,但目前无法准确估算哪些项目网点的土地和建筑物资产为有偿使用,暂按照全部租金成本的50%确定区政府每年的配套支出责任。

该项目为公益性项目,所以按照居住用房租金来测算章贡区政府对项目所使用土地和建筑物的配套投入支出;居住用房租金的标准参考赣州市的一般居住用房租金标准,即 20 元/(月·m^2),村镇项目网点的土地和建筑物的租金较城区低很多,本报告中设定为 5 元/(月·m^2)。项目生命周期中每年章贡区政府的配套投入支出经测算如表 4-12 所示。

表 4-12　　　　　　　　政府配套投入支出情况　　　　　　　单位:万元

年度	1	2	3	4	5
配套投入支出	281.48	453.66	490.84	520.29	520.29
年度	6	7	8	9	10
配套投入支出	520.29	551.51	551.51	551.51	584.60
年度	11	12	13	14	15
配套投入支出	584.60	584.60	619.67	619.67	619.67

2. 项目预算支出责任

根据以上分析,在项目生命周期中,每年章贡区政府对于该项目的预算支出责任如表 4-13 所示。

表 4-13　　　　　　　　政府总预算支出情况　　　　　　　单位:万元

年度	1	2	3	4	5
项目预算支出	2 125.18	2 156.38	2 550.20	3 699.62	3 244.45
年度	6	7	8	9	10
项目预算支出	3 123.65	2 729.70	2 372.32	2 019.14	2 035.05
年度	11	12	13	14	15
项目预算支出	1 810.09	1 746.86	1 709.86	1 280.59	1 173.32

3. 财政承受能力评估

财政承受能力评估包括财政支出能力评估以及行业和领域平衡性评估。

(1) 财政支出能力评估

财政支出能力评估，是根据 PPP 项目预算支出责任，评估 PPP 项目实施对当前及今后年度财政支出的影响。评价的标准是，每一年度全部 PPP 项目需要从预算中安排的支出责任，占一般公共预算支出比例应当不超过 10%；在进行财政支出能力评估时，未来年度一般公共预算支出数额可参照前五年相关数额的平均值及平均增长率计算。通过测算，可以看出该项目在 15 年生命周期中，占章贡区政府一般公共预算支出均未超过 1.5%，并且未来随着章贡区财政能力的提升，该项目的预算支出责任占政府一般公共预算支出的比例越来越小，最后三年甚至降至 0.4% 以内；目前章贡区政府计划实施的 PPP 项目只有本项目，如未来章贡区政府能够审慎选择项目进行 PPP 模式操作，那么每一年度全部 PPP 项目需要从预算中安排的支出责任，占一般公共预算支出比例超过 10% 的可能性极低。

由此可以判断，该项目的实施对章贡区政府当前及今后年度的财政支出影响较小，章贡区政府有能力承担对该项目的财政支出责任。本项目预算占一般公共预算支出比例如表 4-14 所示。

表 4-14　　项目支出责任占一般公共预算支出比例

年度	一般公共预算支出（万元）	本项目预算支出责任（万元）	支出比例（%）
2010	116 154		
2011	173 114		
2012	203 294		
2013	271 316		
2014	283 244		
2015	297 406	2 416	0.81
2016	312 277	2 609	0.84
2017	327 890	3 040	0.93
2018	344 285	4 219	1.23
2019	361 499	3 764	1.04
2020	379 574	3 643	0.96
2021	394 757	3 280	0.83

续表

年度	一般公共预算支出（万元）	本项目预算支出责任（万元）	支出比例（%）
2022	410 547	2 923	0.71
2023	426 969	2 570	0.60
2024	444 048	2 619	0.59
2025	458 257	2 394	0.52
2026	472 922	2 330	0.49
2027	488 055	1 899	0.39
2028	503 673	1 899	0.38
2029	519 791	1 792	0.34

（2）行业和领域平衡性评估

行业和领域平衡性评估，是根据PPP模式适用的行业和领域范围，以及经济社会发展需要和公众对公共服务的需求，平衡不同行业和领域PPP项目，防止某一行业和领域PPP项目过于集中。在章贡内，该项目为唯一的PPP养老项目，并未造成在养老行业领域内PPP项目过于集中。

通过对该项目进行责任识别，并对四类支出责任进行详细测算，得出15年项目生命周期内每年政府需要承担的财政支出责任；同时，结合章贡区政府2010~2014年的一般公共预算支出情况，对2015~2029年章贡区政府的一般公共预算支出进行详细预测；然后进行对比分析可知章贡区政府有能力承担对本项的财政支出责任。

此外经过行业和领域均衡性评估可知，该项目的实施并未造成在养老行业领域PPP项目过于集中。

综合以上分析，该项目的财政承受能力论证结果为"通过论证"。

四、项目采购

（一）采购方式选择

本项目通过竞争性磋商方式选定资金实力强、社会信誉好的社会投资

人。本项目采用竞争性磋商方式,基于以下考虑:

第一,竞争性磋商在"竞争报价"阶段,采用了类似公开招标的"综合评分法",有别于竞争性谈判的"最低价成交"。其在需求完整、明确的基础上实现合理报价和公平交易,避免竞争性谈判的最低价成交可能导致的恶性竞争,并使得相关当事人把"磋商"的主要目标及"内功"用于服务范围、服务质量、服务体系的优劣评价上,最终达到"质量、价格、效率"的统一。

第二,竞争性磋商阶段对响应文件进行磋商和评定,目的是适应纷繁复杂的采购工作,解决可能出现的在某些知识点上采购方不如供应商专业的情形,同时在某种程度上解决了信息不对称的问题。

第三,竞争性磋商进一步赋予了磋商小组合法性审查权,即当磋商小组发现磋商文件内容违反国家有关强制性规定时,有权而且应当停止评审,并向采购人、采购代理机构说明情况。

(二)资格预审

1. 资格预审条件

2015年,本项目采购人——江西省赣州市章贡区老龄工作委员会办公室对该项目进行资格预审。

对社会资本的资格要求:

(1) 设立要求

依法成立并有效存续的境内外企业法人,无不良信用记录。

(2) 符合法律规范

符合《中华人民共和国政府采购法》第二十二条的规定:具有独立承担民事责任的能力;具有良好的商业信誉和健全的财务会计制度;具有履行合同所必需的设备和专业技术能力;有依法缴纳税收和社会保障资金的良好记录;参加政府采购活动前三年内,在经营活动中没有重大违法记录;法律、行政法规规定的其他条件。

(3) 业绩要求

具有从事社会养老、家政服务、餐饮配送、物业管理等方面之一的业绩和经验。

(4) 运营管理要求

申请人应出具书面承诺，承诺在正式成交之后，依据中国适用法律的规定与项目授权主体组建项目公司，在合作期限（特许经营期15年，最终以采购文件为准）内，负责项目的投融资、建设、运营管理及移交工作等，并在项目合同约定期满后，将PPP项目无偿移交给项目实施机构。

(5) 法人资格要求

独立申请人：在中国境内外依法注册的企业法人，且合法存续，没有处于被吊销营业执照、责令关闭或者被撤销等不良状态。

联合体申请人：联合体各成员均为在中国境内外依法注册的企业法人，且合法存续，没有处于被吊销营业执照、责令关闭或者被撤销等不良状态。

区政府下属的政府融资平台公司及其控股的其他国有企业（上市公司除外）不得作为PPP项目的申请人，但可以作为区政府的授权机构，参与社会资本设立的项目公司，并且在项目公司中的持股比例应当低于50%。

资格审查时须提供申请人营业执照副本（全本）、组织机构代码证、基本账户开户许可证。

(6) 商业信誉要求

独立申请人：商业信誉良好，在经济活动中无重大违法违规行为，近三年内（如申请人成立不足三年，应自成立之日起）财务会计资料无虚假记载、银行和税务信用评价系统中无不良记录，且未被江西省财政厅、江西省住房和城乡建设厅禁止进入江西省政府采购市场或江西省工程建设市场，同时未被赣州市章贡区财政局、赣州市章贡区城乡建设局禁止进入章贡区政府采购市场或章贡区工程建设市场的。

联合体申请人：联合体各成员均商业信誉良好，在经济活动中无重大违法违规行为，近三年内（如申请人成立不足三年，应自成立之日起）

财务会计资料无虚假记载、银行和税务信用评价系统中无不良记录，且未被江西省财政厅、江西省住房和城乡建设厅禁止进入江西省政府采购市场或江西省工程建设市场，同时未被赣州市章贡区财政局、赣州市章贡区城乡建设局禁止进入章贡区政府采购市场或章贡区工程建设市场的。

资格审查时须提供申请人及法定代表人所在地中国人民银行出具的企业及个人征信报告，并提供申请人所在地县级以上检察机关开具的无行贿犯罪记录查询结果材料。

（7）依法纳税要求

独立申请人：申请人依法办理税务登记，近三年内均已依法纳税，没有偷税漏税的行为。

联合体申请人：联合体各成员均依法办理税务登记，近三年内均已依法纳税，没有偷税漏税的行为。

资格审查时须提供申请人税务登记证，以及申请人所在地有关部门出具的近三年（如申请人成立不足三年，应自成立之日起）纳税证明。

（8）财务会计制度要求

独立申请人：财务会计制度健全，符合党和国家的财经政策、法令和制度，符合《企业会计准则》的要求；具有完善的会计核算办法、会计档案管理办法等企业财务会计制度，近三年内（如申请人成立不足三年，应自成立之日起）依法编制财务会计报表和财务会计报告。

联合体申请人：联合体各成员财务会计制度健全，符合党和国家的财经政策、法令和制度，符合《企业会计准则》的要求；具有完善的会计核算办法、会计档案管理办法等企业财务会计制度，近三年内（如申请人成立不足三年，应自成立之日起）依法编制财务会计报表和财务会计报告。

资格审查时须提供申请人近三年（如申请人成立不足三年，应自成立之日起）经审计的财务会计报表和财务会计报告。

（9）联合体成员数量要求

本次资格预审接受联合体资格预审申请。联合体所有成员数量不得超过2家，且联合体牵头人应当作为项目公司的控股方。

2. 资格预审方法

本次资格预审采用合格制。

3. 资格预审入围情况

本项目有 3 个社会资本入围资格预审，分别为：江西鹭溪农业发展有限公司、新余市银河园老年服务中心、南昌市社会福利院老年颐养中心。

（三）竞争性磋商采购程序及结果

1. 磋商时间、地点及成员名单

磋商时间：2015 年 5 月 25 日上午 9:30。
磋商地点：江西省赣州市章贡区公共资源交易中心开标室。
磋商小组成员名单：杨晓春、郝春水、边俊杰、戴华松、李莲花。
采购结果确认谈判工作组成员名单：区老龄办代表、区财政局代表、区城建局代表、区民政局代表、区法制办代表、区国资局代表、区建投公司代表、法律专家。

2. 成交标的内容

成交供应商与项目授权主体赣州市场建设综合开发有限公司新组建的项目公司提供江西省赣州市章贡区社区（村）居家养老服务中心项目的融资、投资、建设、运营维护管理和移交等项目全生命周期服务，合作期限为 15 年（含建设期 3 年）。区政府通过可行性缺口补助机制保证项目公司的合理收益。

3. 成交结果

成交供应商名称：江西鹭溪农业发展有限公司。

成交供应商地址：江西省赣州市章贡区赣江源大道与红都大道交界处星海天城写字楼三楼。

成交供应商法人代表：张继斌。

成交金额：10 496 万元人民币。

4. 合同签约

2015年6月24日，章贡区社区（村）居家养老服务中心PPP项目合同在赣州正式签约。

五、项目执行

（一）项目公司设立

1. 公司概况

公司名称：江西添福养老服务有限公司。

注册地址：江西省赣州市章贡区西郊路18号。

注册资本：3 200万元。

成立日期：2015年7月3日。

2. 公司治理结构

（1）股权结构

赣州市场建设综合开发有限公司，作为政府方出资代表，出资640万元，股权占比20%；

江西鹭溪农业发展有限公司，为中标社会资本方，出资2 560万元，股权占比80%。

（2）项目公司治理结构

项目公司是具有独立法人资格的企业。项目公司的管理人员由社会资本方推荐给项目公司聘用，履行公司生产经营、组织管理、人事任免、财务管理的职责。

赣州市场建设综合开发有限公司将代表章贡区政府向项目公司委派2位董事、1位监事、1位财务副总等董事、监事及高级管理人员，不向项目公司委派其他从事组织管理、生产经营管理和行政事务管理的人员。

项目公司设股东会，股东会在行使其职权时，不按照出资比例行使表决权。在不损害社会公众、政府、赣州市场建设综合开发有限公司的重大利益的情况下，赣州市场建设综合开发有限公司授权社会资本行使股东表决权，由此产生的责任和义务由社会资本承担。

项目公司设董事会，董事会由5名董事组成，其中3名由社会资本方提名，2名由赣州市场建设综合开发有限公司提名。董事会设董事长1名，由董事会选举产生。董事会向股东会负责并报告工作。项目公司设监事会，监事会成员为3人，其中社会资本和赣州市场建设综合开发有限公司各委派1名，另设1名职工代表监事，职工代表监事由项目公司通过职工代表大会、职工大会或其他形式选举产生。监事会主席按照有关规定和程序选举产生。

（二）项目融资情况

1. 引入产业基金情况

项目引入了国开发展基金，以增资方式进入项目公司，是真实股权性投资，并作出了合理的退出安排，项目的贷款银行为国家开发银行，国开发展基金的退出与项目贷款的要求匹配良好。

2. 项目获得了稳定的中长期债务融资

国家开发银行对本项目进行了长期贷款支持，贷款期限15年，展期3年，贷款利率为五年期基准贷款利率4.9%上浮10%，即5.39%，项目公司的盈利能力能够满足还本付息要求。

（三）项目进度

1. 项目实施进度

章贡区社区（村）居家养老服务中心 PPP 项目自发起以来，严格按照 PPP 项目的项目发起、项目论证、项目批准、社会资本选择等规范环节有序推进，先后完成了项目可行性研究报告、实施方案等规范性文件编制。

建立了 PPP 项目联审工作小组并聘请专家，对项目完成物有所值评价报告及财政承受能力论证报告等工作。

委托北京中设泛华公司开展了章贡区社区（村）居家养老服务中心 PPP 项目识别论证阶段、项目准备及采购阶段的咨询服务工作。

2015 年 4 月 9 日，发布了资格预审公告和资格预审文件。

2015 年 4 月 21 日，组织对可研报告进行评审。

2015 年 4 月 30 日，组织开展资格预审评审。

2015 年 5 月 8 日，通过了物有所值评价和财政可承受能力论证报告，发布了竞争性磋商公告和磋商文件。

2015 年 5 月 25~26 日，组织专家与社会资本完成竞争性磋商，并经专家评审向区政府推荐了 3 家候选社会资本。

2015 年 6 月，组成采购结果确认谈判工作组，与江西鹭溪农业发展有限公司就项目合同中可变的细节问题进行项目合同签署前的确认谈判，初步达成一致意见，形成了谈判备忘录。

2015 年 6 月，项目经过竞争性磋商政府采购方式，最终由江西鹭溪农业发展有限公司中标成为与政府合作的社会资本，于 6 月 24 日与项目实施机构签订了章贡区社区（村）居家养老服务中心 PPP 项目合同。

2. 项目公司运营

自项目公司成立以来，已运营 36 个社区居家养老服务中心，1 个社区养护院。项目公司通过专业化运营、整合社区平台各种服务资源，和政府共同构建以公司为主体、社区（村）居家养老服务中心网点为纽带、满足老年人各种服务需求的信息化、智能化居家养老服务网络。网点设有老年活动室、医疗康复室、阅览室、日间照料室、医疗室、理发室、棋牌室、社区食堂、老年大学等多种功能区，可充分满足老年人居家养老服务需求。

通过挖掘人才，各个社区居家养老服务中心均成立了老年协会和兴趣小组。现有社区老年协会20个，成立书法、摄影、垂钓、戏曲等兴趣小组20余个。原进入中心老人的活动多为打麻将、扑克活动，通过成立兴趣小组，每周在中心唱歌、排练舞蹈、乐器练习等团队活动达到30余次，通过这些活动达到了凝聚了团队，实现了自我约束、自我管理。

社区居家养老服务中心还对老人进行信息库管理，现已建立章贡区失能老人、"三无"、低保老人及会员老人信息库。中心立足社区现有资源，每个中心组建了由3名助老工作人员组成的服务队伍，重点保障了老人群体中的高龄、独居、空巢和特殊群体老人（包括"三无"老人、低保老人、重点优抚对象等）。服务中心日均接待、照料老人500人次，日均助餐600人次；家政服务累计1 000人次，健康理疗服务累计1 298人次，组织社区老人休闲旅游累计90批（次）。

随着服务活动的不断推进，老年人足不出户就可以享受到无微不至的社会关怀，社区对养老模式的创新得到社会各界的一致认同，服务中心已逐步成为居民养老、休闲、学习、娱乐、保健的温馨家园。自2015年7月项目实施以来，收到锦旗、表扬信共20多份，受到老人及社会各界的一致好评。

六、项目监管

（一）监管主体

章贡区政府授权章贡区老龄办为项目实施机构，与项目公司签订PPP

项目合同，授权项目公司在合作期内 72 个社区（村）居家养老服务中心的运营权及收益权。

（二）监管方式

1. 建立项目全过程监管机制

PPP 模式要求政府实现从"经营者"到"监管者"的转变，作为社会公益事业的最终责任主体，切实履行从前期准入到项目运营全过程的监管职责。

（1）加强对项目全生命周期的考核

由区老龄办牵头，各行业主管部门加强对本项目的监管，不仅只关注短期的工程建设质量，更加注重运营期服务质量标准的制定和落实，以检验服务效果。

（2）建立定期评估机制

通常每 2~3 年组织一次中期评估，全面评估项目的服务、管理和财务表现，督促社会资本持续改进项目管理水平，提升公共服务效率。

（3）建立公众参与监督机制

进一步加强宣传和教育，引导公众参与养老服务的监管；加强信息化平台建设，推行信息公开制度，定期公布服务质量考核结果、成本监审报告等，同时进一步完善公众咨询、投诉、处理机制，形成全社会共同监督。

2. 建立健全基于绩效的支付机制

选定专业的中介咨询机构编制政府、服务使用者共同参与的综合性评价体系，对项目的绩效目标实现程度、运营管理、资金使用、公共服务质量、公众满意度等进行绩效评价。绩效评价结果应依法对外公开，接受社会监督。根据评价结果，依据合同约定对价格或补贴等进行调整，激励社会资本通过管理创新、技术创新提高公共服务质量。

七、项目点评

(一) 项目成效及亮点

1. 项目建设内容多样性

本项目的建设内容包含新建10个养老服务中心，改建59个养老服务中心以及3个已建养老服务中心的运营委托。从建设内容性质上体现了PPP项目的多样性和包容性，有新建、改建和存量项目。意在打造章贡区社区养老服务中心的统一运营，规范管理。

2. 养老项目运营统一性

本项目的建设分为了三个阶段，待项目全部建设完成后，章贡区的社区养老事务将完成一个高层级统筹协调的工作，这有助于整个区域内养老工作的布点更加合理，资源得以合理分配，也能够提高人民居住的幸福指数，切实将养老工作落实到居民。

3. 项目性质的公益性

本项目的建设是具有很强的公益特点的，随着我国进入老龄化社会，养老成为每个家庭直面的现实压力。从政府角度来讲，集中力量为群众提供养老服务的聚集点，这是负有供给义务的一项公共事业，从其本质上来看，也是符合PPP项目的初衷的。

4. 项目运作模式的创新性

传统的养老项目分为公益性和商业性项目两种，其中公益性的养老服务较为单一，缺乏统筹、高效的管理模式，分布数量少，辐射效应弱。商业性养老项目通常服务多元，但价格高昂，受众群体有限。而本项目采用了PPP模式运作，政府以一部分股权投入，带动了更多的社会资金进入，既利用了社会养老服务机构的服务经验和市场化管理模式,又能够缓解财政资金压力,是行业发展的一种创新。

5. 养老服务产品多元化

不同于传统的社区养老,本项目能够提供爱心慰问、文化娱乐、卫生保健、家政保洁、中央厨房供餐,以及上门为老人提供助餐、助浴、助洁、助急等多种定制服务。托管方式更是有日托和全托两种选择。服务价格有无偿和有偿多元选择。这解决了传统社区养老难以解决实际问题(例如日间用餐、老人浴洁等),也避免了养老院式的机构养老剥夺了老人对生活质量的把控性,在满足老人日常的基本生活质量不下降的同时,尽可能多地增加老人的家庭生活时光,同时,从价格上也进行阶梯设置。真正从生理和心理两方面做到老有所依老有所养。

6. 中心选址社区化

本项目所建的服务中心选址都选择在社区集中的区域,而非距离城市较远的郊区,不改变老人的日常生活环境,避免出现心理不适期。同时,也能够深入到居民中间,为不同类型的家庭提供不同种类具有差异化特点的养老服务。既缩短了老人的就医距离,也拉近了老人同家人的生活距离。

7. 医疗配套的核心优势

养老的一大重点就是医疗配套,本项目与区域内二甲(含)以上医院签订合作协议,开通老年人就医绿色通道。这对于老年人的突发疾病救治有很大帮助,从一定程度上对某些突发性疾病极大地缩短了紧急救治的时间,能够提高救治的成功率。另外,与机构养老医疗配套条件的不均相比,多元创新社区养老能够充分利用区域内医院的专业优势,医院就诊医生经验更加丰富、设备更加完善,对于疾病的救治方案也能够更加成熟。

8. 智慧科技养老

本项目通过章贡区"智慧社区"信息化、智能化养老服务平台,建设适合老年人的社区养老智能化、居家养老信息化的智慧养老服务系统。借助于信息技术拓展需求响应的范围,有助于实现点对点的养老服务。随着信息技术的更新迭代,智慧养老的服务也将越来越多元化。

(二) 存在问题及优化建议

1. 养老场地落实问题

根据《赣州市人民政府关于加快发展养老服务业的实施意见》(赣市府发〔2014〕31号):新建城区和居住(小)区,须按每百户20~30m² 的标准配建养老服务设施,并与住宅同步规划、同步建设、同步验收、同步交付使用,民政部门全程参与;老城区和已建成居住(小)区,须按每百户15~20m² 的标准配建养老服务设施;无养老服务设施或现有设施达不到标准的,2015年前通过新建、改建、购置、置换、租赁、划拨、调剂等多种形式开辟养老服务设施。目前,开发商提供的仅仅是社区用房,没有提供养老用房,社区用房也普遍存在不临街、结构复杂、不好使用等情形。

建议在编制规划时,应充分考虑民政方面的因素,将养老和社区用房安排在临街或者临路等交通便利的位置,也可以考虑以资金置换的方式提供养老用房。

2. 资金投入问题

按照全区养老事业发展规划,全区计划建立72个社区居家养老服务中心(站),约需要投入资金约1.6亿元(不含土地成本),章贡区每年需承担约2 000万元的财政资金用于本项目的可行性缺口补助,区级层面经济压力紧张,资金缺口较大。

建议积极争取上级资金和本级资金用于弥补项目的建设和运营补贴，同时继续加大福彩公益金的投入。

3. 健康养老产业链条培育问题

2016年以来，章贡区启动建设了一大批养老相关项目。但目前章贡区健康养老产业仍处于发展的起步阶段，与之配套的家政、社区医疗、康复、配送服务体系等相关企业呈现出明显的小、散、弱特点。急需出台扶持政策，支持养老小微企业做好各项工作，推动企业健康成长。

案例 5

河北省唐山大剧院 PPP 项目

一、项目概况

本项目基本信息见表 5-1。

表 5-1 项目基本信息

基本信息	项目名称	河北省唐山大剧院 PPP 项目		
	项目类型	存量	项目总投资（万元）	120 000
	发起方式	政府发起	项目期限（年）	10
	实施机构	唐山市文化广播电视新闻出版局	政府方出资代表	无，由社会资本方独立成立项目公司
	运作方式	O&M	所属行业	文化——文化场馆
	公共产品产出说明	本项目委托运营主体唐山大剧院是 2016 唐山世园会重点配套项目文化广场的重要组成部分，该剧院位于文化广场东北侧，占地面积 109 亩，总建筑面积 6.83 万 m^2，建设 1 500 座剧场、800 座音乐厅、500 座实验剧场及排练厅和内部道路等附属配套工程。 本项目提供的公共产品和服务内容： 1. 公共产品和服务内容：引进国内外优质演出团体、剧目和项目到唐山，改善唐山市核心区域城市形象、提升服务群众水平、提升城市核心竞争力。 2. 运营标准：剧目选择坚持国内与国外相结合，国外演出剧目比例占 35%，国内演出剧目占 65%，提供中外兼顾的丰富内容。		

续表

基本信息	公共产品产出说明	3. 经营管理指标：大剧院自开业后每年组织各类演出及活动不低于110场，其中自营合作演出每年不低于80场（大剧场自营演出50场，音乐厅自营演出10场，实验剧场合作演出20场），其余以租场演出、讲座及各类活动等形式予以补充。 全年免费提供政府用场15天。支持本地院团，在大剧院演出空档期对本地艺术院团实行"零"门槛政策，免费提供场地，与本地院团采取票房分成形式合作。					
项目论证	咨询机构	北京夏日投资基金管理有限公司						
	物有所值评价							
	定量评价	PSC值（万元）	22 692	PPP值（万元）	16 569.2~18 569.2	VfM值（万元）	4 122.8~6 122.8
	财政承受能力论证							
	政府股权支出责任（万元）	无						
	政府补助支出责任（万元）	第1年	1 500~1 700	第2年	1 500~1 700	第3年	1 500~1 700	第4年	1 500~1 700
		第5年	1 500~1 700	第6年	1 500~1 700	第7年	1 500~1 700	第8年	1 500~1 700
		第9年	1 500~1 700	第10年	1 500~1 700				
	政府风险支出（万元）	300						
	政府配套支出（万元）	无						
	过去3年该地区一般公共预算支出（万元）	2014年	5 247 000				
		2013年	4 972 000				
		2012年	4 905 000				
	本项目占该地区一般公共预算支出比例（%）	第1年	0.05	第2年	0.03	第3年	0.03	第4年	0.02
		第5年	0.02	第6年	0.02	第7年	0.02	第8年	0.02
		第9年	0.02	第10年	0.02				
	截止本项目该地区PPP项目占一般公共预算比例（%）	第1年	0.73	第2年	0.64	第3年	0.60	第4年	0.56
		第5年	0.53	第6年	0.49	第7年	0.45	第8年	0.42
		第9年	0.39	第10年	0.36				

续表

	实施方案	
项目论证	回报机制	本项目回报机制是可行性缺口补助。本项目属唐山世园会重点配套项目——文化广场的重要组成部分，运作模式上采用"政府补贴与扶持，业主物业监管，社会资本市场化经营管理"的方式。在大剧院经营管理中坚持以社会效益为主，兼顾经济效益的原则，政府应采取积极的扶持和补贴政策，在社会资本经营期内，协助唐山大剧院完成"专业水平高、管理标准高、服务品位高、社会形象高"的目标。
	风险分配机制	1. 社会资本方承担风险 运营风险；收益风险中的绩效考核不合格、演出上座率不高、市场竞争。 2. 政府方承担风险 除宏观经济变化外的政治风险；其他风险中的政府指示提供其他公共服务。 3. 双方共担风险 政治风险中的宏观经济变化；法律风险；收益风险中的收费/税收变更、市场需求变化；不可抗力。
	利益调节机制	项目运营期内受消费物价指数、劳动力市场指数等因素影响成本增长超过5%时，可以按照程序申请调整财政补贴数额，具体调价方式在项目管理合同中双方协商确定。
	绩效考核机制	社会资本方每年1月20日将上一年度的按演出类别区分的演出场次、平均票价、观众上座率、开放日活动、公益活动等情况汇总并报政府方确认。政府方每一个完整年组织一次对上一年度所有双方共同设定指标的全面考核，每年1月份汇总所有考核内容并给出考核评价，最后一年分季度考核。 经营管理指标：实现全部经营管理指标；观众满意度95%以上；全年无较大及较大以上责任事故（较大责任事故的界定以国务院的文件规定为准）；全年无违法违规行为；做好设备设施的维护和资产保管工作。 政府方在经营考核中如发现社会资本方未完成上述考核指标，则将从次年的补贴中扣除相应补贴。唐山大剧院每少一场次自营演出，政府方有权在下一年度的演出补贴中扣减费用（A类18万元，B类13万元，C类10万元）。
	政府批复实施方案时间	2015年12月

续表

项目采购	采购方式	竞争性磋商	采购代理机构	唐山市政府采购中心
	采购完成时间	2016年1月21日	中标社会资本	北京保利剧院管理有限公司
	中标社会资本企业性质	国有企业		
项目执行	项目公司名称	唐山市保利大剧院管理有限公司		
	项目公司成立时间	2016年3月8日		
	融资情况	无债务融资		

二、项目识别论证

（一）项目背景

唐山大剧院是唐山市投资规模和档次最高的公共文化设施，将成为展示文化唐山的新坐标、文化交流的新窗口、文化惠民的新平台。由于唐山大剧院是公共文化设施，基于其公益性定位，不能完全以盈利为目的制定经营方案，如何对大剧院进行经营管理，不仅直接关系到剧院本身的生存发展，还关系到唐山市人民群众的精神文化生活能否得到满足、文化事业能否健康发展。因此，要实现获得经济效益的同时，也满足丰富当地人民文化生活的目的，运营模式选择至关重要。通过对国内剧院"业主自行管理""委托专业文化公司管理""业主和专业文化公司共同管理"等主要模式的考察调研，唐山市对每种模式进行了利弊分析，同时，借鉴上海、重庆、合肥、青岛等城市大剧院的管理模式和唐山的实际，决定采取通过（PPP）模式进行运营。

唐山市政府委托北京夏日投资基金管理有限公司对项目进行了全面评估和测算。该公司邀请财务、工程技术、项目管理、财政金融、法律等方面专家7人组成专家组，从运作模式、资金结构、PPP物有所值分析、合同体系等方面，全面进行了调研分析，并通过评分形成了专家意见。经评估，如自主经营，每年运营费用约 2 900 万元；采用 PPP 模式，每年运营费用约 2 300 万元。通过竞争性磋商每年财政补贴大剧院 1 700 万元（其中 1 300 万元管理运营费、400 万元演出补贴）。特许经营期内，通过 PPP 模式，政府累计可减少财政支出 6 000 余万元，社会资本可获得 5% 的税后利润。

（二）发起方式

本项目发起方式为政府发起。

（三）实施方案

1. 合作范围界定

本项目委托运营主体唐山大剧院是 2016 唐山世园会重点配套项目文化广场的重要组成部分，该剧院位于文化广场东北侧，占地面积 109 亩，总建筑面积 6.83 万 m^2，建设 1 500 座剧场、800 座音乐厅、500 座实验剧场及排练厅和内部道路等附属配套工程，总投资 11.4 亿元。该项目于 2014 年 10 月动工，2016 年 1 月底竣工。项目委托运营范围为唐山大剧院的运营管理权，社会资本全权负责大剧院的整体运营和管理。项目通过引进国内外优质演出团体、剧目和项目到唐山，改善唐山市核心区域城市形象、提升群众服务水平、提升城市核心竞争力。

2. 项目边界条件

（1）回报机制

本项目属唐山世园会重点配套项目文化广场的重要组成部分，运作模式上采用"政府补贴与扶持，业主物业监管，社会资本市场化经营管理"的方式，回报机制采用"可行性缺口补助"形式，在大剧院经营管理中坚持以社会效益为主，兼顾经济效益的原则，政府采取积极的扶持和补贴政策，在社会资本经营期内，使唐山大剧院达到"专业水平高、管理标准高、服务品位高、社会形象高"的目标。

①开办费补贴

开办费用是大剧院开办筹备不可缺少的经费，即指全国各大剧院在开业前，所在地区政府拨付的用于大剧院开业筹备工作的费用。包括：乐器及乐队用品购置，剧院经营管理用固定资产、开办物资，开办前期人员及开业经费。乐器及固定资产是大剧院资产的重要组成部分，建议由政府购买，产权归属政府，由社会资本进行管理和维护保养。

本项目需要的开办费用为1 336万元，主要用于购买乐器和乐队用品等。

②运营补贴

因本项目中社会资本支出的建设成本为0，本项目的运营补贴计算公式为：

$$当年运营补贴支出数额 = 年度运营成本 \times (1 + 合理利润率) - 当年使用者付费数额$$

其中，当年使用者付费金额主要包括两部分：一是演出门票收入；二是赞助、广告、转播费、合作分成等其他收入。演出门票收入如表5-2所示。预测赞助、广告等其他收入约为438万元（占门票收入的70%左右）。

表5-2　　　　　　　　演出门票收入预测　　　　　　　　单位：万元

项目	预计演出场次（场）	预计平均票价（元）	可售票数（张）	预计售票率（%）	平均单场收入（万元）	预计收入（万元）
一、观众厅自营演出						
A类	15	220	1 500	60	19.8	297
B类	15	150	1 500	60	13.5	203
C类	20	50	1 500	52	3.9	78
自营演出小计	50	—	—	—	11.6	578

续表

项目	预计演出场次（场）	预计平均票价（元）	可售票数（张）	预计售票率（%）	平均单场收入（万元）	预计收入（万元）
二、音乐厅自营演出	10	80	800	50	3.2	32
三、实验剧场合作分成演出	20	50	500	50	0.5	10
全年营业收入总计	80					620

综上，当年使用者付费金额合计为 620 + 438 = 1 058 万元，扣除 3.3% 的税金及附加后，得出当年有效使用者付费金额为 1 023 万元。

政府年补贴额为 1 500 万～1 700 万元，分为演出补贴和管理运行补贴两部分，两项补贴可在整体范围内调节使用，具体如表 5-3 所示。演出补贴主要包括节目引进的演出费用、宣传费用、演员吃住行及道具运输费用等，每年政府补贴应在人民币 300 万～400 万元。管理运行补贴主要包括人工成本支出、物业管理、维修保养、管理费用等。预计每年补贴应在人民币 1 200 万～1 300 万元。

表 5-3　　　　　　　　运营补贴支出情况　　　　　　　　单位：万元

补贴内容	数额	
演出补贴	低值	300
	高值	400
管理运行补贴	低值	1 200
	高值	1 300

（2）项目调价机制

项目运营期内受消费物价指数、劳动力市场指数等因素影响成本增长超过 5% 时，可以按照程序申请调整财政补贴数额。

（3）风险分配基本框架

本项目运作时，按照风险分担、收益对等和风险可控等原则进行风险分配。政府和社会资本根据对不同风险的控制力，承担相应风险，以此降低项目在全生命周期内所面临的各种风险。

结合项目投融资结构和项目自身特点,通过协议约定,形成如表5-4所示的风险分配基本架构。

表5-4　　　　　　　　　　　风险分配

风险类别		政府承担	共同承担	社会资本承担
政治风险	特许经营权回收/违约	√		
	宏观经济变化		√	
	征用/公有化	√		
	法律变更	√		
	行业规定变化	√		
运营风险	运营成本超支			√
	运营商违约			√
	服务质量不好			√
	维修过于频繁,成本高			√
法律风险	社会资本破产		√	
	合同文件冲突		√	
	第三方延误/违约		√	
收益风险	收益不足		√	
	绩效考核不合格,被罚款			√
	演出上座率不高			√
	收费/税收变更		√	
	市场需求变化		√	
	市场竞争			√
其他风险	不可抗力		√	
	政府指示提供其他公共服务	√		

3. 项目交易结构

唐山市人民政府授权唐山市文化广播电视新闻出版局作为本项目实施机构,负责依法依规统筹本项目采用PPP模式识别、准备、采购、执行与移交阶段实施的相关工作。

河北省唐山大剧院委托运营 PPP 项目由中标社会资本 100% 出资成立项目公司，由项目公司负责本项目的投融资、运营、维护等工作。具体交易架构如图 5-1 所示。

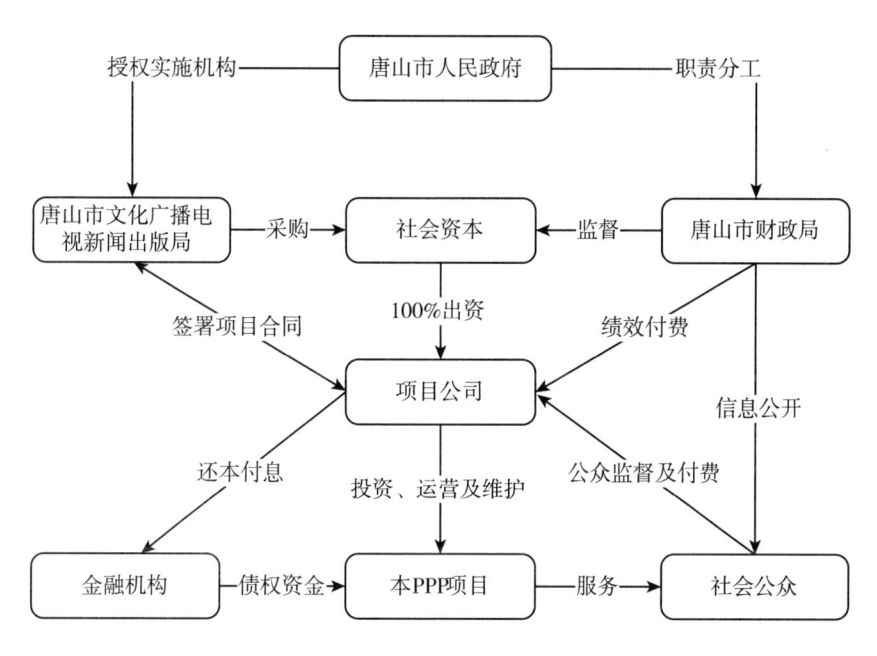

图 5-1 唐山大剧院委托运营 PPP 项目

4. 绩效考核指标及体系

（1）绩效考核指标

引进国内外优质演出团体、剧目和项目到唐山，改善唐山市核心区域城市形象、提升服务群众水平、提升城市核心竞争力。剧目选择坚持国内与国外相结合，国外演出剧目比例占 35%，国内演出剧目占 65%，提供中外兼顾的丰富内容。

①大剧院经营管理指标

大剧院自开业后每年组织各类演出及活动不低于 110 场，其中自营合作演出每年不低于 80 场（大剧场自营演出 50 场，音乐厅自营演出 10 场，实验剧场合作演出 20 场），其余以租场演出、讲座及各类活动等形式予以补充，大力引进国际、国内一流演出剧目进入唐山文化演出市场。

全年免费提供政府用场 15 天。支持本地院团，在大剧院演出空档期对本地艺术院团实行"零"门槛政策，免费提供场地，与本地院团采取票房分成形式合作。

每年在唐山大剧院组织观众厅的自营演出中，A 类演出占演出总场次 30%，B 类演出占演出总场次 30%，C 类演出占演出总场次 40%。

②节目质量与演出档次比例

演出档次分为 A、B、C 三类。

A 类演出指：欧美地区演出团体名称中带有国家、皇家、首都城市名称的演出团体所演出的剧目；在国际艺术比赛中获得奖项的国内外演出团体所演出的剧目；国内演出团体中直属国家文化和旅游部，广播电影电视总局，以及带有中国、中央字样的艺术团体所演出的剧目；获国家舞台艺术精品工程入选剧目、获文化部"文华奖"节目、获中宣部"五个一工程奖"的优秀舞台艺术佳作的演出剧目；获国际专业艺术比赛大奖或国家授予荣誉称号的艺术家为主演的剧（节）目；中国人民解放军总政治部直属艺术团体所演出的剧目；国内省级艺术院团获得中宣部、国家文化和旅游部、中国文联主办的各单项舞台艺术最高奖项的演出剧目。

B 类演出指：北京、上海及各省级的艺术院团所演出的剧目；中国人民解放军各军区所属的艺术团体所演出的剧目；以著名古典艺术家命名的国外艺术团体所演出的剧目；国外艺术团体名称中带有青年字样或冠以洲际名称的艺术团体所演出的剧目；其他城市艺术院团中有地方特色的并获得省委宣传部、省文化厅或省文联主办的省级以上舞台艺术专业评奖最高奖项的优秀演出剧目。

C 类演出是指 A、B 类演出以外的演出、实验话剧及小型艺术表演。

（2）绩效考核方式

考核办法：社会资本方每年 1 月 20 日将上一年度的按演出类别区分的演出场次、平均票价、观众上座率、开放日活动、公益活动等情况汇总并报政府方确认。政府方每一个完整年组织一次对上一年度所有双方共同设定指标的全面考核，每年 1 月汇总所有考核内容并给出考核评价，最后一年分季度考核。

年度考核时间：次年的 1 月底。

考核内容：实现全部经营管理指标；观众满意度 95% 以上；全年无较大及较大以上责任事故（较大责任事故的界定以国务院的文件规定为准）；全年无违法违规行为；做好设备设施的维护和资产保管工作。

考核小组成员以唐山市文化广播电视新闻出版局、唐山市财政局等相关部门及业内专家组成。

政府方在经营考核中如发现社会资本方未完成上述考核指标，则将从次年的补贴中扣除相应部分。唐山大剧院每少一场次自营演出，政府方有权在下一年度的演出补贴中扣减费用（A 类 18 万元，B 类 13 万元，C 类 10 万元）。

5. 项目实施的前期准备

（1）项目审批

本项目在采购社会资本前，政府方已完成立项、物有所值评价、财政承受能力论证、实施方案编制、市场测试等项目工作。

（2）预算支持

唐山市政府已承诺将本项目中政府方跨年度财政支出责任纳入中期财政规划。

（3）组织保障

为加快推进河北省唐山大剧院 PPP 项目，专门成立 PPP 项目领导小组（以下简称"领导小组"），以保障项目的各项协调和推进工作顺利实施。领导小组负责本项目的统筹和决策，建立协调推进机制，形成合力，保障项目积极稳妥推进。

领导小组由唐山市主管副市长任组长，成员由唐山市财政局、发改委、文化广播电视新闻出版局等相关部门负责人组成。主要部门职责如下：

唐山市文化广播电视新闻出版局为项目实施机构。

唐山市发改委负责做好 PPP 项目的总体规划、综合平衡；负责会同相关部门和项目实施机构，筛选项目、审查方案、管理价格等工作。

唐山市财政局负责项目物有所值评价、财政承受能力评估论证、政府采购、可行性缺口补助列入年度和中长期预算计划、绩效评价等工作;全程参与 PPP 项目的监督管理。

(四) 项目物有所值评价和财政承受能力论证

1. 物有所值评价要点

(1) 定性评价

本项目采取 PPP 模式运营管理,与传统模式相比,将部分责任转移给社会资本,政府和社会资本建立起"利益共享、风险分担、全程合作"的共同体关系。委托社会资本负责本项目,一方面减少了公共财政投入,另一方面引进了先进的管理模式和经验,实现了物有所值、物当其用。

本项目物有所值定性分析采用专家评分法,根据本项目实际情况,邀请财务、工程技术、项目管理、财政金融、法律等物有所值评价专家组成 7 人专家组,在专家们分析判断的基础上,通过评分的方式形成专家意见。最终,本项目物有所值定性评价得分为 92.78 分,专家小组原则上同意本项目通过物有所值定性分析,适宜采用 PPP 模式。

(2) 定量评价

本项目物有所值定量评价测算的 PSC 值和 PPP 值如表 5-5 所示。

表 5-5　　　　　　　　物有所值定量评价测算

指标	单位	数值
PSC 值	万元	22 692
PPP 值	万元	16 569.2 ~ 18 569.2
物有所值量值	万元	4 122.8 ~ 6 122.8
物有所值指数	%	18.17 ~ 26.98

经测算,该项目 VfM 值为正,表明本项目适宜采用 PPP 模式,项目物有所值定量评价"通过论证"。

2. 财政承受能力论证要点

在财政支出责任方面,本项目着重识别测算了财政股权投资、运营补贴、风险承担、配套投入等四类支付责任。在整个特许经营期,政府承担的财政支出责任为 16 636 万 ~ 18 636 万元,其中开办费补贴 1 336 万元,运营补贴 15 000 万 ~ 17 000 万元,风险支出 300 万元,项目实施期间,政府补贴占一般公共预算支出比例较小,且逐年下降,项目实施第一年(2016 年)占比最高,约为 0.051%;项目实施 10 年期间,政府方累计承担的支出责任占一般公共预算支出比例仅为 0.023% ~ 0.03%。综合考虑本区域已实施的 PPP 项目,全部项目累计财政支出责任占一般公共预算支出比例为 0.36% ~ 0.73%,峰值为 2016 年,占比为 0.73%。本项目属于公共文化服务设施,是具备市场需求的优势行业,从行业和领域均衡性角度考虑,整个文化领域还有很大的发展空间。

因此,本项目财政承受能力评估结果为"通过验证",唐山市完全具备实施河北省唐山大剧院委托运营 PPP 项目的财政承受能力。

三、项目采购

(一)市场测试及资格审查情况

1. 市场测试

根据《中华人民共和国政府采购法》、《政府和社会资本合作项目政府采购管理办法》(财库〔2014〕215 号)的相关规定,唐山市文化广播电视新闻出版局确定采用竞争性磋商的方式进行采购招标。

在完成初步实施方案的基础上,编制完成项目推介材料,针对本项目投融资结构、资产权属、合作范围、经营期限、付费方式等内容进行了市场测试,最终针对市场测试结果,咨询机构和实施机构进行了反复讨论,并最终根据实施方案内容及合作边界条件进行了调整,最终体现在磋商文件中。

2. 供应商资格条件

本项目供应商应具备的资格条件为：投标人必须是依法设立且有效存续的具有法人资格的文化企业；投标人具有国内不少于5家地市级或地市级以上大剧院委托运营的经营业绩；投标人运营剧场2014年度组织演出不少于300场；投标人具有健全的法人治理结构及完善的企业管理制度，有切实可行的成立新公司运营管理方案，拟派出项目负责人具有大型剧院5年以上经营管理经验；投标人及其控股股东、公司高级管理人员最近三年内无重大违法违规行为且无重大未决诉讼事项。

本项目不接受联合体参与。本项目不限定参与竞争的合格社会资本的数量。

3. 资格预审结果

本项目于2016年1月14日组织了资格预审，共有3家社会资本通过资格预审。

（二）评审情况

本项目于2016年1月21日进行了竞争性磋商，根据磋商和评分结果，评标委员会最终向采购人推荐北京保利剧院管理有限公司为中标社会资本。

（三）合同谈判及签署

经过实施机构与中标社会资本北京保利剧院管理有限公司多轮谈判，最终于2016年3月8日签订PPP合同。唐山市保利大剧院管理有限公司作为本项目的项目公司，通过"市场运作、业主监管、委托经营、政府补贴"的模式负责唐山大剧院整体经营管理工作。

双方签署的《唐山大剧院委托经营管理合同》约定了本项目的经营管理范围、委托经营期限、委托经营管理的目标及指标、经营管理费用及支付、双方权利与责任、剧院开办及筹备、设备设施检修保养、考核、违约责任等，为社会资本与政府持续、稳定合作奠定了制度基础。

四、项目执行情况

（一）项目公司设立情况

唐山市保利大剧院管理有限公司成立于2016年4月6日，注册资本为300万元，北京保利剧院管理有限公司占股100%。项目公司下设工程部、营销中心、演出技术部、行政办公室、财务部、服务管理部、保安部等。主要业务为：演出经纪业务（依法取得相关部门许可后方可开展经营活动）；会议及展览服务；企业管理咨询；策划创意服务；大型活动组织服务；舞台美术设计；舞台灯光设备租赁；设计、制作国内各类广告；舞台灯光音响设备、工艺美术品（不含文物）批发、零售（以上范围依法须经批准的项目，经相关部门批准后方可开展经营活动）。

（二）融资情况

本项目注册资本为300万元。北京保利剧院管理有限公司已于2016年5月10日完成注资。由项目公司负责后续融资，政府不承担任何融资责任。

（三）财政预算安排

本项目政府可行性缺口补助已经纳入唐山市财政年度预算与中长期财政规划（2016年支出运营补贴1 500万元，2017年支出运营补贴1 700万元）。

五、项目监管

（一）监管主体

结合本项目实际，建议监管主体可由四个部分构成：政府监管部门、专业性独立监管机构、社会监管、司法监管。

1. 政府监管部门

划清政府行政监管部门的监管边界，明确监管范围。发改委、建设、市政、财政、审计等行政部门在现行监管体系中都扮演着非常重要的角色，但也需要对其监管边界进行明确划分。政府行政监管更重要的是加强法规、政策和技术规范的管理，重点应放在 PPP 项目市场规则的公平、公开和公正的竞争协调，维护公共项目公私合作的政策环境上。政府应协调各行政监管主体的行为，保证监管效率的实现。

2. 专业性独立监管机构

设立综合性独立监管机构。由于 PPP 项目涉及政府公共项目管理体制及运行机制的创新与改革，从提高公共项目管理效率出发，可创新设立新型监管机构。其拥有的权限应当包括准立法权和行政权，能够在市政府授权下制定各项监管规章制度，并有权执行各项规章制度，还可以对传统行政监管部门的监管行为是否合理进行监督。

3. 社会监管

设立社会监管体系。社会监管体系的建立，对于 PPP 项目模式是非常重要的，它不但体现了公众参与的公平、公正性，更是公共项目监管机制良性发展和构建和谐社会的必然要求。社会监管体系的建立由以下两部分组成：

第一，建立公众投诉及建议平台。

第二，健全听证会制度。建立听证人员甄选制度，公正广泛地选取听证成员；听证的主要议题在媒体上公示，并开放实时网络讨论，经由听证现场的媒体工作人员实时向听证主持方通告，真正做到的公众参与。

4. 司法监管

司法监管的设立主要是对独立监管机构监管行为的合法性进行审查，并裁决独立监管机构与被监管对象之间的重大分歧。被监管企业如果不同意独立监管机构的决议，有权向法院上诉，由法院进行裁决。

（二）运营监管

实施机构对设施和服务的质量、价格以及企业市场行为进行全面监管，审计部门负责对企业提供的成本信息进行审查。公众对大剧院各项设施、服务可以进行投诉和提出建议。

（三）移交监管

该项目全生命周期结束后，实施机构会同财政部门负责对社会资本方按协议内容应该提交的各种资料进行完整性审查，由政府方聘请专业评估机构对项目资产（包括固定资产及无形资产）进行估值，建议聘请本行业领域内的第三方对项目进行临时接管。审计部门对移交资产进行核查，并对项目进行评价后将评价结果予以公示。

具体转让形式由政府方和社会资本方共同协商，按照PPP项目合同约定的内容、期限进行移交，或寻找同等资质的运营商转让，或由原社会资本方继续进行下一个生命周期的运营。

六、项目点评

本项目是在公共文化服务领域采用委托运营模式（O&M模式）的

PPP项目。项目实施为唐山市提供了优质的公共文化服务，丰富了唐山市民的文化生活。项目采用PPP运营模式节省了财政支出，提高了资金使用效率。

（一）特点及亮点

1. 采用O&M模式运营

本项目是河北省最早采用O&M模式的PPP项目。尽管《关于印发政府和社会资本合作模式操作指南（试行）的通知》（财金〔2014〕113号）中推荐的运作模式中包含O&M模式，但是截至2018年7月底，河北省PPP项目进入综合信息平台的O&M模式项目仅有3个，且本项目已经进入执行阶段。本项目采用O&M模式的成功，将对河北省其他PPP项目采用O&M模式起到指引、示范作用。

2. 竞争性磋商采购方式可供借鉴

本项目创新性地采用竞争性磋商方式选择社会资本。2014年12月31日，财政部发布的《政府采购竞争性磋商采购方式管理暂行办法》（财库〔2014〕214号）中首次提出可以使用竞争性磋商方式采购PPP项目社会资本。本项目作为2015年的项目，根据项目特点，大胆采用竞争性磋商方式采购社会资本，为河北省其他PPP项目采用竞争性磋商方式采购社会资本提供了借鉴。

3. 创新监管模式

本项目通过PPP模式将唐山大剧院委托于社会资本运营，在股权结构上由社会资本占股100%，实现了社会资本全股权运营该项目，政府的放"权"一方面可以更加有效地激励社会资本发挥最大效益，收获最大的经济效益，另一方面可以使政府获得更多的精力履行监管职能。从项目本身角度来讲，本项目的监管体系，涵盖了政府、专业性的独立监管机构、公共监督和司法监管，监管覆盖面广，多管齐下的监管激励方式让大剧院更好地发挥其社会效益，使得本项目具有更强的生命活力。

（二）项目实施成效

1. 演出成效显著

项目公司运营以来，2016 年 4～12 月完成各类演出 98 场，观演人数约 60 034 人次。2017 年完成各类演出活动 196 场，观演人数约 74 071 人次。2018 年上半年完成演出场次 125 场，观演人数约 31 985 人次。

项目公司利用自身优势，引入优质资源。唐山大剧院先后组织了话剧《立秋》，中国评剧院经典剧目《秦香莲》《花为媒》，《中国爱乐乐团音乐会》，《德云社相声》，俄罗斯经典芭蕾舞剧《睡美人》，世界顶级合唱团演奏的《天地的回声》，世界顶级艺术巡演《理查德·克莱德曼钢琴音乐会》、杨丽萍的《孔雀之冬》，中国芭蕾舞剧《红色娘子军》等不同风格和艺术形式的演出。平均上座率 66.4%，累计实现票房收入 1 230 万元，使唐山市民在家门口就欣赏到了高水平的演出。

同时，项目公司根据唐山文化市场的特点，制定了符合本地实际的发展规划，打造了一系列极具地方特色的文化活动。例如，考虑到唐山评剧戏迷众多，将唐山本地艺术评剧、唐剧、皮影等演出搬上舞台。与唐山本地专业艺术院团开展合作，打造原创剧目，并将优秀剧目推荐到保利院线巡演，推动了唐山表演艺术行业的繁荣发展。

2. 普及艺术教育，设立青少年社会实践教育基地

在艺术教育普及方面，每年 7～8 月推出"八喜·打开艺术之门"活动，面向儿童和青少年精心编排了精彩演出，开展了以音乐为主题德尔文化交流夏令营，累计吸引 2 万余名青少年参与其中，让孩子们度过了一个有意义的暑假。并通过开展"教育艺术社区——高雅艺术进校园"活动，带领演员走进了 30 余所唐山本地重点中小学、幼儿园，参与学生 4 500

余人。自开业以来，先后有近万名青少年走进唐山大剧院，

在青少年艺术培养方面，为唐山广播电视报、唐山红领巾读书社、小说娱乐广播电台的小记者们，提供了走进后台与大师零距离访问的机会。2017年6月项目公司被市团委授牌"青少年社会实践教育基地"，为广大青少年历练成长提供了一个良好的社会实践平台。

3. 公益惠民，项目社会效果卓越

积极开展"低票价"、公益讲座等惠民活动，吸引了大批唐山市民走进大剧院，走进艺术和生活。项目公司还利用假期期间组织开展了"市民参观日"和"百姓大舞台"活动，累计参观50 000人次。为让唐山市民亲身感受到艺术魅力，促进唐山市民对文化艺术中心的了解，项目公司多次邀请百名高三教师、120组医护家庭、交警大队、因地震致残的唐山健康村村民、路南区消防大队等群体走进唐山大剧院观看演出剧目，赢得唐山市民一致好评。为坚持"社会效益为主，经济效益为辅"的原则，项目公司开展的市民音乐会和打开艺术之门等艺术普及类演出票价最高100元，最低20元。

4. 作为唐山市窗口，提升了唐山市的接待水平

唐山大剧院每年为唐山市市委市政府重大活动免费提供20天场地，同时保障试用期间的各项剧场服务、会议服务及活动接待等。2016年正值世界园艺博览会召开，大剧院承接了大量国际国内大型活动，包括第三次中国—中东欧国家地方领导人会议暨河北省国际经济贸易洽谈会专场文艺演出和开幕式，唐山抗震四十周年纪念大会，第25届中国金鸡百花电影节及金鸡百花奖提名者表彰会，第十届中国—拉美企业家高峰会专场文艺演出，第十届评剧艺术节等。接待活动期间项目公司与各筹备组积极协调，密切配合，圆满完成了各项接待任务，得到省市领导的高度肯定。

唐山大剧院作为PPP项目中的优秀示范合作项目，既是政商合作的典范，又是推进唐山文化产业大发展、大繁荣的重要途径，充分发挥了PPP项目的引领带动作用，实现了公共资源价值的最大化。

案例 6

上海市闵行文化公园美术馆建设项目

一、项目摘要

本项目基本信息见表 6-1。

表 6-1　　　　　　　　　　　项目基本信息

基本信息	项目名称	上海市闵行文化公园美术馆 PPP 项目		
	项目类型	新建	项目总投资（万元）	17 951.3
	发起方式	政府发起	项目期限（年）	20
	实施机构	闵行区绿化和市容管理局	政府方出资代表	无，由社会资本单独组建 PPP 项目公司
	运作方式	BOT	所属行业	文化——文化场馆
	公共产品产出说明	闵行文化公园美术馆项目，主要包括：（1）建设施工，主体建筑位于文化公园南侧，地上建筑面积约 6 000m^2，地下建筑面积约 8 000m^2，建筑占地面积约 4 000m^2；（2）经营管理，在建成美术馆之后，社会资本方获得 20 年特许经营权益，管理美术馆的日常经营。		

续表

	咨询机构	北京金准咨询有限责任公司								
项目论证	物有所值评价									
	定性评价参评专家	序号	姓名			行业				
		1	叶 红			财政				
		2	黄 勇			博物馆				
		3	孙志峰			金山城投				
		4	唐 娜			PPP咨询				
	专家组意见	本项目物有所值评价报告内容完整，结构清晰，分析到位，建议在财务测算方面纳入税费、通胀等因素，并对项目未来运营数据做进一步考量。								
	财政承受能力论证									
	政府股权支出责任（万元）	0								
	政府补助支出责任（万元）	经测算，闵行文化公园美术馆PPP项目运营期20年内，政府付费由第1年301万元/年到第5年维持210万元/年，由政府财政划拨。								
	政府风险支出（万元）	3 600								
	政府配套支出（万元）	0								
	过去3年该地区一般公共预算支出（万元）	2014年			2 437 178					
		2013年			2 251 829					
		2012年			1 881 280					
	本项目占该地区一般公共预算支出比例（%）	第1年	0.017	第2年	0.015	第3年	0.013	第4年	0.012	
		第5年	0.010	第6年	0.009	第7年	0.009	第8年	0.008	
		第9年	0007	第10年	0.007	第11年	0.006	第12年	0.006	
		第13年	0.005	第14年	0.005	第15年	0.005	第16年	0.004	
		第17年	0.004	第18年	0.004	第19年	0.003	第20年	0.003	
	实施方案									
	回报机制	本项目的主要服务内容是提供美术类艺术展览，作为公益性项目，经营收益不足以覆盖运营成本，因此需要政府补贴部分资金，即投资回报模式为："可行性缺口补助"。								

续表

项目论证	回报机制	1. 使用者付费 项目每年获得的使用者付费包括：馆内饮食商品消费、艺术商品（衍生品）消费、艺术品鉴培训费用、拍卖活动及临时性租赁借展收入等。 2. 可行性缺口补助 即使用者付费不足以维持项目公司正常运营，而由政府以财政补贴的形式，给予项目公司的经济补助。可行性缺口补助初始计算等于项目公司运营维护成本减去第三方收入，具体金额以项目初步测算补贴金额为基数（根据中标人投标文件进行最终调整确定），根据上海市通货膨胀情况进行定期调整。 3. 补贴依据及鼓励机制 项目公司自运营起始日起，在特许经营范围内按照约定完成展览活动或培训课程，每满一年可获得补贴，具体时点由项目公司和政府方协商确定；如未按照约定完成展览活动或培训课程，则取消项目公司一定比例的缺口补贴； 项目公司在特许经营期内能有效提高区内艺术文化鉴赏水平，带动区内文化市场发展，举办具有较大影响力的展览活动，政府可通过政府采购等形式予以支持，支持美术馆提高收益。
	风险分配机制	1. 政府承担风险 政治风险；资金风险中的财政支付能力不足。 2. 社会资本承担风险 市场风险；除财政支付能力外的资金风险；设计风险；除工程变更外的建设风险；运维风险。 3. 双方共担风险 建设风险中的工程变更风险；不可抗力风险。
	调价机制	调价程序：可行性缺口补助金额根据服务期内的通货膨胀情况（上海市统计局公布的当期 CPI 数值）调整。以 3 年为周期，进行定期调价。调价公式如下： $P_{3n+1} = P_{3n-2} \times CPI_{3n-2} \times CPI_{3n-1} \times CPI_{3n}$ （n = 1, 2, 3, …, 6） 其中，n 为已调价次数加 1，为 1~6 的整数；P_{3n+1} 为项目考虑通胀影响后的第 3n+1 个财务年度可行性缺口补助计划金额；CPI_{3n} 为项目第 3n+1 个财务年度由上海市统计局公布的第 3n 个年度的上海市居民消费物价指数。
	绩效考核机制	为进一步加强闵行文化公园美术馆项目运营监管，确保美术馆项目更好满足公众需求，通过科学定量考核，进行全过程跟踪检查、督办、考评，有效促进闵行文化公园美术馆项目运营管理常态化和精细化水平，结合工作实际，制定本办法。

续表

项目论证	绩效考核机制	1. 考核对象 项目公司。 2. 考核单位 上海市闵行区文化广播影视管理局（以下简称"闵行区文广局"）。 3. 考核内容 闵行文化公园美术馆运营合规性、社会影响力及客户满意度。 4. 考核方法 根据美术馆行业运营工作特点，主要考核项目公司是否按照合同规定的标准、要求和质量完成工作任务。经检查督办未进行整改的对照考核细则加倍扣分；将12345热线、新闻媒体曝光及社会公众满意度纳入考核工作范畴；考核采取基础工作考核、定期联合考核等形式进行。 5. 评分办法 考核采取满分百分制：基础工作考核60分、联合考核20分以及社会监督考核20分。总分最高分不高于100分（含100分），最低分不低于60分（含60分）。 6. 可行性缺口补助核定 根据考核评分，由区文广局根据绩效考核评分核定相应年度的可行性缺口补助。 可行性缺口补助实付金额 = 可行性缺口补助计划金额 × 绩效考核系数 绩效考核系数 = 考核分数/100
	PPP合同体系	（1）PPP项目合同。由闵行区绿化和市容管理局、区文广局、园区办公室与社会资本方及其成立的项目公司五方签署。明确各方的权利和义务、特许经营范围和期限、项目建设和运营、项目付费、终止和补偿等事项，为项目主合同。 （2）施工总承包合同由项目公司和施工总承包单位签署。 （3）勘察合同、设计合同、监理合同、造价咨询合同、检测合同等项目前期和项目实施过程中有关的管理、服务类合同，由项目公司与相关服务单位签订。 （4）项目的融资合同等其他合同，由项目公司按照国家有关法律法规要求和各当事人签署。
	履约保障措施	1. 履约保证 本项目履约保证由建设履约保函和维护保函组成。履约保函的数额不超过估算价的10%。合作期内，如果项目公司未能履行PPP合同中规定的义务，区绿容局有权兑取履约保函和维护保函。 2. 保险 合作期内，项目公司必须自费购买和维持适用法律所要求的保险，并将闵行区绿化和市容管理局（以下简称"区绿容局"）和项目公司均列为保险单上的被保险人。

续表

项目论证	政府批复实施方案时间	2016年7月8日		
项目采购	采购方式	公开招标	采购代理机构	北京金准咨询有限责任公司
	采购完成时间	2016年12月20日	中标社会资本	宝龙地产控股有限公司

二、项目识别及准备

（一）项目背景

美术馆作为艺术类博物馆，是收藏、展示、保护美术作品，提供公共教育的专门机构，对于现代文化的传承、保护、收藏、研究，以及对当代艺术的发展的推动，美术馆的作用是不可替代的。美术馆是美术文化传播的重要渠道，更是美术评价体系的重要组成部分，对当代文化艺术传承和当代文化艺术创作的发展具有重要的意义。

在当下中国，美术馆作为公共文化设施日益成为区域振兴与升级的重要引擎，文化消费也开始从同质性的娱乐转向高度差异化的文化体验。近几年，上海的美术馆事业进入跨越式发展时期，已成为承载城市精神的文化阵地。据统计，2012～2017年，上海市美术馆数量从34家上升到78家，累计举办展览2 024项，超过2 230万观众走进美术馆。在2017年的国庆长假期间，上海各个美术馆共举办展览69项，教育活动212场，参观人次20.8万。可见，走进美术馆已成为当下人民群众的主要文化活动之一，上海也逐渐成为全国美术馆事业发展的城市样本。

闵行区正着力打造闵行文化公园、七宝生态商务区国际文化品牌，以政策保障、环境优势吸引国内外具有文化影响力的项目入驻，以此提升闵行文化公园文化品质。而越来越多的社会投资人为提升自身品牌效应，利用自身优势发展文化产品，完善企业文化及市场形象，已经将眼光转向艺术文化产业，积极投身于文化传播、展览事业。

在此市场契机下，闵行文化公园美术馆的建造，成为了连接闵行区政府与社会投资人合作的纽带。为有效解决项目建设资金需求，利用社会优质资源，提高美术馆建筑设施的品质和专业服务效率，闵行区人民政府（下简称"政府"）决定引入社会资本方、建立PPP项目关系，按计划推进项目建设。按照财政部《关于印发政府和社会资本合作模式操作指南（试行）的通知》（财金〔2014〕113号）、国家发改委《关于开展政府和社会资本合作的指导意见》（发改投资〔2014〕2724号）等相关政策规定，结合本项目的实际情况，特制定本实施方案。

（二）实施方案

1. 合作范围

本项目主要包括：建设施工，主体建筑位于文化公园南侧，地上建筑面积约6 000 m^2，地下建筑面积约8 000 m^2，建筑占地面积约4 000 m^2；经营管理，在建成美术馆之后，社会资本方获得20年特许经营权益，管理美术馆的日常经营。

本项目建设投资约1.8亿元。其中建筑工程费用包括地下建筑工程、围护桩工程、地上工程、二次装修工程投资估算10 355.95万元；安装工程费用包括电梯工程、电气工程、变配电工程、通风空调工程、给排水工程、消防工程、弱电工程投资估算2 601.54万元；室外工程费用包括室外土建、地下管网、绿化工程、室外安防工程投资估算1 433.49万元；建设工程其他费用3 560.32万元。

项目公司负责本项目的投资、融资、设计、建设、运营、管理、维护以及移交等事宜。

2. 各方权利和义务

（1）政府方

第一，对项目公司履行有关法律、法规、规章和实施方案的义务进行督促、监督和管理。

第二，对项目公司资金到位、安全生产、消防设施、环保措施、设施质量等进行监管。

第三，在实施监管的过程中，政府方或其授权机构有权指派专门人员进入本项目，并在项目公司代表参加的情况下不定期对建设工程进行合理检查，政府方应确保该监督和检查不影响建设进度；同时，在项目运营期间，可对项目公司的运营情况进行了解。

第四，指派有关部门核算和监控项目公司成本，必要时有权提出价格调整建议；协调项目公司与闵行区相关政府部门的关系，协助项目公司进行项目未完成的审批等工作。

第五，受理、处理在美术馆建设过程中公众对项目公司的投诉，并有权及时将服务质量检查、监测、评估结果和整改情况以适当的方式向社会公布。

第六，为本项目建设施工提供必要条件和其他支持，包括水、电和道路等配套设施等。

第七，负责本项目财政预算、财政补贴评审、拨付等相关工作；承担或指定政府所属单位承担项目的土地使用税和房产税。

第八，保障特许经营权的完整性，不得减少项目公司特许经营权的内容或妨碍项目公司特许经营权的使用。

第九，在项目建设和运营过程中，协助项目公司争取国家、上海市、闵行区的优惠政策。

第十，政府方及其工作人员对于项目公司提供的关于本项目的所有书面材料，无论是技术性还是商业性，均予以保密，保证其知识产权不受侵犯。除了出于监管目的之外，未经项目公司事先书面同意，政府方不得将任何此类文件或资料全部或部分披露给任何第三方，或以其他方式传播。

第十一，协议终止时，负责项目设施接收工作。

（2）社会资本方

第一，在合作期限内享有本项目特许经营权；承担本项目投资、融资、建设、移交等责任和风险。

第二，在特许经营区域范围内依法自主经营、获得运营收益，获取可行性缺口补助。

第三，根据实际经营情况，向政府方建议对可行性缺口金额等进行调整。

第四，经区绿容局同意后，可为本项目融资抵押、质押本项目的项目设施、运营收益权。

第五，按照国家、省、市的相关规定，本项目建设和运营期间，享受有关的优惠政策（包括税收优惠政策）和财政补贴。

第六，负责主体建筑建设，包括设计、施工及管理等，并承担所有费用，包括设计、建设和管线接入申请等相关事宜。

第七，保证限定时间内完成美术馆项目建成使用。

第八，按照国家有关规定建立健全服务保证制度，在特许经营期内，承担一切法律责任。

第九，承诺美术馆项目作为公园组成部分，属非营利性机构，从事公益性事业，项目建筑设施的公益性公共空间，向公众开放。

第十，接受区绿容局和其他政府有关部门的监督管理，在建议调整可行性缺口金额时配合区绿容局及有关部门（含政府委托的单位）审核项目公司经营成本。

第十一，未经区绿容局批准或遇不可抗力，项目公司不能因自身原因长时间停止对外开放。

第十二，遵循谨慎运行惯例，加强项目设施的运行维护和更新，确保项目设施完好并正常运行，特许经营期满时，将项目设施无偿移交给区绿容局或其指定机构；按照国家规定缴纳各项税费。

3. 交易结构

项目交易结构如图6-1所示。

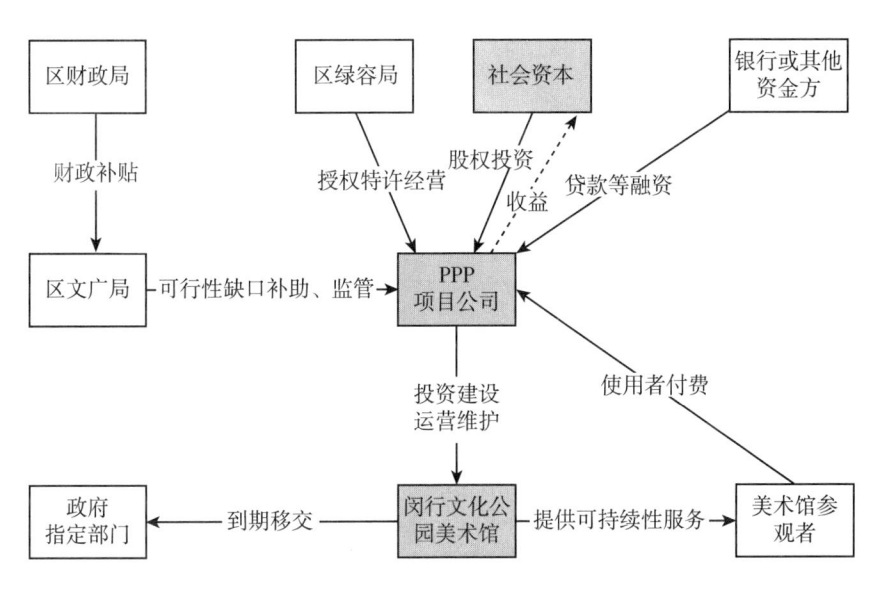

图6-1 项目交易结构

4. 投融资结构以及安排

本项目根据国务院《关于调整和完善固定资产投资项目资本金制度的通知》(国发〔2015〕51号)中项目资本金制度的规定,中选社会资本方应根据项目建设投资情况缴足项目资本金。本项目资本金比例原则上不低于建设投资额的20%。资本金以外的部分资金筹措由项目公司负责,当项目公司不能及时完成融资时,由中选社会资本方负责完成,以保证项目的及时建设完工和运营。

项目运作模式为BOT,区绿容局为实施机构,并通过政府采购流程进行采购,选择社会资本方。社会资本方拥有项目公司100%股权,区绿容局不拥有项目公司股权,由社会资本方单独组建项目公司,负责项目投资、建设和运营维护。区绿容局授予项目公司特许经营权,在经营期满后,建筑体及建筑设施等不可移动资产移交至实施机构或政府指定部门或机构。区财政局拨付可行性缺口补助给区文广局,由区文广局根据考核情况再行拨付资金给项目公司，区文广局同时负责业务指导、监管工作。

5. 土地取得方式

本项目土地采用划拨方式取得。由上海市闵行区人民政府划拨给区绿容局使用。

6. 资产权属

本项目的土地使用权按照公共绿地性质行政划拨给项目公司使用，但项目公司不享有项目资产所有权，经营期届满项目公司应将该等项目资产使用权、占有权及收益权无偿移交给政府。

7. 回报机制和定价调整机制

本项目的主要服务内容是提供美术类艺术展览，作为公益性项目，经营收益不足以覆盖运营成本，因此需要政府补贴部分资金，即回报机制为：可行性缺口补助。

（1）使用者付费收入

项目每年获得的使用者付费收入包括：馆内饮食商品消费、艺术商品（衍生品）消费、艺术品鉴培训费用、拍卖活动及临时性租赁借展收入等。

（2）可行性缺口补助

即使用者付费不足以维持项目公司正常运营，而由政府以财政补贴的形式，给予项目公司的经济补助。可行性缺口补助初始计算等于项目公司运营维护成本减去第三方收入，具体金额以项目初步测算补贴金额为基数（根据中标人投标文件进行最终调整确定），根据上海市通货膨胀情况进行定期调整。

（3）调价机制

调价程序：可行性缺口补贴金额根据服务期内的通货膨胀情况（上海市统计局公布的当期CPI数值）调整。以3年为周期，进行定期调价。调价公式如下：

$$P_{3n+1} = P_{3n-2} \times CPI_{3n-2} \times CPI_{3n-1} \times CPI_{3n} \quad (n = 1,2,3,\cdots,6)$$

其中，n 为已调价次数加 1，为 1~6 的整数；

P_{3n+1} 为项目考虑通胀影响后的第 3n+1 个财务年度可行性缺口补贴计划金额；CPI_{3n} 为项目第 3n+1 个财务年度由上海市统计局公布的第 3n 个年度的上海市居民消费物价指数。

8. 绩效考核制度

根据美术馆行业运营工作特点，主要考核项目公司是否按照合同规定的标准、要求和质量完成工作任务。考核采取基础工作考核、定期联合考核等形式进行，实行百分制。

(1) 绩效考核方法

①基础工作考核

日常抽查和年终检查相结合，对问题项进行扣分，对社会有益项可进行加分。

②定期联合考核

园区办公室进行日常监管，如有问题，按标准扣分，区文广局进行综合。

③社会监督考核

对 12345 热线、新闻媒体曝光及社会公众满意度纳入日常考核工作，按标准扣分，经核实造成影响的 5 倍扣分，对重大问题、造成不良后果的 10 倍扣分。

(2) 评分办法

考核采取满分百分制：基础工作考核 60 分、定期联合考核 20 分以及社会监督考核 20 分。总分最高分不高于 100 分（含 100 分），最低分不低于 60 分（含 60 分）。

(3) 可行性缺口补贴核定

根据考核评分，由闵行区文广局根据绩效考核评分核定相应年度的可行性缺口补助。

可行性缺口补助实付金额 = 可行性缺口补助 × 绩效考核系数

绩效考核系数 = 考核分数/100

闵行文化公园美术馆运营工作专项考评实施细则见表 6-2。

表 6-2　　　　　　　　　　考评实施细则

序号	考核项目	考核内容	评分细则	积分细则	得分	备注
1	基础工作考核（60分）	考核项目设施是否按照标准进行运营。采取定期抽查和年终考评结合的方式进行	社会影响力的文化艺术活动（满分15分）	举办国际级水准文艺活动占5分，少一场扣5分		
				国家级水准文艺活动占6分，少一场扣3分		
				市级水准文艺活动占4分，少一场扣1分		
			艺术鉴赏培训情况（满分10分）	每年12次免费艺术鉴赏培训，少一场扣1分（需提供培训参加人员名单，培训人次达不到要求视为未作培训）		
			政府用场服务保障（满分10分）	每年至少12次政府用场，除政府原因外，少一场扣1分（需提供政府用场记录）		
			美术馆开馆情况（满分10分）	美术馆开馆天数340日以上，得10分		
				美术馆开馆天数320~340日之间，得5分		
				美术馆开馆天数320日以下，得0分		
			经营活动合法合规（满分15分）	全部经营活动满足实施方案商业边界要求得15分，发现边界以外商业活动一次扣5分，拒不整改扣15分		

续表

序号	考核项目	考核内容	评分细则	积分细则	得分	备注
2	定期联合考核（20分）	并入园区办公室的考评结果	消防检查（满分10分）	消防检查完全合格，非常满意得10分		
				消防检查基本合格，比较满意得8分		
				消防检查不合格，整改后合格得6分		
				消防检查不合格，拒不整改得0分		
			设施维护（满分5分）	发现墙皮脱落情况每处、每次扣1分		
				发现电梯、显示设备等连续10个工作日未正常工作情况，每次扣1分（除正常更新、大修等）		
			日常活动遵守文化公园规定（满分5分）	美术馆日常活动不遵守文化公园规定的，通知后未改正的，发现一次扣1分，特别严重的，直接扣5分		
3	社会监督考核（20分）	对12345热线、新闻媒体曝光及社会公众满意度进行考评	12345热线反馈（满分5分）	群众反馈情况经查属实的，发现一次扣2分，特别严重的，直接扣5分		

9. 保障机制

（1）履约保障措施

根据《政府和社会资本合作项目政府采购管理办法》（财库〔2014〕215号），履约担保由建设履约保函和维护保函组成。履约保函的数额不超过估算价的10%。合作期内，如果项目公司未能履行PPP合同中规定的义务，区绿容局有权兑取履约保函和维护保函。

(2) 保险

合作期内，项目公司必须自费购买和维持适用法律所要求的保险，并将区绿容局和项目公司均列为保险单上的被保险人。具体包括：

在整个合作期限内，项目公司应按照本行业的惯例办理和维持合理的建设和运营维护保险。保险金额应达到项目设施的全部重置价值。

督促保险人在投保或续保后尽快向区绿容局提供保险凭证，以证明项目公司已按合同规定取得保单并支付保费。

如果项目公司没有购买或维持约定保险，则区绿容局可以投保该项保险，并从履约保函下扣抵其所支付的保费或要求项目公司偿还该项保费。

向保险人提供完整、真实的项目可披露信息。

在任何时候不得作出或允许任何其他人作出任何可能导致保险全部或部分失效、可撤销、中止或受损害的行为。

当发生任何可能影响保险或其权利主张的情况或事件时，项目公司应立即书面通知区绿容局。

10. 项目移交安排

特许经营期满，项目公司应按照合同约定将除藏品以外的所有项目设施（美术馆建筑构筑物、设备、办公家具、相应保险权利、维护手册等）无偿移交给实施机构或政府指定部门或机构。项目公司应确保移交的项目设施不存在任何抵押、质押等担保权益，也不得存在任何种类和性质的索赔权。区政府成立由国资、财政、建设、行业管理部门及项目公司等组成的移交委员会，办理资产移交工作。

项目公司应确保移交设施正常运作，如发现存在缺陷的，未能达到移交标准的，则项目公司应及时修复。如任意一方对是否达到移交标准有异议的，则由移交委员会聘请第三方机构进行评定。

11. 风险分配

（1）项目风险特点

PPP 的运作模式、组织架构及其他特殊性和基础设施项目自身的特性，决定了PPP项目风险不仅具有一般项目风险特征，同时又呈现出它本身既有的特殊性。

①风险的多样性

本项目涉及政府部门、社会资本、项目专业运营机构以及其他相关的部门，基于一系列的合同、协议，所涉及的权利与义务关系复杂，决定了其风险因素的多样性。项目中涉及的政治、自然等外部环境及多种经济活动的影响，也导致了本项目潜在风险因素的广泛性。另外，同一风险对不同利益相关者的影响方式和作用形式也具有多样性。

②风险的偶然性

通过长期实践及统计分析发现，部分事物的发生规律能够做到相关风险的事前控制，但是由于风险因素的多样性，不能准确预期风险的发生。因此，项目风险具有随机性，这一特性导致本项目融资等风险存在着很大的偶然性。

③风险的阶段性

本项目风险的阶段性是指，项目风险的发展伴随项目的建设时间呈现明显的阶段性，这些阶段都有明确的界限和风险征兆。阶段性特点表现为：项目在不同运作阶段具有不同的主要风险。本项目建设程序的不同阶段，项目风险的大小呈现明显的阶段性。例如，在项目建设初期，投入大量的资金用于购买建设材料、工程设备、支付施工费用、贷款利息的同时，资金成本也随着资金的不断投入而加大，项目的风险也随之增加；在项目建设中后期，贷款能否偿还、工程能否顺利完工、质量是否达标、工程费用是否超支等问题，均会成为增加项目风险的因素。本项目所面临主要风险的种类也将随时间的推移发生变化，有的风险贯穿项目始终，而有的风险只存在于项目的特定阶段。比如，政策风险及法律风险等始终贯穿项目全生命周期，质量风险及完工风险等主要发生在项目建设阶段，经济风险及市场风险等主要发生在项目运营阶段。

④风险的渐进性

绝大部分的项目风险都不是突然爆发的，而是随着外界环境、实施条件和自身规律的影响逐渐积累而产生的。项目的外部条件和内部条件在渐变的环境下逐步发生变化时，项目风险性质、发生概率、损失程度也会随之改变。

（2）风险分配方案

按照风险分配优化、风险收益对等和风险可控等原则，综合考虑政府风险管理能力、项目回报机制和市场风险管理能力等要素，本项目在政府和社会资本方之间设定风险分配机制，体现在相关法律协议中。本项目主要风险分配框架见表6-3。

表6-3　　　　　　　　　　风险分配框架

风险类别	风险因素	政府方承担	社会资本方承担	备注
政治风险	国家政策法律调整变化	√		若国家政策变化导致项目运营范围、收益改变，由政府给予适当补偿
市场风险	宏观经济变化		√	因宏观变经济影响项目收益由社会资本方承担
	利率调整		√	因利率调整导致项目财务费用增加，由社会资本方承担
资金风险	项目资本金筹措		√	社会资本方负责筹措项目资金，并承担资金不到位的延期风险，并支付延期违约金
	项目债务资金筹措		√	无论任何原因导致的财政支付能力降低，均由政府方承担相应风险。如果政府方不履行付费义务，社会资本方可通过行政复议等渠道控制风险
	财政支付能力	√		
设计风险	设计质量		√	因设计方案影响项目的选用，或设计完成进度影响项目进度，均由社会资本方承担。社会资本方可通过完善的设计委托合同将此等风险转移给设计单位
	设计进度		√	
建设风险	环境污染		√	项目施工过程中可能发生的环境污染、质量事故、工期拖延等，均由社会资本方承担。社会资本方可通过完善的施工总承包合同将此等风险转移给工程承包商。仅政府单方面主观原因提起的工程变更风险由政府承担
	施工质量		√	
	施工成本		√	
	工期滞后		√	
	缺陷隐蔽		√	
	工程变更	√	√	
	施工事故		√	

续表

风险类别	风险因素	政府方承担	社会资本方承担	备注
运维风险	收入低于预期		√	项目运营管理和经营等风险均由社会资本方承担
	公共设施运营		√	
	商业设施运营		√	
	维护质量		√	
不可抗力	一般不可抗力	√	√	双方各自免责

三、物有所值评价和财政承受能力论证

（一）物有所值评价

根据项目实际情况，采用全生命周期整合程度、风险识别与分配、绩效导向与鼓励创新、潜在竞争程度、政府机构能力、可融资性6个基本指标，以及项目规模大小、全生命周期成本测算准确性、行业示范性3个附加指标对采用PPP模式建设本项目进行物有所值（VfM）定性评价。本项目定性评价指标如表6-4所示。

表6-4　　　　　　　　项目定性评价指标

序号	评价指标	备注
1	全生命周期整合程度	基本指标
2	风险识别与分配	
3	绩效导向与鼓励创新	
4	潜在竞争程度	
5	政府机构能力	
6	可融资性	

续表

序号	评价指标	备注
7	项目规模大小	附加指标
8	全生命周期成本测算准确性	
9	行业示范性	

（1）全生命周期整合程度

本项目将设计、施工及融资等工作整合起来，由社会资本及项目公司负责，激励其在全生命周期内统筹考虑成本最小化，将节约的资金合理利用，增加其他领域投入，节约成本费用。

在项目初始阶段，社会资本方与政府方共同参与项目的识别、可行性研究、设计和融资等项目建设过程，保证了项目在技术和经济上的可行性，缩短前期工作周期，使项目费用降低。PPP模式只有当项目已经完成并得到政府批准使用后，项目公司才能开始获得收益，因此PPP模式有利于提高效率和降低工程造价，有利于消除项目完工风险和资金风险。

（2）风险识别与分配

采用PPP模式，政府和社会资本按照最优化原则分担风险，政府科学合理地向社会资本转移风险，在一定程度上更合理地分配了风险。

下面从融资风险、政治风险、自然风险三方面来比较PPP模式和传统政府购买模式。

①融资风险

本项目融资风险主要为项目建设期资金短缺的风险，即资金的筹措无法满足企业生产建设的需求、融资到位难且成本高引起政府终止合同等风险。在传统政府购买服务模式下，资金压力由地方财政承担，容易导致地方财政支出压力过大，地方债务增加，甚至出现违规举债现象。运用PPP模式后，融资风险转移至社会资本方，相较于政府方，社会资本方有更强的融资能力及融资风险的应对能力，有利于项目顺利推进。

②政治风险

政治风险对本项目有一定影响，需要考虑。本项目可能的政治风险主要有社会稳定风险、政府信用风险、审批延误风险等。

在传统政府购买服务模式下，公共部门自身违约或变更政策、延误审批等事项带来的政府信用风险和审批延误风险由社会资本承担，其余风险全部由公共部门承担。双方对彼此承担的风险缺乏关注和理解，不利于双方进一步开展合作。而在PPP模式下，双方可以通过PPP项目合同约定，实现风险分配，提高应对风险的能力。

③自然风险

自然风险主要有自然环境破坏风险、不可抗力风险等。

在传统政府购买服务模式下，社会资本参与公共基础设施建设，为了获取可观利润，往往在项目建设过程中忽略环境保护，从而对环境造成破坏。而在PPP模式下，由于政府参与介入，政府方起到监管的角色可以有效控制此类问题，将对环境的影响和破坏降到最低。

（3）绩效导向与鼓励创新

PPP项目的产出说明注重结果导向，而非投入和过程导向，并采用竞争性采购选定社会资本，进而激励社会资本进行创新。

政府对社会资本提供的服务进行质量、数量和及时性等方面的绩效监测和管理，并且罚劣奖优。

PPP模式打破地区封锁和行业垄断，完善了竞争机制，放开了自然垄断行业竞争型业务，这有利于市政公共服务提供者进行管理改进，不仅节约了成本，更极大地促进了行业的创新。

（4）潜在竞争程度

PPP模式稳定的投资收益和市场潜力能够吸引各种社会资本投资公共基础设施，优化配置市场资源。在政府的监管下，可以避免过度建设，进而合理增加基础设施服务供给。

另外，作为社会资本而言，不仅通过获得政府补贴来稳固项目收入，同时与政府合作开发建设，借助政府平台可以扩大社会资本自身商业品牌，提升商誉。

因此，本项目可以在获得财政补贴保证运营资金的情况下，提升自身品牌效益，可以吸引社会资本投资建设，政府方可以通过在公开招投标过程中筛选运营高效、服务全面的社会资本参与建设运营。

（5）政府机构能力

运用PPP模式建设本项目，有利于创新投融资机制，拓宽社会资本投资渠道，增强经济增长内生动力；有利于推动各类资本相互融合、优势互补，促进投资主体多元化发展混合所有制经济；有利于理顺政府与市场关系，加快政府职能转变，充分发挥市场配置资源的决定性作用。

本项目采用PPP模式符合国家近期相关政策要求，促进政府职能转变，提高政府治理能力。政府从繁多的事务中脱身出来，从过去的基础设施建设公共服务提供者转变为一个监管者，减少对微观事务的干预，增加在规划、监管方面的精力投入，保证公共服务质量，提高公共服务效率。

（6）可融资性

可融资性主要考核项目对金融机构的吸引力。吸引力越大，项目越具有融资可行性，越能够顺利完成融资交割、快速进入建设、运营阶段，实现较快增加基础设施及公共服务供给的可能性就越大。

本项目作为公益性项目，本身收益能力较差，引入社会资本后，可以拓展美术馆盈利方式，增强盈利能力。同时，项目引进大型社会资本方的进入，依靠其雄厚的资本实力，增强了项目本身的资金供给能力及融资能力。

（7）项目规模大小

项目规模大小主要考核项目投资额或资产公允价值。PPP项目的准备、论证、采购等前期环节的费用较大，只有项目规模足够大才能使这些前期费用占项目全生命周期成本的比例处于合理和较低水平。

本项目投资额约1.8亿元，投资额相对较高，规模适宜对社会资本有较强吸引力。

（8）全生命周期成本测算准确性

全生命周期成本测算准确性主要考察项目对采用PPP模式的全生命周期成本的理解和认识程度，以及全生命周期成本将被准备预估的可能性。全生命周期成本是确定PPP合作期长短，政府补贴金额等的重要依据。本项目要求社会资本方对美术馆建设及运营有相关的业绩经验，相比政府方直接投资，项目全生命周期成本预测准确性得到了可靠保证。

(9) 行业示范性

本项目是国内第一个拟定采用 PPP 模式实施的美术馆项目，通过探索运用 PPP 模式引进社会资本建设、运营本项目，为 PPP 模式在全国的发展起到铺垫作用，也为其他 PPP 项目的实施积累经验，对行业有很强的示范性。

（二）财政承受能力论证

1. 闵行区财政支出

（1）股权投资支出责任

本项目政府在项目公司不占股份，社会资本单独组建项目公司，因此政府不承担股权投资支出责任。

（2）运营补贴支出

假设闵行文化公园美术馆 PPP 项目在运营期内运营收入与费用支出收支平衡，项目运营资金不足部分由政府按等额予以可行性缺口补助。

经测算，闵行文化公园美术馆 PPP 项目运营期 20 年内，政府付费由第 1 年 481 万元/年到第 5 年维持 390 万元/年，由政府财政划拨。

（3）风险承担支出

闵行文化公园美术馆 PPP 项目存在法律风险、政策风险、最低需求风险，政府需承担风险带来的财政或有支出责任。

依据《政府和社会资本合作项目财政承受能力论证指引》（财金〔2015〕21 号）文："在各类风险支出数额和概率难以进行准确测算的情况下，可以按照项目的全部建设成本和一定时期内的运营成本的一定比例确定风险承担支出。"综合考虑，本项目采用比例法按照项目总投资的 20% 计算政府风险承担支出数额。闵行文化公园美术馆 PPP 项目运营期 20 年内政府风险承担支出数额 = 1.8 亿元 × 20% = 3 600 万元，年均约为 180 万元。

（4）配套投入

本项目建设地点在文化公园内部，不存在土地征收、整理等投入；项目建设投入完全由社会资本方承担,也不存在建设配套措施对接及投资补助等。因此,政府不存在配套投入。

2. 闵行区财政承受能力评估

根据财金〔2015〕21号文规定:"每一年度全部PPP项目需要从预算中安排的支出责任,占一般公共预算支出比例应当不超过10%。省级财政部门可根据本地实际情况,因地制宜确定具体比例,并报财政部备案同时对外公布。""在进行财政支出能力评估时,未来年度一般公共预算支出数额可参照前五年相关数额的平均值及平均增长率计算,并根据实际情况进行适当调整。"

根据闵行区财政局提供的数据,闵行区2012~2014年一般公共预算支出情况及增长率如表6-5所示。

表6-5 2010~2014年闵行区一般公共预算支出情况及增长率

年份	一般公共预算支出（万元）	增长率（%）
2010	1 565 982	
2011	1 753 107	11.95
2012	1 881 280	7.31
2013	2 251 829	19.70
2014	2 437 178	8.23

假设在特许经营期内,2017~2036年一般公共预算支出每年增加8%,闵行区PPP服务费(每年补贴+风险程度)情况如表6-6所示。

表6-6 本项目财政支出责任占一般公共预算支出比例

年份	一般公共预算支出（万元）	可行性缺口补助额（万元）	支出占比（%）
2017	2 842 724.42	481.00	0.017
2018	3 070 142.37	458.00	0.015
2019	3 315 753.76	435.00	0.013
2020	3 581 014.06	412.00	0.012

续表

年份	一般公共预算支出（万元）	可行性缺口补助额（万元）	支出占比（%）
2021	3 867 495.19	390.00	0.010
2022	3 867 495.19	390.00	0.009
2023	4 511 046.39	390.00	0.009
2024	4 871 930.10	390.00	0.008
2025	5 261 684.51	390.00	0.007
2026	5 682 619.27	390.00	0.007
2027	6 137 228.81	390.00	0.006
2028	6 628 207.11	390.00	0.006
2029	7 158 463.68	390.00	0.005
2030	7 731 140.78	390.00	0.005
2031	8 349 632.04	390.00	0.005
2032	9 017 602.60	390.00	0.004
2033	9 739 010.81	390.00	0.004
2034	10 518 131.68	390.00	0.004
2035	11 359 582.21	390.00	0.003
2036	12 268 348.79	390.00	0.003

经营期内，PPP服务费占一般公共预算支出比例远远低于10%的限额，满足项目财政承受能力的要求。

3. 财政承受能力论证结论和建议

采取PPP模式实施本项目，符合国家政策要求，有利于充分发挥社会资本的资源和技术优势，提高资金使用及项目建设和运营效率。

本项目运营期20年内，年均运营补贴支出从第1年的481万元到第5年本项目市场稳定时的补贴支出390万元。本项目首次付费时间为2017年，年均财政补贴支出占当年一般公共财政支出的0.017%，远低于10%的限额。结果表明，闵行文化公园美术馆PPP项目财政承受能力可通过论证。

四、项目采购

(一) 采购方式

根据《关于印发政府和社会资本合作模式操作指南》（财金〔2014〕113号）和《政府和社会资本合作项目政府采购管理办法》（财金〔2014〕215号），本项目按公开招标方式选择社会资本方。

(二) 采购流程

准备资格预审文件，批准后向公共媒体发布资格预审公告，在资格预审时有超过3家投资人通过资格预审后，向其发售采购文件。资格预审通过者不足3家时，项目实施机构在调整资格预审公告内容后重新组织资格预审；项目经重新资格预审后合格社会投资人仍不够3家的，依照财金〔2014〕113号和财金〔2014〕215号文件规定，变更采购方式，经上级主管部门同意，可改为竞争性磋商或单一来源采购等其他方式。

(三) 评标办法

项目投标文件由评审小组进行评审，评审小组由5人组成，可由政府采购专家库中抽取或政府认可的其他方式选定。

本项目评标办法采用综合评分法。首先进行响应性评审，评审投标文件内容和投标报价是否响应采购文件的要求，通过响应性评审者顺利进入下一阶段评审。然后，评标委员会将从投标人经验和业绩、投标文件的技术方案以及报价等几个方面，采用综合评分法进行评估。

（四）中标人确定方式

评审小组对投标文件进行评审后，排出前三名中标候选人。项目谈判工作小组按照评审报告推荐的候选人排名，首先与排名第一的候选人就项目合同中可变的细节问题进行项目合同签署前的确认谈判，确认谈判不得涉及项目合同中不可谈判的核心条款，如在规定的时间内谈判达成一致则确认其为预中标人，如不能则依次与排名第二、第三的候选人进行谈判，率先达成一致的候选人即为预中标人。谈判结果报政府批准并公示后即确定中标人。

（五）中标结果

2016年12月20日，完成本项目的社会资本采购，宝龙地产控股有限公司中标。

五、项目执行

（一）项目公司设立

中标社会资本方拥有项目公司100%股权，区绿容局不拥有项目公司股权，由社会资本方单独组建PPP项目公司。

（二）项目实施进度

本项目按照规定的流程进行，已完成项目立项，项目规划方案，项目用地方案，项目的环评报告编制及审批，可行性研究报告的编制及批复，提供美术馆建设所需用电、用水、道路、临时进场道路，项目工程勘察，项目初步设计以及其他与本项目相关的必要工作。项目通过物有所值评价和财政承受能力论证，实施方案通过专家评审，并经闵行区人民政府批准。依法完成社会资本方的采购工作，与社会资本方宝龙地产控股有限公司成立的项目公司签署PPP项目协议，授予其项目经营权。

目前项目已经进入运营阶段，上海宝龙美术馆着力于通过艺术展览、学术交流、公共教育等多种活动形式，让美术馆成为最佳的文化艺术展示和交流平台。截至2017年，宝龙美术馆共接待参观人数十万余人，举办高质量展览13场，公教活动85场，内容涵盖讲座、亲子活动、主题导览等。

六、项目监管

（一）项目建设监管

由区绿容局负责项目建设总体进度监管，监控项目执行情况，及时发现问题，及时统筹协调采取应对、补救措施；展馆对社会开放前，进行最后运行前展馆内环境评测。同时定期和不定期对安全生产情况进行检查。项目建设监管主要针对以下方面：

第一，项目初步设计参考《博物馆建筑设计规范》进行设计，施工图设计与初步设计保持一致；

第二，项目建筑整体风格需与公园整体风貌相一致，报市绿容局初审同意；

第三，项目建筑外围不得设置围墙；

第四，根据闵行文化公园规划，项目建筑高度不得超过8米，局部地方不得超过15米；

第五，项目建筑周边地面区域面积（外包线）由双方协商确定，建设方案由项目公司提出，经区绿容局确认后，由项目公司实施；

第六，闵行文化公园为生态环保区，建筑材料须达到环保要求；

第七，建设期间，成立以项目公司为主的建设小组，具体负责各项建设事宜。区绿容局指派人员参加，便于及时处理需要其配合的相关事宜；

第八，项目建设须通过招标选择施工监理单位，并委托其实施本项目的监理；

第九，按照消防法规规定建造或购买消防设施；

第十，按照建筑安全施工法规进行作业，控制建筑施工全过程事故率。

（二）项目运营监管

由区文广局对项目运营内容予以监管，主要有：

第一，要求运营单位严格遵照《美术品经营管理办法》相关要求开展各项工作。运营单位必须具有美术品经营活动（包括美术品的收购、销售、租赁、装裱、经纪、评估、咨询，以及商业性美术品展览、比赛等活动）的经营资质，并到市级文化行政部门备案。

第二，相关经营活动及内容必须符合国家法律法规，不得开展法律法规禁止的活动。每经营年度最后一月向区文化局提交本年度工作报告及下一年度工作计划。

第三，禁止经营含有以下内容的美术品：反对宪法确定的基本原则的；危害国家统一、主权和领土完整的；危害国家安全或者损害国家荣誉和利益的；煽动民族仇恨、民族歧视，破坏民族团结，或者侵害民族风俗、习惯的；宣扬或者传播邪教、迷信的；扰乱社会秩序，破坏社会稳定的；宣扬淫秽、赌博、暴力、恐怖或者教唆犯罪的；侮辱或者诽谤他人，侵害他人合法权益的；危害社会公德或者民族优秀文化传统的；有法律、行政法规和国家规定禁止的其他内容的。

第四，经营单位必须遵守以下规定：遵守国家有关法律和法规，接受文化行政部门的指导、监督和检查；有健全的经营管理制度；有美术品合法来源证明；经营的美术品明码标价；依法缴纳税费；不得经营盗用他人名义的美术品。

第五，保证美术馆主题展厅常年有展览活动向公众开放，接受监管部门定期或不定期检查。

第六，美术馆每年向闵行区市民免费提供12次文化产品服务，包括展览展示、学术讲座、鉴赏培训等，服务受众每年不少于1万人次。

第七，美术馆每年为社会大众举办12次免费艺术鉴赏培训，培训受众不少于100人/次。

第八，美术馆每年不少于12次将项目经营性设施免费提供于闵行区政府及其直属部门使用，并做好政府用场的服务保障工作。

第九，美术馆通过其专业团队，每年举办1次具有国际级水准的文化艺术活动，2次具有国家级水准的文化艺术活动和4次具有市级水准的文化艺术活动。

（三）项目日常管理

由园区办公室负责日常运营监管，项目公司在法律允许范围内、符合特许经营协议约定公园管理相关规定的范围内自主开展运营管理。按照《上海市公园管理条例》《博物馆条例》，自觉遵守公园规章制度，项目日常管理主要有：项目公司构筑物大修、中修、小修方案需提前报园区办公室批准，修理检查后并编制检查报告递交园区办公室审核；项目公司需对重点运营设备，如电梯、电子阅览设备、消防设备等按照国家统一规定进行检修及保养，每年年末编制设备检修报告提交园区办公室审核；经营项目的开发设置应与公园的生态环境相适应，未经公园许可，禁止私自设摊（点）、搭建违章建筑；经营项目必须符合相关经营方法人营业执照所核定的经营范围，符合公园管理相关规定，且以服务普通市民百姓为主，严禁开设私人会所、高端消费场所；举办活动期间，进驻公园单位有义务服从公园即时管理要求；对经营项目设施、设备应定期维修保养，并建立台账记录，确保正常、安全运行；严格遵守国家食品卫生有关规定，严禁销售过期、变质、不洁食品，经营食品的上岗人员必须持有政府有关部门核发的有效健康证；保持周边环境整洁，方圆10米范围内应无污水、瓜皮、果壳、纸屑、饮料瓶等废弃物，保持环境卫生设施完好；保持安静，噪音不得超过环境保护部门规定的标准；广告、店招及指示牌的设置应符合相关法律规定，户外广告设置需向相关管理部门报批；排放烟尘或者有毒有害气体必须符合相关法律法规及标准的要求，不得向公园倾倒杂物、垃圾或者排放不符合排放标准的污水；不得占用、挪用公园内各类设施和游客休息设施；不得晾晒拖把、桌布等妨碍园容、园貌的行为；健全安全管理制度，设备设施的操作人员应持证上岗；除老、弱、病、残者专用机动车外，其他车辆未经许可不得进入公园，货车、施工车辆等应凭公园颁发的出入证在公园规定线路行驶，噪音不得超过环境保护部门规定标准，昼间平均控制在 55 分贝以内，行驶速度不得超过 10 公里/小时；树立一流的文明窗口形象，创建一流管理服务水平；服务人员统一着装、统一标志、统一文明用语、统一服务规范。

七、项目点评

闵行文化公园美术馆项目是上海市首个以 PPP 模式运营的文化领域项目，被评为全国第四批 PPP 示范项目。美术馆已于 2017 年 11 月正式对外运营，为闵行区生态、宜居、人文建设增添了新元素。

（一）上海市首个以 PPP 模式运营的文化领域项目，具有极强的示范借鉴意义

作为上海首个以 PPP 模式运营的文化领域项目，美术馆的建设采用了 PPP 模式运营的新型模式。闵行文化公园美术馆总面积 14 000m²，分为 2 层地上建筑和 1 层地下建筑。该项目总投资约 1.8 亿元，由社会资本负责投资建设和运营，区政府每年对其运营进行适当补贴。美术馆运营方承诺常年有不同主题的展览活动，免费向公众开放；每年免费提供至少

12次文化产品服务和至少12次艺术鉴赏培训；组织国际级到上海市级水准的艺术活动等，产生了很好的示范效应。PPP新型模式的运用为市民带来长年不断的艺术展览，丰富了市民的业余生活，同时增加了文化产业的传播途径，使其更广泛地融入市民生活。同时，项目的顺利实施，探索了闵行区文化领域项目PPP模式运作方式，对类似项目采用PPP模式运作有着有效的借鉴意义和示范意义。

（二）提高财政资金效率，保障公益性需求

本项目选择采用PPP模式建设美术馆，可提高财政资金的有效使用，可节约大量财政资金前期投入和闵行区自主管理需提供的人员及运营费用；可提高项目的推进效率，不但保证建设质量，又注重后期的运行维护管理；充分发挥社会资本的比较优势，有利于推动各类资本相互融合、优势互补，社会资本在技术上和软实力上的比较优势效果显著；体现项目的绩效导向，保障群众的公益性需求；优化项目的风险分担，有益于将融资、建设、运营和不可抗力等风险进行分配。

（三）PPP模式的规范推进

闵行区在推进投融资机制创新过程中始终坚持四个聚焦：一是聚焦高标准准入，让"专业的人做专业的事"。不仅仅关注社会资本的资金优势，更关注社会资本的专业优势，坚持"宁缺毋滥"原则，审慎选择有品质、专业强、口碑好的社会资本合作伙伴。二是聚焦提供更加优质、更富效率的公共服务。特别是要满足老百姓对于高品质、多元化的公共服务的新期待。三是聚焦规范设计，建立均衡机制。切实体现"风险共担、利益共享"原则，建立政府和社会资本之间契约关系。四是聚焦长期有效运营和可持续发展。政府和社会资本之间建立基于对等协议的，良好互信的长远关系，政府切实关注社会资本方的合理诉求，对社会资本方提供的服务进行质量、数量和时效等方面的绩效考核，绩效考核时将群众满意

度放在重要位置。根据考核结果及时支付运维补贴，体现项目的绩效导向和可持续发展。

目前，闵行文化公园美术馆已经免费向社会开放，丰富的展览展示、多样的学术讲座、多彩的文化艺术活动为以后闵行区居民欣赏文化艺术活动增加了更多的选择和更好的体验。

思考篇

幸福产业 PPP 项目操作建议

一、幸福产业项目现状及分析

(一) 幸福产业项目现状

2016 年，李克强总理在第十届"夏季达沃斯论坛"上提出了"旅游、文化、体育、健康、养老"五大幸福产业的概念。之后，国务院出台《关于进一步扩大旅游文化体育健康养老教育培训等领域消费的意见》（国办发〔2016〕85 号）。本文的幸福产业指文化、体育、教育、医疗、养老和旅游等行业。

截至 2018 年 9 月 30 日，据财政部 PPP 综合信息平台系统统计，入库项目 8 441 个，入库项目金额 125 925.47 亿元。

(二) 幸福产业项目分析

幸福产业项目在库中的占比如图 1 所示。幸福产业项目共计 1 414 个，在所有项目中占比 17%，其中教育项目数量最多，为 416 个，占比 5%；其次是旅游项目 337 个，占比 4%；占比数量最少的是养老 107 个，占比仅为 1%。

项目库中投资额及数量分布情况如图 2 所示。以项目投资额计，幸福

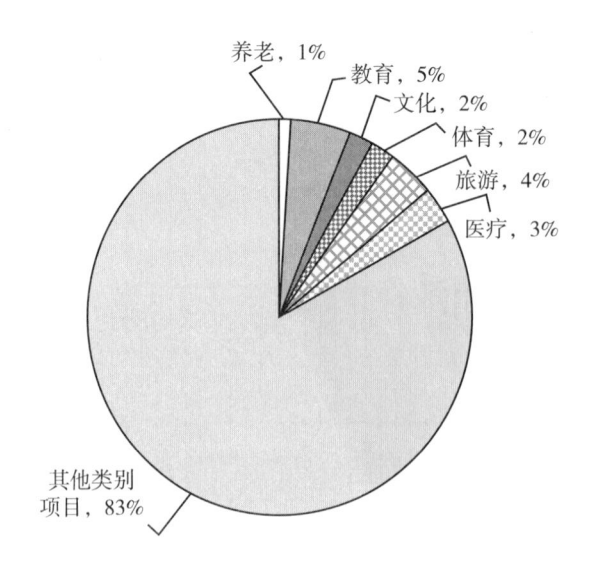

图1 幸福产业项目库中占比情况

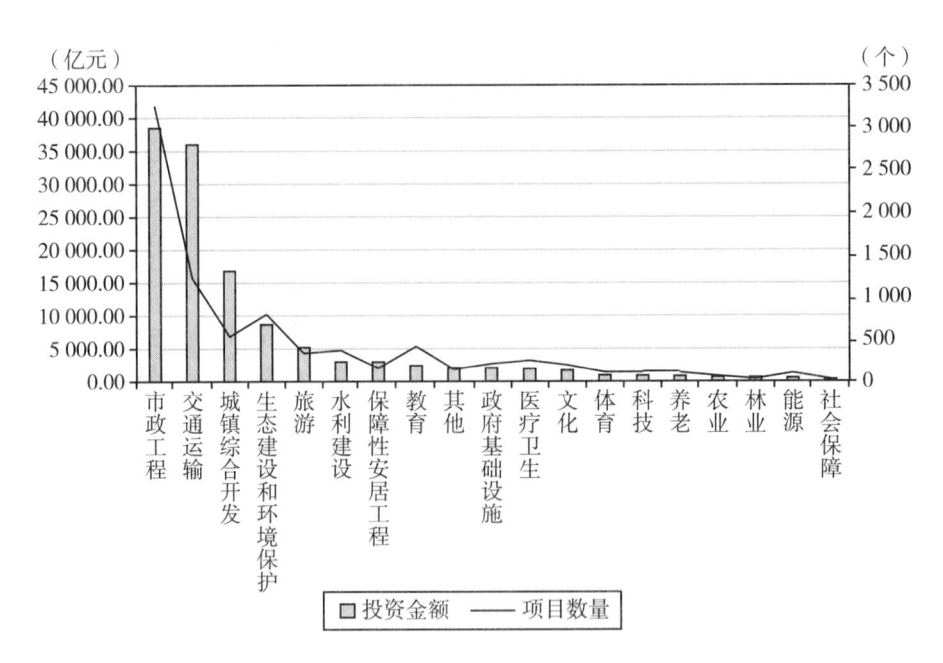

图2 项目库中投资额及数量分布

产业中位居前三分别是旅游、教育、医疗卫生。综观所有项目中幸福产业单个个体占比比重均比较小,所以可持续发展的空间很大,旅游项目的投资总额达5 218.33亿元。幸福产业项目投资总额如图3所示。

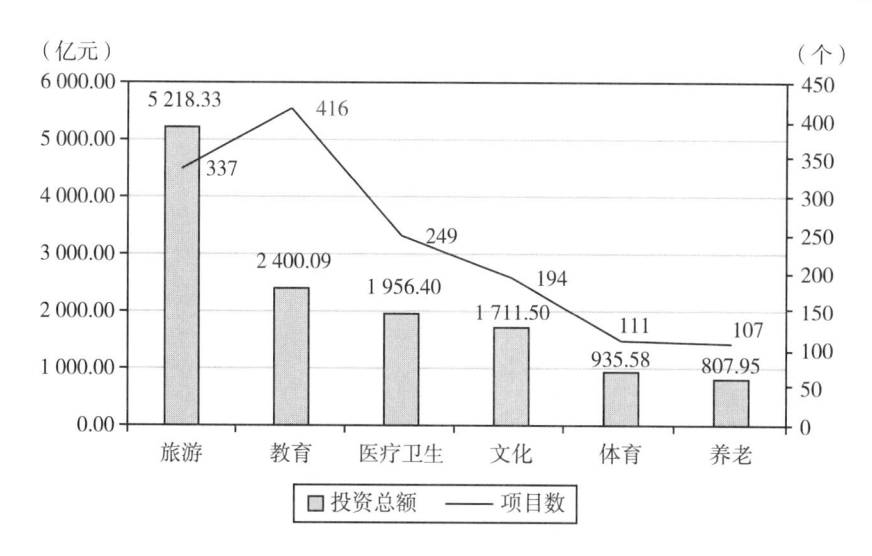

图3 幸福产业项目投资总额

从总投资额看，幸福产业项目投资额总和为 13 029.85 亿元，占项目库所有项目投资总额的 10%。幸福产业项目投资总额占项目库所有项目总额比例如图 4 所示。

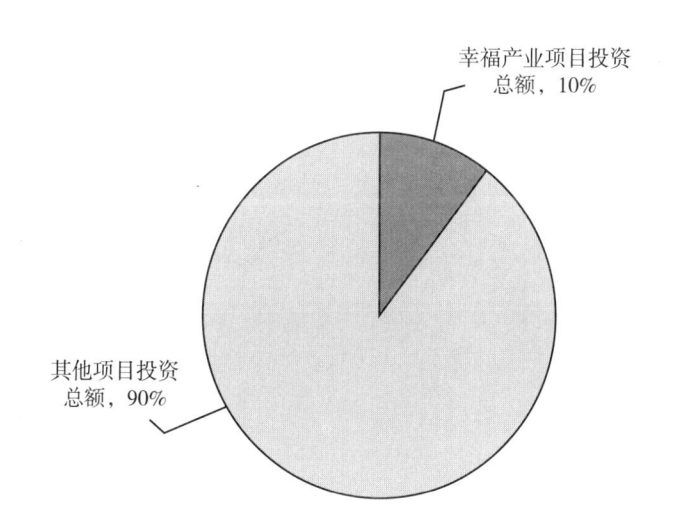

图4 幸福产业项目投资总额占项目库所有项目总额比例

再看各类型项目的平均投资额，最高的仍是旅游，达 15.48 亿元，教育项目由于数量最多，平均到单个项目上的投资额为 5.77 亿元，医疗卫生、文化、体育、养老四个类型项目均超过 7.5 亿元。幸福产业项目平均投资额如图 5 所示。

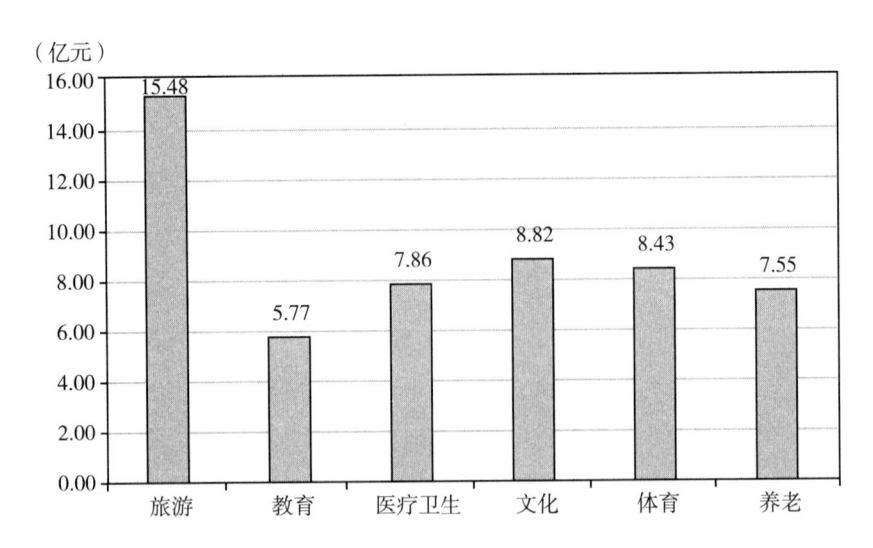

图 5 幸福产业项目平均投资额

从投资额规模分析，1 414 个幸福产业项目中，单体投资额最高的是某度假区项目（旅游类），投资额为 270 亿元；单体投资额最低的是某学校（教育类），投资额为 5 万元。幸福产业项目投资额分布情况如图 6 所示。

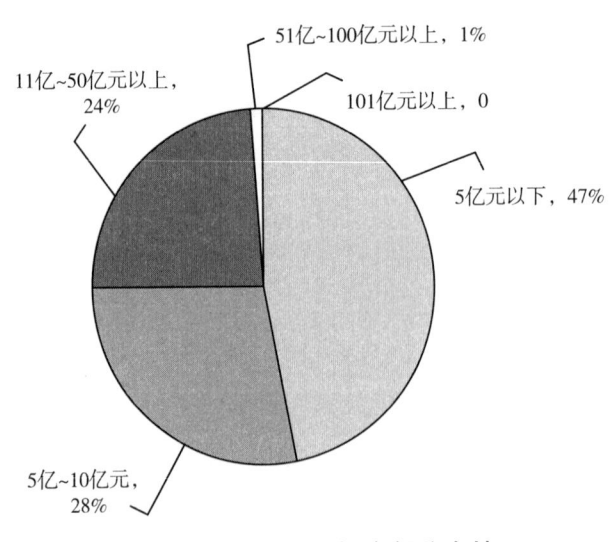

图 6 幸福产业项目投资额分布情况

而按照投资额区间进行汇总，我们发现，投资额低于 5 亿元以下的项目共 666 个，占比 47%；5 亿～10 亿元的项目 390 个，占比 28%；11 亿～

50亿元的项目334个，占比24%；50亿～100亿元的项目16个，占比1%；101亿元以上的项目8个，占比不足1%。由此可见，幸福产业项目投资额比例主要集中在10亿元以下，项目占比75%。

从回报机制分析，1 414个幸福产业项目中，265个项目为政府付费，占比19%；使用者付费的项目为170个，占比12%；可行性缺口补助的项目为979个，占比69%。因此，政府财政负有支出责任的项目（政府付费及可行性缺口补助）合计为1 244个，占比达到88%。幸福产业项目回报机制占比情况如图7所示。

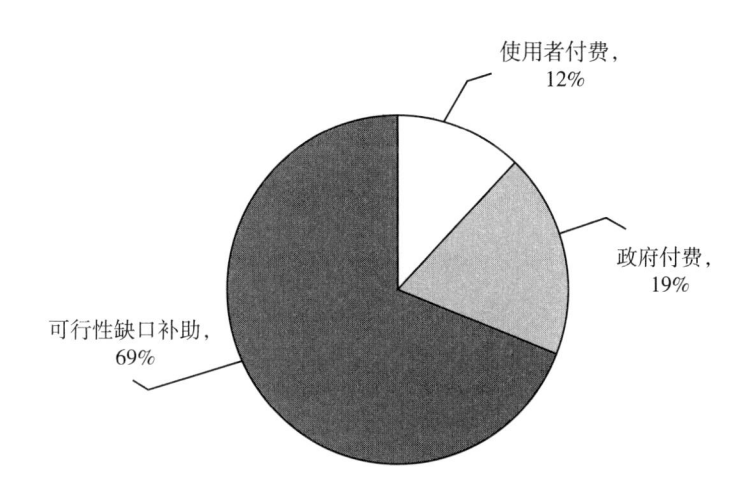

图7 幸福产业项目回报机制占比

由此看来，可行性缺口补助项目占幸福产业项目69%，不少采取可行性缺口补助的旅游PPP项目，通过使用者付费（经营性收入）部分占比偏低，大部分还是以财政支出为主，此类项目还需针对运营期绩效考核进行深度挖掘，否则势必会对地方财政造成压力。

通过图8也可以看出幸福产业项目各个类别均是可行性缺口补助模式的项目偏多，唯有教育416个项目中154个是政府付费项目，占比37%，247个项目是可行性缺口补助项目，占比59%。幸福产业项目回报机制数量分布如图8所示。

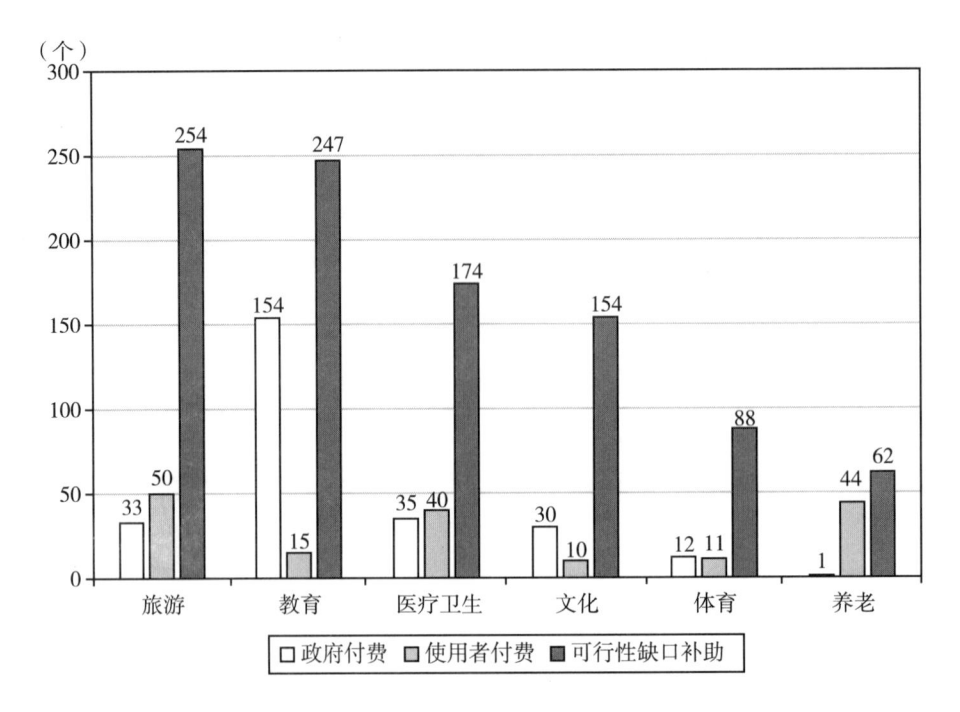

图 8　幸福产业项目回报机制数量分布

二、幸福产业 PPP 项目特点

幸福产业都与百姓的生活品质和幸福感、获得感直接相关。而 PPP 模式的精义就是改变公共物品单一由政府提供的状况，通过政府和市场共同作用，产生协同效应，提升基础设施领域和公共服务领域的效率，由此更好地满足人们对美好生活的需要。

幸福产业不仅是"产业"，更要"幸福"。也正是因为"幸福"，才使这六大产业与其他产业有本质上的区别。"幸福产业"实际上是现代社会民本、民生思想在经济领域的直接体现。

幸福产业内涵丰富，层次多元，有利于构建新型产业体系。幸福产业门槛不高，有利于激发"大众创业、万众创新"活力，促进就业。幸福产业是需求牵引的产业，有利于构建新型产业体系。

幸福产业跨界融合的特征，大大拓展了幸福产业的发展空间。例如，康养产业、文化旅游产业蓬勃兴起，融合型产业发展壮大，如农业观光度假产业、体育运动设备制造业……一系列相关传统产业基地焕发生机。幸福产业潜力巨大，据预测，2020年我国五大涉及幸福制造和服务的产业都有望形成10万亿级以上的产业规模。

幸福产业个性化需求显著。与基础设施这些公共物品属性很强的领域相比，旅游、文化、体育、健康和养老产业虽然也具有投资规模较大、投资期限较长的特点，但进入门槛相对较低，个性化需求更为显著，更多地体现出准公共物品的属性。

幸福产业发展迅速。依据财政部PPP综合信息平台项目管理库2018年三季度报数据，消费领域基本公共服务项目（幸福产业）覆盖文化、旅游、体育、健康、养老、教育等6个领域，投资额前三位是旅游4 953亿元、教育2 335亿元、健康1 972亿元，具体见图9。

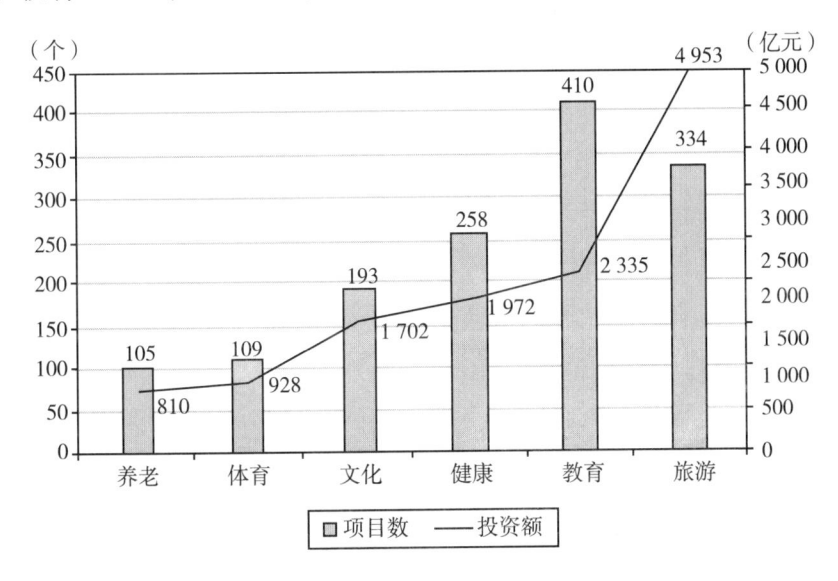

图9 消费领域基本公共服务项目情况

管理库中落地消费领域基本公共服务项目数619个、投资额5 038亿元，分别占管理库落地项目的15.1%和8.0%。项目数前三位是教育182个、健康131个、旅游122个；投资额前三位是旅游、教育、健康，具体如图10所示。

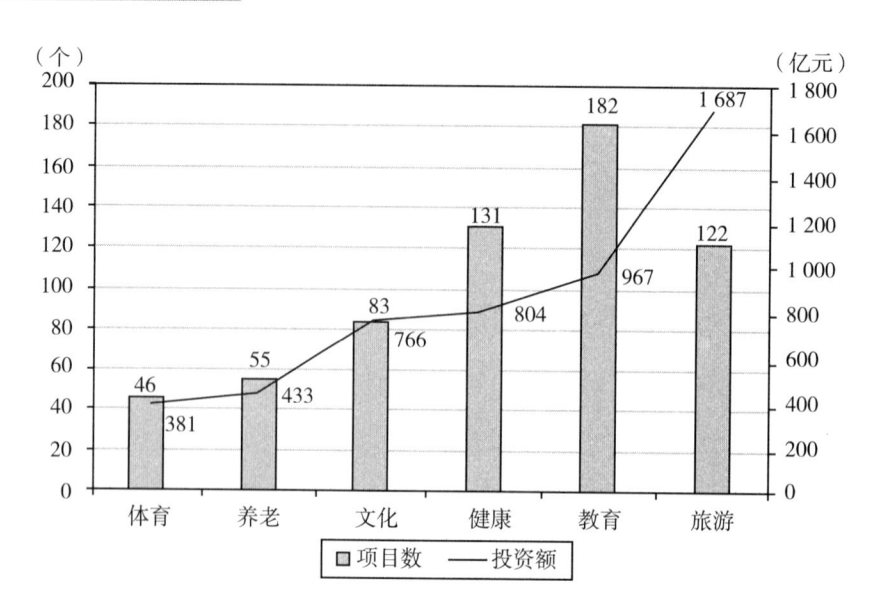

图10 消费领域基本公共服务落地项目情况

截至2018年11月末,当期项目库总数为8 441个,幸福产业(文化、旅游、体育、健康、养老、教育)项目数1 414个,从入库项目来看,幸福产业入库项目呈快速增长趋势。

三、幸福产业PPP项目操作建议

(一)规范项目实施

为规范PPP项目实施,2014年11月29日财政部印发《政府和社会资本合作模式操作指南(试行)》(财金〔2014〕113号),规范项目识别、准备、采购、执行、移交各环节操作流程。此后,财政部和国家发展改革委从PPP项目操作的各个环节多次发文规范PPP项目实施,多次组织示范项目评审使PPP项目规范化。

规范的幸福产业PPP项目应该满足以下条件:

1. 范围合规

主要包含旅游、文化、体育、医疗、养老、教育领域。

2. 程序合规

符合 PPP 项目操作指南的要求,从项目识别(项目立项、可行性研究报告编制及批复、初步实施方案编制、物有所值评价和财政承受能力论证的编制及批复)、项目准备(实施机构批复、实施方案编制及批复)、项目采购(资格预审、采购文件、评审、合同签署)、项目执行(中期评估)到项目移交五个环节的实施合法合规。

3. 主体合规

实施机构和政府方出资代表必须符合文件要求,并获得政府的授权;未按规定转型的融资平台公司不得作为社会资本方。

4. 运作方式合规

包括 BOT(建设–运营–移交)、BOO(建设–拥有–运营)、TOT(转让–运营–移交)和 ROT(改建–运营–移交)等,无论采用何种运作方式,不能缺少实质性运营环节。

5. 手续合规

可研、规划、环评、土地等项目合规性审批手续必须满足。

6. 采购程序合规

执行《政府和社会资本合作项目政府采购管理办法》(财库〔2014〕215 号)、《政府和社会资本合作模式操作指南(试行)》(财库〔2014〕113 号)、《政府采购法》等政策规定。

7. 绩效考核合规

绩效考核,按效付费。

8. 移交方案合规

方案完整、边界清晰、可实施。

（二）重视可行性研究报告质量

可行性研究报告是 PPP 项目的源头，一本统筹的、高质量、精准测算的可行性研究报告，是 PPP 项目更快更好的实施保障。

一本好的可行性研究报告应满足以下条件：前期调研充实；建设内容切合实际，必须切合人民群众的真实需求。投资估算科学、技术方案可行、财务分析清晰、专家评审严格。

（三）与项目匹配的社会资本方

具有雄厚的资金实力；具有 PPP 项目业绩、了解幸福产业、有幸福产业的运营管理经验、强大的运营管理团队和创新精神等。

（四）多元化设计推动幸福产业 PPP 发展

文化+旅游、体育+赛事+旅游、文化+教育+培训、医疗卫生+养老+旅游等。

（五）关注项目全生命周期参数的设置

包括项目总投资、合作期限、融资利率、合理利润率、折现率、内部收益率等重要指标。

（六）回报机制的选择

建议进行多元化组合加强项目的运营能力，增加项目的收入。其经营性可考虑项目+赛事、产出+上下游服务、项目+互联网等。

（七）内部收益率

内部收益率是社会资本方判断一个项目是否值得投资的重要指标，内部收益率是反映项目实际收益率的一个动态指标，是根据项目的投资额、合作期限、收入、成本等参数计算所得，要根据项目个性化特点统筹考虑。

四、五位一体，助力幸福产业发展

幸福产业 PPP 项目已有 1 414 个，未来还将有巨大的发展空间。顶层设计+运营前置+产业机制+创新模式+PPP 项目落地，五位一体，助力其发展。

（一）优势叠加，项目推进

PPP 的生命力在于充分发挥政府宏观调控、资源整合、公共服务监管优势和社会资本方运营、管理、创新优势，PPP 模式将政府部门公共服务目标和社会资本方的效率目标有效结合，优势叠加，实现公平与效率的高度统一。

幸福产业社会资本占项目总投资的比例高，既解决了项目资金投入，又通过市场化手段提高了产业建设运营效率，有效激活市场潜力，提高公共产品和服务的供给质量，提升政府部门管理效能。

（二）运营前置，亮点突出

重视运营，运营前置的 PPP 模式是破解幸福产业健康可持续发展的重要抓手，也是经实践不断验证的幸福产业治理模式。

我们在幸福产业项目实施过程中，充分考虑其自身商业性特点，充分挖掘项目潜在经营性空间，通过模式创新，达到项目投入与产出的平衡，实现运营的可持续性。某教学配套设施项目通过充分挖掘其经营性，通过资源创新组合，优化交易结构，通过社会资本方的自身融资，实现项目自身造血机能，通过挖掘项目经营性潜力，实现项目可持续健康发展。

（三）造血机制，健康长效

PPP 项目的推进，尤其幸福产业项目，使政府和社会资本及老百姓有充分的信息共享及知情权。项目直接面向市场，经历充分的市场竞争，使政府通过少量股权产生放大效应，社会资本得到一个发展自身潜力、活力、创新力的舞台，双方按市场规则合作。PPP 机制的这种公开、公众、共享特性，引制、引智、引资功能，充分竞争、充分博弈、充分市场化过程，将催生一批有幸福产业运营经验的企业长足发展，带动行业健康发展。

（四）守正出新，规范发展

随着幸福产业的签约落地、大批项目投入运营，未来 3~10 年内，PPP 幸福产业项目将迎来爆发期，其资产的标准化和可交易性将为项目融资、资产流转、金融产品创新提供新的平台。从目前看，PPP 机制在满足政府、社会资本、社会公众合作时要守正，在挖掘市场潜力、优化投资模式、释放创新活力时要出新。

（五）数据说话，正本清源

全国入库项目总体没有超过财政支出红线，尤其是幸福产业项目，其运营绩效有经营性现金流，具备拉动型产业等特点。项目投资回报机制以使用者付费为主，在支出总量限额下市场前景可期。

PPP 模式在教育行业中的应用

一、PPP 模式在教育行业应用的现状

百年大计，教育为本。教育是提高一个国家创新能力的基础，教育水平的高低决定着人才培养的数量和质量，决定着一个国家的科技发展水平和创新能力。国家曾多次发文对教育行业的发展提出要求，于《国家中长期教育改革和发展规划纲要（2010-2020）》中指出："完善城乡义务教育经费保障机制，科学规划、统筹安排、均衡配置、合理布局。"《国家教育事业发展"十三五"规划》也指出主要目标是："全民终身学习机会进一步扩大、教育发展成果更公平地惠及全民、人才供给和高校创新能力明显提升、教育体系制度更加成熟定型。"在这样的大背景下，为了人民的幸福生活，大力发展教育行业迫在眉睫。

教育作为公共领域的重要组成部分，其公共性毋庸置疑。为了保持教育的公共属性，学校一般都是由政府直接建设。但是这种垄断模式缺乏竞争，导致了一些学校办学质量和效率不高，资源配置效率低下。此外，有些地区，尤其是贫困地区，其政府所能投入到教育中的经费较少，难以满足教育投资需求，为了解决这些问题，政府将社会资本引入公共教育中，使用 PPP 模式推动教育行业的发展，鼓励社会资本参与教育基础设施建设和运营管理、提供专业化服务。PPP 模式运用不仅会提高教育质量和效率，而且可以拓宽资金来源渠道，弥补经费不足，充分发挥社会资本的

作用。

教育行业引入 PPP 模式多集中在学校建设及配套设施改造等辅助性活动。根据全国 PPP 综合信息平台入库项目统计，截至 2018 年 9 月 30 日，教育行业项目共有 410 个，占入库项目总数 4.94%，在 PPP 国家示范项目中，教育示范项目 40 个，占国家示范项目总量 4.04%，教育类 PPP 项目占整个 PPP 项目的比重相对较小。从教育类国家示范项目细分领域来看，职业教育 PPP 项目数量较多，占比达 33%；其次为义务教育项目，占比 18%；学前教育类项目占比最少，为 5%。为解决地方教育大班额问题、提升教育服务水平，PPP 模式在教育行业应用还有一定的发展空间。教育行业国家 PPP 示范项目的细分领域比重如图 1 所示。

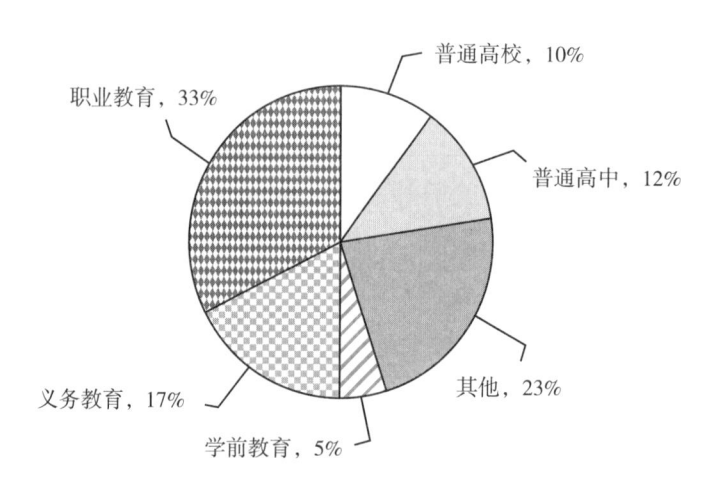

图 1 教育行业国家 PPP 示范项目的细分领域比重

二、PPP 模式在教育行业应用的优势

（一）缓解政府财政压力

许多地方的教育设施设备较为落后，生源的人均固定资产投资额较低，导致教育系统的教学设施服务能力较低。PPP 模式可破解财政资金对教育行业投入不足问题，缓解地方政府财政资金压力。学校建设投资支出

对于各地政府的财政压力非常大,特别是区县级地方政府,每年从财政中能够拿出的资金非常有限,而学校建成可投入使用的年限较长,若采用PPP模式运作教育项目,可以将政府短期内负担较重的大额基础设施投资转化为社会资本投资,即通过市场化方式提供本项目设施基础服务,解决政府短期内预算资金不足的问题,减少政府的财政支出和债务负担,平滑政府的财政支出。如山东禹城市通过引入社会资本,花费3亿多元改善了14所学校的办学条件,政府每年只需要支付4 000余万元,提前7年完成了教育投资,实现了城乡教育均等化。

(二) 提升教育服务质量

教育资源投入不足、教学设施设备落后的情况下,无法吸引优秀的师资、留下优秀的学子。按照国家提倡教育服务均等化的要求,需要通过教育公共服务投入的增加,提升教育服务基础设施质量。通过PPP模式引入社会资本,通过社会资本与学校使用方沟通,在设计、建造、运营等方面提升其服务能力,以满足教育的需求。如贵州省贵阳市乌当区教育设施、设备及后勤服务外包PPP项目提供了高质量校舍设施等可用性服务,提升了学校的综合发展势力,吸引优秀学子,如山东禹城通过PPP模式改善学校的办学条件,在学校投入不到3年的时间,就为北大等知名高校输送了优秀人才。

(三) 促进政府职能转变

PPP模式的成功实施需要实现政府职能的有效转变,政府可由过去运动员和裁判员的双重身份转变为项目的监督者和合作者。公共教育行业的PPP项目,政府的运动员和裁判员身份并非完全是学校义务教育本身,而更多的是学校基础设施投资本身。通过PPP模式,可将学校的设计、建设、可用性运维服务交给社会资本,由社会资本来提供优质的可用性服务,防止传统政府投资时出现的质次价高问题。政府方由学校的提供者转变为学校可用性服务质量的监督者，以提升教育基础设施服务水平和服务能力。

三、PPP 模式在教育行业应用的问题

（一）教育项目的运营收益有限

教育领域的 PPP 项目，其运营内容基本为两个部分：一是学校设施设备的可用性运维；二是教育服务。若是义务教育 PPP 项目，义务教育本身属于政府职责，是公立学校和民营学校的根本区别，不交给社会资本运营。此时，教育行业 PPP 项目基本是学校建筑物及其附属设施的维护，以及衍生服务如食堂、医疗、超市等。对于职业学校等会有体育中心、文化中心等场馆运营及部分课程的特许经营。从国内的社会资本来看，居多的一是规模较大的教育集团，二是看重建设投资的施工类企业。由于规模较大的教育集团多为轻资产运营，基本不涉足学校的投资建设，因而，参与 PPP 教育项目投资的社会资本主要是施工类企业，以学校可用性服务为主，能提供其他运营服务能力有限。

（二）项目回报依赖财政支付

由于教育行业 PPP 项目的运营能力有限，因而项目的收益基本来自于财政支付。如 40 个教育行业国家 PPP 示范项目中，使用者付费项目只有 4 个。即使将后勤服务交给社会资本，其可能提供的收入占比也较低。如调研项目将一个片区 30 个学校的后勤服务全部交给社会资本，每年所获收入仅占政府财政支出的 15% 左右。由于教育行业本身多数是非营利性质的公立学校，限制了社会资本获取办学收益，间接导致教育类 PPP 项目高度依赖政府的财力支持。

四、PPP 模式在教育行业应用的发展建议

党的十九大报告提出，中国特色社会主义进入新时代，我国社会主要矛盾已经转化为人民日益增长的美好生活需要和不平衡不充分的发展之间的矛盾。教育关系到民生，未来必将得到更大的发展空间，虽然 PPP 模式应用于教育行业存在一些问题，但是其依然拥有诸多优势，能够更好地满足人民的需求。综上，为了更好地在教育行业应用 PPP 模式，提出以下几点建议：

（一）提升社会资本投资的创新能力

教育行业自身的公益性特征，导致义务教育本身无法创造收益。因而，需要给予社会资本充分的创新空间。在教育领域的不同细分市场，可以通过多种方式采用 PPP 模式，如将营利性项目与公益性学校相结合，以营利性项目收益平衡公益性学校收益不足问题。引入联合体，发挥联合体成员的资源互补能力，如教育机构和建筑施工企业的联合体，可发挥教育衍生服务和建造的优势互补。在不违背相关政策条件下，尽可能发挥社会资本以服务对象需求为目的服务能力，扩展其盈利端口，发挥其投资性能。

（二）合理控制 PPP 项目全生命周期成本

教育本身存在公益性，不能过度商业化，损害其公益性本质。因而，教育 PPP 项目的关键在于降本增效，也就是通过社会资本的全生命周期成本管理，提升社会资本的利润空间。通过设计、融资、施工、运维全生命周期考虑，降低项目的全生命周期成本，而非单环节成本。这需要因地制宜，根据区域及项目的需求考虑。如为降低项目长期运维过程的能源成

本，通过使用节能等建筑材料，降低运营过程的运营成本。此外，融资成本是教育行业 PPP 项目成本构成的重要内容，需要结合项目特点进行合理性融资设计。重工程类 PPP 项目的最大特点就是利润结构，施工利润是整个利润结构的重要支撑，因而，需要通过项目整体收益视角来进行全生命周期成本管控，实现项目收益。

PPP 模式在旅游行业中的应用

一、旅游行业基本情况

据相关数据统计，2017 年国内旅游人数 50.01 亿人次，比上年同期增长 12.8%；入出境旅游总人数 2.7 亿人次，同比增长 3.7%；全年实现旅游总收入 5.40 万亿元，增长 15.1%。全年全国旅游业对 GDP 的综合贡献为 9.13 万亿元，占 GDP 总量的 11.04%。旅游直接就业 2 825 万人，旅游直接和间接就业 7 990 万人，占全国就业总人口的 10.28%。

从世界范围看，旅游业早在 20 世纪 90 年代初期就已发展成超过石油工业、汽车工业的世界第一大产业，也是世界经济中持续高速稳定增长的重要战略性、支出性、综合性产业。当今，随着经济全球化和世界经济一体化的深入发展，世界旅游业更是进入快速发展的黄金时代。2011 年 3 月世界旅游及旅行理事会发布的《2011－2021 旅游业经济影响报告》认为，尽管目前世界经济增长遇到很多挑战和不稳定因素的影响，但旅游业一直是增长速度最快的部门之一，而且成为推动经济发展和就业增长的主要力量。

二、我国旅游行业投资情况

由于历史的原因和经济的限制,我国旅游项目开发经历几个阶段。新中国成立初期以保护为主的初期开发阶段,这一阶段,旅游资源工作首先着重在遗产资源的保护和恢复方面。改革开放以后,大批海外游客来中国旅游,国内旅游业逐步兴起,迎来粗放式开发阶段,旅游景区突破了重保护轻开发的传统观念,主要表现为对自然景观、人文历史景观和人造景观的粗放式开发;景区开发呈自发性、盲目性,项目遍地开花且模仿性高,由此造成相当一部分旅游开发项目近距离重复建设,没有特色,仅增加旅游投资和劳动力投入来实现旅游经济的增长,而不注重质量。随着规划理念和环境保护认识的深入,继而进入规划开发阶段,景区在开发、规划和经营管理的过程中引入了可持续性发展的理念,不仅仅只注重经济目标的实现,而是把景区的经济、社会文化和自然生态效益的最优化放到了主要位置,尽量减少和避免对生态、社会环境的负面影响。随着游客的旅游观念逐渐成熟,人们对旅游的选择已不再满足于自然和人文旅游观光产品,旅游开发进入创新开发阶段,旅游活动形式向多元化、特色化和参与化逐步发展,从传统的观光旅游扩大到休闲旅游、工业旅游、科技旅游、体育旅游、探险旅游、沙漠旅游等。为了迎合市场的需求,旅游开发也得到不断创新,此时的旅游开发越来越具有综合性和开发性。

长期以来,我国旅游业主要依赖政府投资、银行贷款等传统融资模式,难以满足旅游项目建设与旅游产品结构转型的巨额融资需求。尤其在西部地区及偏远地区,尽管有良好的自然景观资源,但是由于缺乏开发资金和先进的旅游管理能力,很多地方的旅游资源尚处于原始状态,亟须采用先进的开发模式,其中 PPP 模式就是其中之一。

三、旅游行业相关政策

2009年,《关于加快发展旅游业的意见》(国发〔2009〕41号)提出,深化旅游业改革开放,"鼓励社会资本公平参与旅游业发展,鼓励各种所有制企业依法投资旅游产业",加快旅游基础设施建设;"把旅游业培育成国民经济的战略性支柱产业和人民群众更加满意的现代服务业。"该意见是我国旅游业发展的一个具有里程碑意义的重要文件。

2010年,国务院《关于鼓励和引导民间投资健康发展的若干意见》(国发〔2010〕13号)进一步提出:"鼓励民间资本参与发展文化、旅游和体育产业。""鼓励民间资本合理开发旅游资源,建设旅游设施,从事各种旅游休闲活动。鼓励民间资本投资生产体育用品,建设各类体育场馆及健身设施,从事体育健身、竞赛表演等活动。"

2012年6月,国家旅游局发布《关于鼓励和引导民间资本投资旅游业的实施意见》(旅办发〔2012〕280号),明确鼓励民间资本投资旅游基础设施,合理开发、经营和管理旅游景区。

2014年,国务院发布的《关于促进旅游业改革发展的若干意见》(国发〔2014〕31号)更是提出"推动旅游市场向社会资本全面开放"。《关于开展政府和社会资本合作的指导意见》(发改投资〔2014〕2724号)确定医疗、旅游、教育培训、健康养老等公共服务项目,以及水利、资源环境和生态保护等项目均可推行PPP模式。

2018年4月,文化和旅游部、财政部发布《关于在旅游领域推广政府和社会资本合作模式的指导意见》(文旅旅发〔2018〕3号)提出,在旅游景区等九大重点领域推广PPP模式,并鼓励金融机构早期介入项目前期准备,提高项目融资可获得性,更好地满足人民群众对旅游公共服务的需要,大力推动旅游业提质增效和转型升级。文旅旅发〔2018〕3号文件表示,通过在旅游领域推广政府和社会资本合作模式,推动项目实施机构对政府承担的资源保护、环境整治、生态建设、文化传承、咨询服务、公共设施建设等旅游公共服务事项，以及相邻相近相关的酒店、景区、商铺、停车场、物业、广告、加油加气站等经营性资源进行统筹规划、融合发展、综合提升，不断优化旅游公益性服务和公共产品供给，促进旅游资源保护和合理利用，完善旅游资源资产价值评估，更好地满足人民群众对旅游公共服务的需要，大力推动旅游业提质增效和转型升级。并重点提出了九大领域发展 PPP 模式：旅游景区、全域旅游、乡村旅游、自驾车旅居车营地、旅游厕所、旅游城镇、交通旅游、智慧旅游、健康旅游等新业态。鼓励政府和社会资本方将旅游资源的经营性开发项目与养老、体育、健康、研学等领域公共服务供给相衔接。

四、PPP 在旅游行业的发展

PPP 模式作为政府主导的投资模式，在解决开发资金和管理难题的同时，能够兼顾自然旅游资源为全民所有的需求，同时能够避免纯商业模式下的过度开发。

旅游业原本是我国最早引入 PPP 模式的行业，20 世纪 80 年代，北京饭店、广东的白天鹅宾馆就在我国第一批 BOT 项目之列。在旅游行业持续保持高景气的态势下，扶持政策的不断加码为旅游行业引进 PPP 建设提供良好环境。根据全国 PPP 综合信息平台项目管理库 2018 年第三季度季报，管理库累计项目数 8 289 个、投资额 12.3 万亿元。管理库内，旅游行业累计数目达到 334 个，占管理库项目总数的 4%，累计投资额 4 953 亿元，占管理库总投资额的 4%。财政部发布的第四批政府和社会资本合作示范项目名单中，旅游 PPP 示范项目数量为 27 个，投资总额为 349.17 亿元，较第三批入选项目数量增长 92.86%，投资额增长 54.2%。

通过分析财政部发布的 PPP 示范项目，旅游 PPP 项目在回报机制的设计上，大多采用可行性缺口补助的回报机制，少量采用使用者付费的回报机制；在合作期限上，分为 10~30 年不等；在采购社会资本的方式上，公开招标和竞争者磋商几乎各占一半；在项目具体的运作方式上，除个别项目采用"移交-经营-移交（TOT）"和"建设-拥有-经营（BOO）"以外，绝大部分的项目选用"建设-经营-转让（BOT）"的方式进行建设。

五、旅游行业 PPP 模式解决的问题

（一）基础设施投资不足

从整体上看，旅游类 PPP 项目占比不高，并且分布较为集中，主要集中在贵州、新疆、内蒙古等旅游资源丰富但基础设施建设不足的区域，而基础设施比较发达的北京、上海、天津旅游类 PPP 项目相对较少。可见，旅游开发类项目并不缺乏投资，只是基础设施的不足制约了局部区域旅游行业的发展。而基础设施与旅游行业的发展也是相辅相成的，但基础设施的投资庞大往往会让旅游行业投资者望而却步，并且投资的收益不确定性会加剧这一情况。所以，很多地方的旅游行业需要以政府主导，或者政府建基础设施搭台子，在完善交通和旅游环境之后引入投资者。但对于基础设施严重不足的地区投资巨大的问题，PPP 模式能较好地解决。同时，由于旅游资源在一定程度上具有区域性，旅游收益很大程度上希望被分配在局部区域，PPP 模式下限制投资者收益的设置也能较好地符合旅游行业投资。

（二）商业性和公益性的矛盾

根据宪法规定，矿藏、水流、森林、山岭、草原、荒地、滩涂等自然资源都属于国家所有，即全民所有。也就是说，旅游资源具有很强的公益性。但是旅游资源按照原始的粗放式发展并不能带来较好的发展，谋求发展就必须要求具有商业性。

公益和商业在形式上看是对立的，但处理好了两者的关系，商业性反

而能够促进公益性。以往的旅游景区开发运营等大多是由政府掌控，景区大多注重保护而忽视商业收入，导致投入一直大于产出，如果没有雄厚的政府预算持续支持，很多旅游资源最后会面临被限制，保护的目的反而不能实现。在市场经济下，具有持续的现金流才能维持和发展，旅游行业也不能违背这一规律。PPP 模式限制投资者暴利的同时，也允许投资者获得一定的超额收益，能够较好地激励投资者的积极性，也能将资金留下做生态修复和环境保护。

（三）政府职能的转变

在以往的旅游景区运营中，政府既做管理者，又做经营者和监督者，政府占用资源但往往不能利用好资源。政府职能的定位应该为监督者，并不限于行政监督者。在 PPP 模式下，由于合同关系，政府方同时还是履约监督者。通过 PPP 合同的职能分配，政府方参与投资但不参与实际管理，通过绩效考核以及与支付的挂钩，能够很好地限制投资者的行为，真正从管理者转变为监督者。

在 PPP 模式运用的所有行业中，旅游行业的可经营性最为突出，如果能较好地设置运作模式、回报机制，则必然能发挥合作双方的职能，更好促进旅游资源的合理配置和保护利用。

PPP 模式在养老行业中的应用
——养老综合体打造攻略

一、策略篇

（一）分析当地养老市场，找准自己的经营定位

没有对当地养老市场进行过深入调研和科学分析，妄谈养老综合体（社区）的经营方略必定是盲目的和低效的。对于养老市场的调查分析可以从以下几个方面着手：

从宏观层面，利用 PEST 分析方法，从政策、经济、社会、技术四个方面掌握当地养老背景，分析养老环境。

第一，政策。了解当地政府在养老方面出台了哪些政策，对养老综合体（社区）的支持力度有多大，一次性建设补贴和运营补贴多少，未来政策支持的方向是什么等，最大可能争取当地政府的支持。

第二，经济。从当地的 GDP、人均可支配收入等方面了解当地的经济发展情况。同时可从民政部门或其他政府部门了解当地的退休公务员、教师等的工资水平，了解整个社会养老支付能力。

第三，社会。需要了解到老龄化率、老年人口、高龄人口、空巢老人数量以及老龄化趋势，对当地的养老市场容量建立清晰认识。

第四，技术。可根据当地养老的智能化程度、服务技术水平等方面，了解当地养老服务市场处于一个什么样的层次，了解养老综合体（社区）的发育程度。

从中观层面，调研分析当地现有及潜在养老综合体、康复机构、护理院、养老社区等养老相关实体的发展运营情况，重点查清哪种类型的机构已经发育成熟且饱和，哪种类型机构还处于空白阶段，为后期的项目定位提供依据。

从微观层面，通过线上线下问卷调研，利用科学手段进行分析，把握当地老年人的养老需求、养老意愿、付费方式和可支付能力，方便后期项目的服务产品设计和价格制定，以及商业模式的设计。

通过以上三个层面的调查研究，可以初步决定本项目的市场定位：高端、中端、低端；体量大小；确定面向群体，服务的主要对象；功能定位；服务产品；确定采取措施，占领市场途径。

（二）确定机构发展目标，制定切实可行计划

没有明确的发展目标，就没有方向和动力，也不能很好地凝聚机构领导层和全体员工。而目标是否正确与恰当，直接关系到机构（社区）发展的速度和结构。当然，没有切实可行的计划，再大再好的目标也不过是空中楼阁。

机构（社区）发展目标应当包括近期目标和远期目标。近期目标一般在5年以内，要包含：准确迅速的市场切入，叫得响的养老品牌，有竞争力的服务质量，不断壮大的人才队伍，日益完善的配套设施。远期目标则还包含：忠实可靠的客户群体，稳定可观的投资回报等内容。在认真测算的基础上，还可以对上述目标进行量化。

为了如期实现发展目标，可制订下列计划：基础设施建设计划、配套设施设备采购计划、人才招聘与培养计划、机构文化与制度建设计划、机构营销与策划计划、财务管理与收益测算等。

（三）建立优秀人才队伍，健全相应培训晋升制度

机构竞争力的核心是服务质量，服务质量的核心是人才建设。因此，能否建立一支优秀的人才队伍，健全相应的培训晋升制度，关系到机构（社区）经营的成败。

人才队伍的建设一靠吸纳，二靠培养。吸引人才并留住人才，需要合理的待遇、事业的平台和融洽的氛围，三者须有机统一。而培养人才既要有战略眼光，也要舍得投入，从长远来看，养老综合体（社区）的人才队伍建设应当主要依靠机构内部培养。

养老综合体（社区）当前在人才方面存在不少问题，招人难，留人更难。这里有市场供给方面的原因，也有观念不当的原因，需要引起我们的注意。

（四）确定合理薪酬制度，完善岗位激励机制

想要留下优秀的人才，主要途径是给予员工合理的薪酬，从而充分调动员工的积极性。主要措施是岗位激励，岗位激励的主要手段是薪酬制度。合理的薪酬制度有两个要点：一是对外要有竞争力；二是对内要有公平性。

（五）营造独特文化理念，凝聚全体员工人心

没有自己文化理念的机构（社区）是没有"灵魂"的机构（社区）。因此，要想长久地经营好一家机构，必须有意识地营造属于自己的、独特的机构（社区）文化理念。

从当前养老综合体（社区）所存在的问题来考虑，机构（社区）文化建设应当着重从以下四个方面着手：一是创新，就是超前的理念、远见的谋略和成功的实践；二是进取，就是不懈地追求、不断地探索和持续地

发展；三是诚信，就是对事业的忠诚、对客户的守信和对社会的奉献；四是务实，就是负责的态度、扎实的作风和完美的效果。

从当前养老综合体（社区）面临的生存环境来考虑，机构理念塑造应当从以下七个方面努力，即以人本管理为中心，以诚信经营为基石，以学习创新为动力，以竞争激励为平台，以优质服务为根本，以制度建设为保障，以低耗高效为目标。致力于达到相对理想的境界：精干高效的领导，团结协作的部门，竞争合作的员工，上下齐心的机构，老人与工作人员和谐的局面。

（六）精心开展营销策划，建立良好客户关系

从广义来讲，机构（社区）经营管理的各个方面都与机构（社区）营销有密切关系，但从狭义来理解，机构营销的实质就是吸引老人，扩大业务，在短期内快速扩大机构影响，迅速打开局面，长期稳定地吸引一大批忠实客户。

首先，要建立机构（社区）营销部门，配备专业营销策划人员，组建营销队伍，以机构（社区）特有的营销战略和营销方法进行培训，并制定有效的营销绩效考核奖励办法。

其次，要制订机构营销（社区）计划，明确营销的重点、主要的途径与方式、投入的经费预算、所要达到的目的等。

最后，精心组织实施。需要强调的是，要高度重视客户关系的管理，老人及家属到机构（社区）来了，应思考如何做到让老人再来，并把没有来过的人带来。

（七）畅通各种沟通渠道，争取社会各界支持

沟通与政府有关职能部门的关系。沟通与民政部门的关系，确保在行业准入与执业监管方面得到公平对待；沟通与卫计委的关系，涉及医疗机构的监管及是否能纳入医保定点范围；沟通与食品药监部门的关系，关系

食品餐饮的安全与资质申请；沟通与工商管理部门的关系，关系到机构（社区）广告宣传与营销竞争手段；沟通与税务部门的关系，在民政支持的政策范围内享受到税收优惠等。

沟通与新闻媒体的关系。尽可能增加机构（社区）正面宣传，在机构辐射区域树立"诚信""正统"形象。

沟通与政法部门的关系。当前，老人及家属纠纷是困扰机构（社区）最头痛的问题之一，机构（社区）正常秩序和工作人员人身受到威胁的现象时有发生，处理好与当地政法部门尤其是当地公安机关的关系，有利于得到及时援助和公正处理。

沟通与当地居民社区的关系。积极参加居民社区的活动，支持居民社区的工作，通过居民社区来回报社会，可以使机构（社区）被当地社区居民顺利接纳。

（八）构建风险管理机制，防范化解经营风险

总结和归纳起来养老综合体最有可能遇到的风险与危机有五大来源：突发的重大事故或老人家属纠纷；媒体恶意炒作的负面报道；社会不良人员设置的陷阱；个别执法人员的故意刁难；意外的火灾、盗窃和重大伤亡事件。

规避风险，化解危机，需要构建有效的风险管理机制，这牵涉到四个重要方面：制度化、系统化的危机管理组织和作业流程；高层领导的重视和直接领导；良好的内部信息系统支持；善于处置危机的管理人员。

二、架构篇

在我们定位医养融合型养老综合体之前，首先必须要明确一个观点，养老服务是根本，医疗服务为补充。医养融合型养老综合体的医疗服务是为了服务于养老，离开了养老，医养融合便无从谈起。因此，我们在完善该项目

医疗服务体系的同时，更需要将我们的养老服务摆在首要位置。

运营机构的服务目标为打造成以医养结合为基础的养老服务机构，并积极辐射附近社区，打造集机构养老、社区养老和居家养老服务全覆盖的医养联合体。

医养结合，打造老年慢性病医疗康复、半失智失能老人照料等专业服务特色，以重点满足长期照护需要的半失智失能老人入住。

合理规划院舍单元，形成自理、介助、介护老人分等级护理，健康、半失能、半失智分区域管理，中档、高端和个性化分档次服务的服务管理模式。

打造机构—日托—社区三位一体的医养联合体服务模式，建设日间照料中心和虚拟养老院；以机构带社区，通过智能化信息技术的运用，把机构的专业服务推送进社区、到家庭。同时以护理院为培训基地和管理与服务的示范基地，护理院既提供在养老护理院的全托养老、日间托老服务，又提供多层次、多样化的居家养老上门服务，为老人提供生活照料、医疗康复、专业护理及文化娱乐活动等服务。

在运营过程中，计划按照医疗机构设立标准，在院内规划设立准护理院，由于服务内容重点是满足老年人的医疗服务需求以及周边社区居民基本医疗服务需求，可主要设置微型的急诊科、内科、外科、老年病专科、中医科、康复科、营养科等临床科室，并结合体检中心设置检验科、X光室、药房、消毒供应室等医技科室。根据要求配备相应的医疗设备及专业技术人员。另外，由于大多数老人对康复有着不同程度的需求，所以在康复项目的开展及康复器材的采购方面可以加大投资力度，规划开展康复理疗项目。

为了能够满足不同老人的生活需求，可以对每一位入住老人进行老年人能力评估，根据评估结果确定老人服务需求，根据服务需求为每一位老人制订相应的个案护理计划，并根据老人需求进行进一步调整，确保老人在养老服务需求方面做到人性化、精细化。

除了老人日常生活照料以外，在文化娱乐活动方面也会有相应的需求，建议进行科学规划，在养老院设置阅览室、DIY手工制作室、书画室、棋牌室、微型影院、园艺室、KTV室、多功能厅等，以满足老人文化娱乐方面的需求。

（一）管理模式及制度

1. 组织机构设置

各部门工作职责分工如图 1 所示。

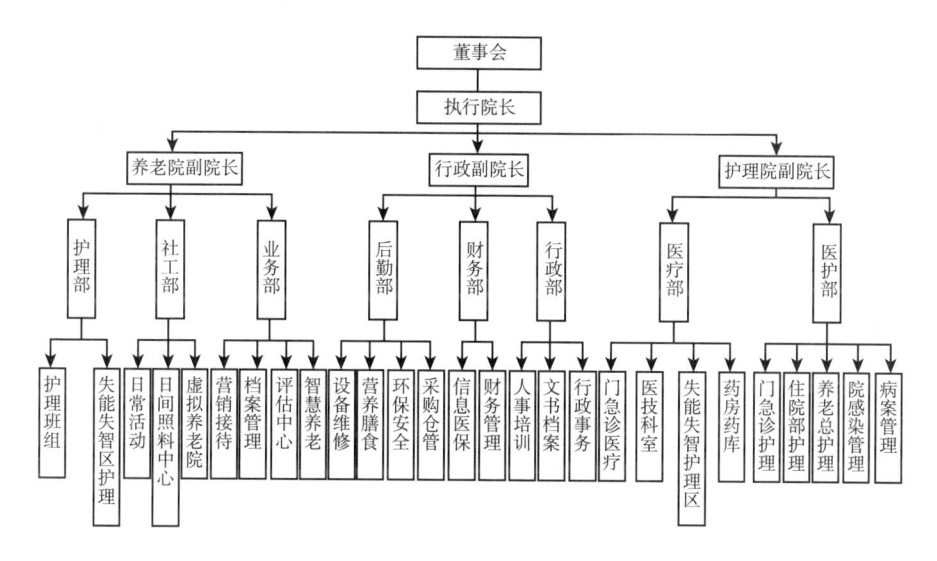

图 1　各部门工作职责分工

董事会对养老院及护理院有监管职责。在护理院的工作可执行董事会的统一领导下的院长负责制。

护理院副院长对医疗部门负责，养老院副院长负责养老院工作，行政副院长负责行政、后勤管理及对外联络工作，各分管院长配合做好医养结合工作。执行院长负责与董事会对接及日常工作推进。

下设部门分为行政部、护理部、医疗部、医护部、财务部、后勤部、社工部和后勤部。行政部负责福利院行政管理、人力资源管理、营销、宣传、社工项目、社会募捐、公益活动、对外联络及所有内部事务管理工作；护理部负责养老院的护理业务工作、护理服务质量控制、护理培训等业务工作；医疗部和医护部负责护理院的医疗和护理工作；后勤部负责整个福利院设备管理、餐饮管理、保洁绿化和安全保卫、采购及仓库管理工作；财务部负责财务管理工作及成本控制。

2. 服务标准及工作流程

为了所提供的服务能够满足老年人的日常需求，建议按照国家及养老服务行业制定养老服务标准开展包括老人能力评估、日常生活照护、安全风险防控、医疗护理服务、膳食营养服务、心理关怀等服务，并建立服务质量考核机制。

①质量管理全员化

各项服务进行全员质量管理，专业人员持证上岗，各服务内容均按照质量标准进行控制。

②专业服务品质化

针对服务对象的特点和需求，提供品质化的优质服务，形成拳头服务品牌，如生活自理老人的精神文化和社交的需求服务，失能失智老人的医养结合服务，临终老人的临终关怀服务等。

③督导评估制度化

按照民政部《社会福利机构管理暂行办法》等规范进行管理运行，采用内部督导、公司督导、聘请专家督导和老人满意度调查等形式开展督导评估工作，接受各级政府和上级部门的监督、意见和检查。

④内部管理智能化

数字化管理，可运用物联网技术，通过 GPS 定位、防跌倒、健康监测等可穿戴设备，使养老服务实现信息化、智能化，以保障养老服务高效、高质。

⑤资源整合社会化

一是招募爱心志愿者进行长期的特色志愿服务。二是鼓励社会爱心人士和企业的捐款，并公开使用情况、接受社会监督。三是积极申报公益创投项目，利用管理人员专业优势，精准服务特定受助人群。四是发挥老人余热，建立服务支出银行，储蓄服务，鼓励院内能自理的老人负责自己室内卫生清扫、内务整理，或开心农场等自助活动，给予一定报酬和精神鼓励，实现"互助养老"，提升老人生活品质，而不是一味地接受服务。

（二）科学规范的供养人员管理服务体系

一是坚持社会效益优先的理念。养老服务事业本来就是惠民之举，民生工程，社会效益要大于经济效益，尤其是政府集中供养人员的养老更是良心工程，绝不能唯利是图，要始终坚持把社会效益摆在优先位置。

二是坚持服务无差别。养老护理院既有政府集中供养人员，同时也接收社会寄养人员，在服务上对待这些老人要和社会寄养老人一视同仁，饮食上一个标准，服务上一同对待。在生活中给他们更多的关爱、关注与关心，让他们在关怀与关爱中感受政府的关注、社会各界的关心。

三是提高老人晚年生活品质。不单要延长寿命，还要增加健康的生命长度，加强对老人的健康管理，逐步改变老人的不健康的生活习惯、饮食习惯，养成健康的生活方式，加强慢性病的管理，提供疾病预防、自我保健及伤害预防、自救等健康指导。

四是加强心理疏导。很多"三无""五保"对象都存在一定的心理问题，定期开展小组或个别的心理辅导、心理健康教育活动，对于有一定心理障碍的老人制定心理辅导方案，全员联动，对老人加强心理疏导，提供心理关怀志愿服务。为老人构建"心理教育辅导平台""心理诉求减压平台"等一系列心理教育、心理危机救助体系，帮助老人解开心结、快乐生活。同时，要鼓励老人积极参与社会活动，摆脱孤独寂寞，保持乐观健康的生活状态。

五是丰富业余生活。开展丰富多彩的文体健身活动，鼓励老人积极参与体育、文化娱乐等群体活动，培养这些老人的兴趣和爱好，丰富他们的业余文化生活。鼓励老人参加一些力所能及的工作，如修剪花草，为食堂择菜等，发挥余热。

三、融资篇

（一）PPP 融资和项目管理模式

政府与私人组织之间为了提供某种公共物品和服务，以 PPP 模式为基础形成一种伙伴式的合作关系，明确双方的权利和义务，最终使合作各方达到比预期单独行动更为有利的结果。

PPP 模式通过公私合作，以具有公信力的政府做引导可以给民间资本投资的信心，极大降低其投资风险。政府从换位为市场引导者，发挥"看不见的手"的作用，可以减轻以往拨款扶老的财政压力，也可以盘活养老市场基金，凭借其灵活性把运用于养老产业的钱花在刀刃上。政府通过合作把养老产业推向市场，通过市场的优胜劣汰原则，提升养老公共服务质量和专业水平，进而带动整个养老产业的转型跨越发展。

首先，要明确 PPP 居家养老事业的重要地位，合理地安排当地的 PPP 居家养老工作，统筹结合社会进步和城市建设，促进养老产业的良好发展。其次，应该从制度入手，整体连接各项养老保障制度，通过健全服务体系和增加保障收入，逐步提高 PPP 居家养老保障能力和水平。最后，通过相应法律法规的建设，完善对 PPP 居家养老工作的指导；通过税收等有力手段，吸引社会资金投入居家养老产业，充分发挥市场作用，使居家养老进入良性发育循环，发挥其最大功效。

养老项目可以由政府发起，也可以由市场发起。对后者，政府只要按照既有的政策给予支持和补贴就可以了；而前者，需要政府的投入，如何针对这类项目设计出切实可行的合作模式是需要重点研究的问题。

对有效缓解政府财政压力的养老项目采取 BOT、BOO 等模式。在鼓励社会力量进入养老服务业的相关政策文件中，明确提出的适用于养老项目的几种模式，应当着力于运营阶段，解决公办养老项目供给能力不足、运营服务水平低下的问题。

采用适用于新建基础设施的 BOT、BOO 等模式建设养老设施，因养老项目的公益性，且面向老人这一弱势群体收费，完全由投资人投资并通过提供养老服务收回投资在经济上可能并不可行，仍然需要政府采取某种形式的补贴。如以优惠价格提供场地或土地，在运营阶段按照床位给予补贴等。

采用"建设-维护-移交（BOT）+委托运营"的模式，通常有三个参与方：一是政府，作为项目的主导者和监管者；二是建设方，就是社会资本，负责设施的建设和维护；三是运营单位，作为项目建成后的运营者。政府先与社会投资人签订投资和维护更新协议，由其出资建设养老院等设施，在竣工并完成验收后，社会资本在一定期限内负责设施的维护和更新，政府以租赁方式获得养老设施的使用权，以租赁费支付投资人建设、维护成本及回报。同时，政府以租赁经营或委托运营的方式将该养老设施租赁给运营单位使用，视情况以降低租金方式或按养老院实际入住人数给予补贴，使运营者在提供高性价比服务的同时也能获得合理的收益。其主要优点是专业运作，解决了养老服务所需的专业服务问题，同时能够在较长时间内平滑政府投入的现金流。政府可以从一些有融资需求和服务需求的单体项目着手进行试点，形成经验后再逐步加以推广。参考项目运作模式如图2所示。

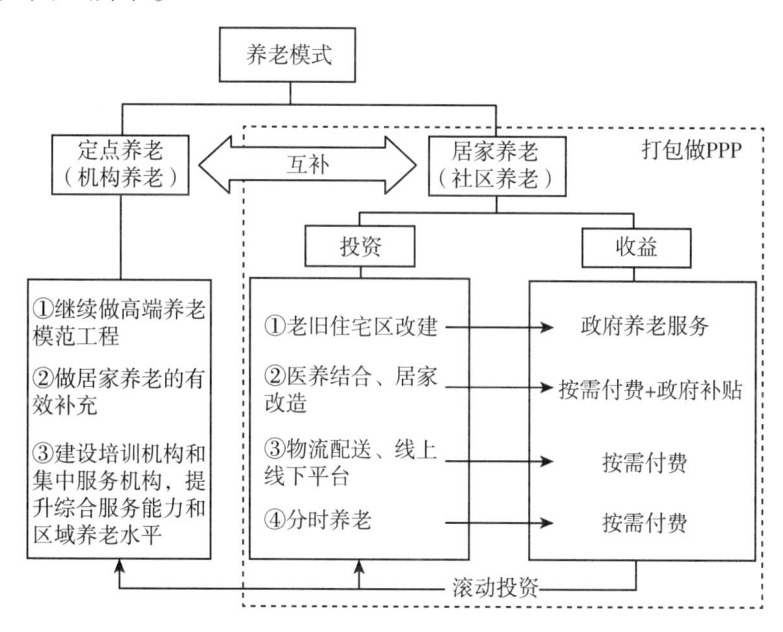

图2 参考项目运作模式

（二）保险资金投资模式

保险业的特性和经营决定了保险公司投资养老产业、经营养老社区，即可锁定一批老年客户群，围绕老年人生活需求，提供相应的服务，延伸产品线，实现商业价值。阻碍保险公司投资养老产业的问题主要有：第一，养老产业总需求旺盛，但有效需求不明；第二，现有养老地产盈利模式不适合保险资金；第三，产业链涉及面广造成相关专业人员储备不足；第四，长期战略价值与短期收益要求产生矛盾；第五，资金投入量大与保险公司自身经营周转产生矛盾；第六，保险资金对于养老地产与高业地产投资的选择等。

（三）政策性银行贷款模式

政策性银行贷款一般适用于符合国家养老产业政策发展要求、获得当地养老产业政策支持、有一定规模、效益好的养老企业。国开行贷款项目支持重点是社区居家养老服务设施建设项目。主要包括：

一是城市社区日间照料中心、老年食堂、老年活动中心和养老服务信息平台，其他为改善老年人居住条件和生活环境的便利化社区养老服务设施。此类项目以市、县（区）为单位，实施整体融资支持。

二是居家养老服务网络建设项目。主要包括支持为老年人上门提供助餐、助浴、助洁、助急、助医等涵盖生活照料、健康服务、文化娱乐、精神慰藉、法律咨询等服务的居家养老服务型小微企业，以及各类规模化、连锁化、品牌化的组织发展。

三是养老机构建设项目。主要包括养老院、社会福利院、老年养护院、敬老院、养老社区等各类为老年人提供集中居住和照料等综合性服务的建筑及设施。

四是养老服务人才培训基地建设项目。主要包括支持高等院校和职业院校增加养老服务相关专业和学科建设，培养相关专门人才；支持依托职业院校和养老机构开展养老服务培训实训基地建设,加强对相关人员的专业培训。

五是养老产业相关项目。主要包括支持直接为老年人提供生活照料、健康服务、产品用品的企业。

PPP 模式在养老行业中的应用
——以 PPP 模式推动养老行业转型升级

自 2015 年开始,"健康养老""医养结合"与"PPP"几乎在同一时间,成为中国的热点关键词,得到中央地方各级政府、社会各界的重视,各种围绕着这几个关键话题的政策也接连出台。也许是偶然中的巧合,也许是我们国家和社会发展到现有阶段,必然出现的趋势。尤其是 2017 年 8 月 14 日,财政部、民政部和人力资源社会保障部联合发布《关于运用 PPP 模式支持养老服务业发展的实施意见》(财金〔2017〕86 号),更是以中央文件的形式,大力肯定了以 PPP 模式推动养老行业发展的必要性,鼓励运用 PPP 模式推进养老服务业供给侧结构性改革,加快养老服务业培育与发展。

从国外的实践看,医疗和养老行业本就是应用 PPP 模式的主力军,因为这两个行业既有公益性质,也有商业运营模式,很适合采用 PPP 模式。在 PPP 应用典范的英国,PPP 模式被应用于增加大量的医院、初级和老年保健设施(也包括学校、住房和办公室)建筑。根据英国基础设施和项目管理局的数字,医疗部门(这里把医院和养老设施合并计算)代表了 20% 的项目价值及英国 PPP 项目总额的 35%,交付了 160 个中央政府支持的 PPP 医疗养老项目,资本投资额达到 133 亿英镑,及 49 个初级保健中心,资本投资额超过 25 亿英镑。如果没有 PPP,很难想象这还可通过其他途径实现。

从中国的现状看，PPP模式也尤其适用于当下的中国健康养老行业的发展。除了上面提到的和英国情况类似的原因，还因为：

在地方政府财力普遍紧张的情况下，可快速实现养老供给侧服务机构数量和质量的快速提升。首先要强调一下，PPP的目的绝不是融资，其本质是通过引入社会资本方及其运营能力，提升公共产品的服务质量和效益。因为PPP都会涉及项目建设和融资，因此项目融资也是PPP必不可少的组成部分。当前中国的养老行业存在三大问题，我们总结为："快速变老"，发达国家经过80～100年才实现的老龄化，我们只用了15～17年的时间；"未富先老"，我们的国家、政府和个人还处于财富积累阶段，社会保险体系还不够完善，我们的社会就进入了老龄化；"未备先老"，我们的供给侧存在大问题——养老服务机构的数量、服务的品质及其可得性，乃至服务人才体系，离未来老龄化社会的要求还有很大距离。在这种环境下，PPP模式可调动社会资本的积极性，充分发挥商业运营能力，在政府财力紧张的情况下，快速实现养老服务机构数量及服务质量的提升。

中国需要的不仅是融资，更重要的是养老运营能力和养老运营绩效的提升。如以上所说，中国养老行业不仅是要在投资、"硬件"上增加供给，更主要的是要提升运营能力和运营绩效。公办机构服务质量一般尚可，但效益不高，且经常产生"逆向选择"，应当优先接收的失能失智老人往往被拒之门外。而通过PPP的模式，引入社会资本方，借助市场化运营体系和设定的绩效评价标准，可使养老机构在满足公益性要求的同时，丰富养老运营内容和层次，满足各层次不同老人的需求，提升运营能力和绩效。

PPP有利于促进政府投资和养老运营的规范化和效益。PPP模式下，无论是投资还是运营，都有明确的规定，并得到合同法的保护，有利于促进政府投资和养老运营的规范化；而可行性差额补贴、使用者付费等多种项目收入模式，实现了政府和社会资本方的"双赢"，有利于用市场化的方式，激励社会资本方通过优秀运营，提升养老服务的效益。

但是，在中国现阶段的市场环境中，养老行业PPP模式应用也不可避免地存在一些问题。这些问题的存在导致社会和一些地方政府对养老PPP项目产生偏见，并影响了PPP模式在养老行业的推广。这些问题包括：

第一，泛地产化。当今不少养老项目名为养老服务，实际上是房地产的仍旧非常多。PPP模式中也有不少项目，虽然经过了包装，但仍脱离不了房地产开发模式。养老地产模式以商业化运营为主，公益性不强或基本没有公益性质，并不适合采用PPP模式开展。这也是不少养老PPP项目受到的最大质疑。

第二，对政策理解把握不够。这不仅是养老行业，更是PPP模式在中国推广中存在的普遍问题。PPP模式与养老行业结合，在中国是一个政策和制度的创举，但如果对养老行业的政策、行业规律和PPP模式的应用并没有深入理解，会造成步履维艰，要么项目方向走偏，要么不能实现PPP的基本要求，因为"算不过账来"而胎死腹中。

第三，项目比较复杂，落地流程时间长。养老行业的PPP项目往往涉及重资产投资和土地，会涉及多个部门，发改立项、规划、土地获取、证书取得等都需要较长时间和流程才能走完，影响了政府和社会资本方开展养老行业PPP的积极性。

究其原因，是我们的制度体系、市场环境、养老服务供给方自身都不够成熟而造成的。随着制度建设、市场环境完善、社会资本方的经验积累，相信这些问题都会得到逐步解决。结合未来政策走向以及行业发展趋势，"不忘初心"，坚定不移地采用PPP模式推动养老行业转型升级，回归规范的PPP模式和养老服务性质的本位，是必须坚持的，因为这符合中国现阶段养老行业发展需求，并且是解决中国养老行业供给侧问题的现实途径。

PPP 模式在文化产业中的应用

一、文化领域 PPP 项目现状

公共文化产品和服务一直以来都主要是由政府负责提供，社会资本较少参与。2015 年 5 月，国务院办公厅转发《关于在公共服务领域推广 PPP 模式指导意见的通知》（国办发〔2015〕42 号）和《关于做好政府向社会力量购买公共文化服务工作意见的通知》（国办发〔2015〕37 号），将文化领域第一次纳入 PPP 模式的推广范围，为深化文化体制改革、创新公共文化服务模式明确了改革方向。2017 年 2 月，《国家"十三五"时期文化发展改革规划纲要》《文化部"十三五"时期文化发展改革规划》，鼓励和引导社会资本进入文化产业，鼓励社会资本进入文化企业孵化器、文化资源保护开发等新兴领域。2018 年 11 月 13 日文化和旅游部、财政部联合发布《关于在文化领域推广 PPP 模式的指导意见》（文旅产业发〔2018〕96 号），以推动政府职能转变，创新文化供给机制，引导社会资本积极参与文化领域 PPP 项目。

在国家政策的推动下，文化领域推广 PPP 模式已经取得一定的成果。根据财政部政府和社会资本合作中心全国 PPP 综合信息平台项目管理库数据显示，截至 2018 年 9 月底，共有管理库项目 8 289 个，其中文化一级行业管理库项目 193 个，占比 2.3%；文化一级行业示范项目 31 个，占比 3.6%。文化领域 PPP 项目情况及 PPP 项目行业比例分布情况如图

1、图 2 所示。

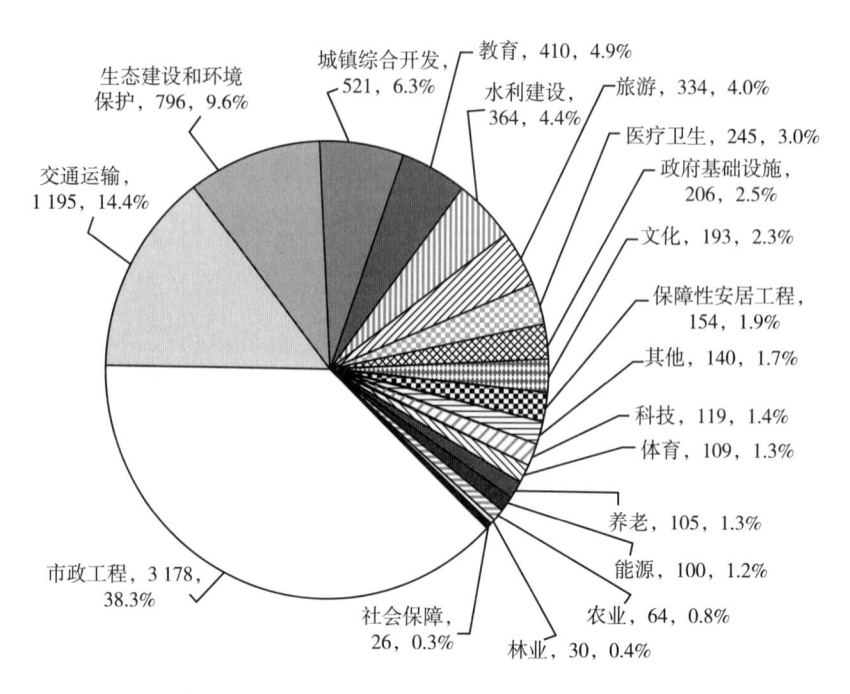

图 1　2018 年三季度管理库项目数量的行业分布（个）

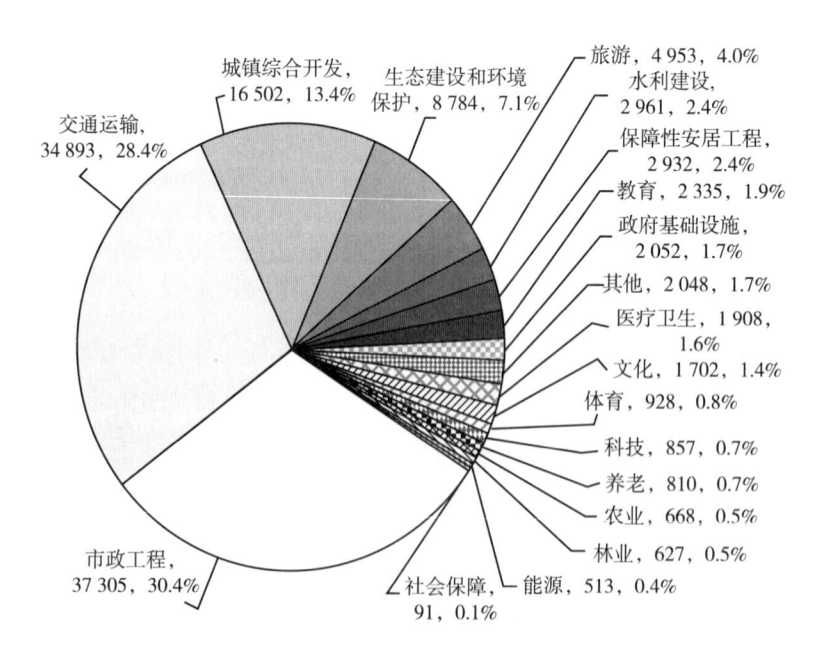

图 2　2018 年三季度管理库项目投资额的行业分布（亿元）

二、PPP 推进文化项目发展的价值分析

(一) 文化发展新需求

目前,中国文化产业发展正面临前所未有的机遇。党的十八大以来,党中央、国务院从实现"两个一百年"奋斗目标的高度,提出文化强国战略,并制定了"到 2020 年,要在全国基本建成现代公共文化服务体系"的任务目标。文化基础设施,是人民进行文化生活的重要场所和物质基础,其发展水平对人民群众文化生活的方方面面都有很大影响,是社会全面发展的主要指标。

据《中华人民共和国文化和旅游部 2017 年文化发展统计公报》,截至 2017 年末,全国文化系统所属及管理的文化单位共有 32.64 万个,从业人员 248.30 万人。艺术表演团体 15 752 个,全年演出 293.77 万场,其中赴农村演出 184.44 万场;国内观众 12.49 亿人次,其中农村观众 8.30 亿人次。公共图书馆 3 166 个,图书总藏量 9.70 亿册,电子图书 10.26 亿册,全年公共图书馆流通总人次 7.45 亿,为读者举办各种活动 155 590 次,参加人次 8 857 万。群众文化机构 44 521 个,全年群众文化机构共组织开展各类文化活动 197.86 万场次,服务人次 63 951 万。文物机构 9 931 个,全年接待观众 114 773 万人次。2017 年全国文化事业费 855.80 亿元,占财政总支出的比重为 0.42%。

随着经济社会的全面发展,人们生活水平的提高,对文化精神生活追求不断提高,对文化产业的需求也越来越多。单靠传统的政府财政支出文化产业发展,短时期难以满足人民群众对文化需求的数量及质量要求,难以在短时间内突破文化的供给瓶颈。要突破文化供给瓶颈,以及提高文化服务效能,国家大力推广的 PPP 模式无疑为一剂解救良方。

（二）PPP 模式推进文化发展

1. 文化发展理念转变

从传统模式来看，政府财政投入是文化领域特别是公共文化的产品和服务的主要路径。随着文化体制改革的深入，将带来文创企业的蓬勃发展，市场化程度不断加深，文化消费勃兴，社会资本进入文化领域将创新文化产业发展方式。随着 PPP 模式在文化领域的实践，公共文化与文化产业之间的界限将被打破，文化领域传统观念的不断转变，公共文化将会处于多样化发展态势，有利于提高文化建设的发展和供给效率。同时，PPP 模式在文化领域的推广，也能够有效推动政府职能转变，增加市场主体的投资机会，拓展民营企业的发展空间，培育现代市场体系。

2. 创新文化产业投融资模式，提高供给质量和效率

在文化产业投资中，政府财政资金占绝大部分，社会资本所占比率较小，文化产业因资金结构单一、来源不足，融资效率不高等问题存在金融制约。在文化领域推行 PPP 模式，能够拓宽融资渠道，充分调动民间资金，缓解政府财政支出压力，有利于文化产业更好地融入实体经济发展体系之中。

在文化领域采用 PPP 模式，鼓励社会力量、社会资本进入文化领域投资，进一步拓宽文化领域投融资渠道，避免政府部门文化资金来源单一、效率不高的约束瓶颈，形成多元化、可持续的文化投融资机制，弥补文化发展中政府投入的不足，有效整合公共文化服务资源，提高文化产品和服务供给的效率和质量，增进社会文化福利、惠及更多人群。

三、文化 PPP 模式实施路径及要点

通过对目前实施的 PPP 文化项目进行系统研究，要想顺利推动 PPP

模式在文化领域的实施，助推文化项目提质增效，要设计好 PPP 模式在文化领域的运行机制，探索可行的文化领域 PPP 模式实施路径。

（一）以 PPP 推动公共文化服务体系完善

为推动 PPP 模式在文化领域顺利实施，政府应在文化 PPP 项目的规划、实施、监督、绩效考核和评估等方面充分发挥其职能，制定并完善文化领域 PPP 项目的绩效考核指标及办法，逐步形成文化领域 PPP 项目的健康制度环境。同时，在文化产业集聚发展、特色文化传承创新、公共文化服务、非物质文化遗产保护传承，以及促进文化和旅游、农业、科技、体育、健康等领域深度融合发展的不同类型文化项目上，推动形成一批可复制、可推广的成功案例，发挥示范带动作用，以示范项目引领带动行业发展，实现政府、社会资本和公众之间的多赢局面。

（二）建立需求导向的市场运作机制

目前采用 PPP 模式的文化类项目包括图书馆、博物馆、美术馆、文化馆、体育场馆、文化站、综合文化服务中心、广播设施等各类公共文化设施建设以及公共文化服务活动。文化类 PPP 项目一般具有准公共物品属性，社会效益突出，经济效益有限，对社会资本的吸引力较弱。政府部门希望能够以更低的成本获取更高质量、更符合公共利益绩效的文化项目产出，社会资本更希望有稳定而大量的受众需求，倾向于参与市场环境稳定、收益具有成长性的文化类 PPP 项目。

因此重视文化类 PPP 项目市场需求和盈利模式的设计，鼓励通过盘活存量资产等方式提高项目的经营性，在提供优质公共服务的前提下，最大限度地挖掘项目的市场价值，吸引社会资本进入文化产业领域，提高社会资本投入的积极性。在实施过程中注重开发项目中的优势文化要素禀赋和运营资源，引导可以产生预期收益的餐饮、物业、绿化配套服务、经营性的广告、建筑作品知识产权的授权使用等收入，减轻政府财政资金投入或可行性缺口补贴额度。其中对于大型的综合文化开发项目，可以根据PPP项目预测的未来合作期内的盈亏状况，将项目中现金流入充裕的经营性文化产业项目与盈利相对困难的公益性文化项目打包，共同开发，实现项目的盈亏搭配，综合推动项目的实施。

（三）确立以运营为核心的全流程工作机制

《关于在文化领域推广政府和社会资本合作模式的指导意见》（文旅产业发〔2018〕96号）提出突出运营核心，鼓励有文化项目运营管理经验的企业参与文化PPP项目长期运营，充分发挥其资源整合、管理经验和开拓创新优势，提升项目管理效率和运营水平。积极培育文化领域专业运营商，形成一批有实力的文化企业和上市公司。鼓励优秀企业通过参与文化PPP项目，带动项目所在地上下游企业发展，培育更多熟悉当地文化的项目管理运营企业。

文化领域PPP项目从前期准备到项目实施的全过程就要以运营为核心，具体来说从项目前期开始要有运营规划、项目投资要有运营主体、项目建设要有运营指导、项目考评要有运营指标。

很多项目以概念规划代替运营规划，往往是导致项目失败的开始。"运营规划"或称为产业策划，是基于文化的立场，以有效运营为目的，对运营目标、运营制度、运营策略等做出的一系列预见性安排。具体来说是确定细分市场、目标市场、目标服务人群、作品定位、生产主体（市场主体）、生产组织、产品与服务组合等运营要素，指导质量控制、成本控制、时间控制、风险控制，促进社会效益和经济效益的有效实现。通过运营规划或产业策划，有助于尽可能消除文化要素等给项目带来的独特的不确定性，进而提高项目成功运营的概率，根本目的就是为了增强文化产品的有效供给，它是实现文化产品有效供给与有效需求良好匹配的必要路径。

在项目遴选社会资本阶段，应该要求社会资本联合体成员具备文化项目运营经验和运营能力，并对运营职责做出明确的承诺和安排。项目建设过程中，需要具备相应运营经验的主体给建设方提供全程指导和监督，使得建成的场所和实施设备适合运营的要求和需要。项目的绩效评价体系应该重点以运营的目标和效果作为考核指标，以实现文化 PPP 项目的本来目的。

（四）逐步建立完善绩效评价机制

在文化类 PPP 项目实践中，项目的绩效评价仍处于起步阶段，实际操作中，更多文化类 PPP 项目是根据绩效评价结果进行付费，全面性还有待提高。文化领域的 PPP 项目绩效评价在实践过程中，需要加强绩效评价方法的改进。

1. 建立文化类 PPP 项目绩效评价的指引和示范案例库

目前，文化类 PPP 项目的绩效评价办法，主要依据文化和旅游部、财政部、发改委等相关部门出台 PPP 文件中的原则性条款来制定，从而导致绩效评价体系不得要领。通过系统研究文化领域项目特点，编制专门的绩效评价指引，建立广受认可的绩效评价示范案例库，将会对文化领域 PPP 项目的推进形成巨大的促进作用。

2. 提高文化类 PPP 项目绩效评价指标和方法的适用性

现有的文化类 PPP 项目绩效评价大多是根据一般项目绩效原理对其进行评价，忽略了文化类 PPP 项目的特有属性。文化类 PPP 项目涉及主体众多、合作周期长，专门针对文化类 PPP 项目的绩效评价方法和指标还需要进一步探索，考虑文化类 PPP 项目的适用性。

目前对文化类 PPP 项目绩效评价研究难点是绩效评价方法和指标设计，进行评价方法的选择要充分考虑文化产业 PPP 项目的特点。同时，文化产业 PPP 项目参与主体较多，评价指标影响因素数量多、层次多，定性和定量指标结合较为复杂。

3. 加强定量分析工作，提高评价结果的客观性

目前在文化类 PPP 项目绩效评价过程中，定性评价较多，而定量评价相对不足，因缺乏足够数据的有力支撑，造成项目评价的主观性较强，对绩效评价报告的客观、公正性有影响。

为更好地对文化类 PPP 项目进行绩效评价，政府应聘用经验丰富的第三方中介机构，保障文化类 PPP 项目的顺利实施，充分利用它们具有的 PPP 项目绩效评价的经验，并根据具体文化类 PPP 项目自身的特点制定绩效评价指标，量化绩效评价指标并制定相应的绩效评价模型，尽可能对一些定性指标进行定量分析，减少定性评价带来的主观因素影响，使文化类 PPP 项目的绩效评价结果尽可能客观、公正，更好地促进文化类 PPP 项目的实施。

后　　记

按照财政部PPP工作领导小组办公室第四次会议有关部署，财政部2018年PPP重点工作计划，以及财政部PPP中心相关工作安排，财政部PPP中心与北京大学PPP研究中心联合开展本书的编制工作。本书共涉及养老、教育、体育、旅游、文化共五个与人民群众获得感、幸福感、安全感密切相关的行业，全面阐述了上述五个行业领域应用PPP模式的操作流程，分析总结项目个性化特征及创新点，凸显项目带来的社会效益，并提出了行业思考及发展建议。

财政部金融司王毅司长、董德刚副司长，财政部PPP中心焦小平主任、韩斌副主任，北京大学PPP研究中心孙祁祥主任为本书的编写原则、思路及框架提出指导、指明方向；财政部金融司阚晓西、易赞、刘宝军，财政部PPP中心夏颖哲、李文杰、石盼盼、张戈，北京大学PPP研究中心邓冰、李博雅、朱子聃，财政部中国农村财政研究会胡大明，北京中财中融投资咨询有限公司黄国成、孙立峰、孔祥颖、杨永华、肖飞、张鑫、杨晓娥、魏秦、胡彩光、王晓辉组成工作组负责案例撰写。北京中财中融投资咨询有限公司为本书的编制工作提供了大力支持。

在本书的编撰过程中，相关省市财政部门、行业主管部门、社会资本、项目公司及第三方专业机构精心为本书提供素材，在工作组实地考察的过程中积极配合，提供了大力帮助。同时，为保证撰写内容的专业性，邀请各行业专家组成专家组对撰写内容进行严格把关，其中教育组执笔专家是北京国家会计学院崔志娟，专家组成员包括珠海国盛鑫达资产管理有限公司左兴华，国泰君安证券股份有限公司高瑞东，首都经济贸易大学汪雯娟；旅游组执笔专家是北京中财中融投资咨询有限公司黄国成，专家组成员包括文化和旅游部资源开发司魏立忠，中国东方资产管理股份有限公司薛贵，上海市建纬律师事务所曹珊；养老组执笔专家是中国国际经济咨询有限公司周勤，专家组成员包括中国老龄产业协会张恺悌，华录健康养老发展有限公司王锦，清华大学艺术与科学应用研究中心胡大伟；文化组执笔专家是北京中财中融投资咨询有限公司张颖，文化与旅游部产业发展司陈桦楠，平安资产管理有限责任公司莫燕霞，中央财经大学文化PPP研究中心王敏，北京市金杜律师事务所方榕，北京师范大学法学院贺丹；体育组执笔专家是重庆市城市建设研究中心甘琳，北京市建筑设计研究院有限公司BSD所陈晓民，北京财建管理咨询有限责任公司赵红。在此，对各有关单位与领导专家的支持表示衷心感谢。

  幸福产业领域项目是事关人民群众切身利益的项目，幸福产业领域同时也是PPP模式能大展拳脚的领域。本书收录的案例重点关注项目产生的社会效益，虽然也对PPP模式整体操作流程进行了积极有益的探索，但仍有很大的提升空间。同时，因时间、精力和信息披露所限，本书仍有不足之处，敬请批评指正。

编写组
2018年12月